実践！

地方創生の地域経営

全国32のケースに学ぶボトムアップ型地域づくり

大西達也・城戸宏史［編著］

一般社団法人 金融財政事情研究会

まえがき

　2000年代後半に始まった人口減少社会の本格化とともに、地域を取り巻く環境が大きく変化しています。国や地方自治体など公的部門の財政制約や企業の生産拠点の海外移転等のグローバル化により、公共投資や企業誘致といった外発的要因に依存してきた地域は、これまで以上に厳しい状況に置かれています。なかでも、戦後の急激な人口増加を背景に右肩上がりで経済が成長してきた時代に、経済・社会のさまざまな分野でわが国を支えてきた各種業界団体や自治会等の既存の枠組みが行き詰まりをみせ始めています。特に、長年にわたって若年人口が流出したことで人口減少と高齢化が同時進行している地域では、地域経営の担い手であり地域のつながりを維持してきた地域コミュニティの存続すら危ぶまれるようになっているのです。

　このような状況のもとで、国全体の人口減少に歯止めをかけ、東京一極集中を是正するべく、2014年に国が打ち出したのが「地方創生」政策でした。５年間の期限を設けて国が策定した「まち・ひと・しごと創生総合戦略」に基づいて、全国各地では地方自治体を中心に「産官学金労言士」といった幅広い分野の地域関係者の総力を結集し、「地方版総合戦略」を策定して地方創生に取り組んできました。しかし、地方創生の担い手の間では、現時点で地域資源や地域関係者をマネジメントする能力である"巻き込む力"が十分に備わっておらず、地方版総合戦略の内容とその実施状況から判断する限り、自治体間での地域経営力の差は明白となっています。つまり、従来の国主導によるトップダウン型の地域づくりには限界が見え始めているのです。今後ますます人口減少が加速し、地域関係者一人ひとりの力が重要視される時代においては、それぞれの主体が連携しながら"じぶんゴト"として「ボトムアップ型の地域づくり」に関わることが求められているのです。

　本書は、2004年12月に金融財政事情研究会から出版された『実践！　地域再生の経営戦略──全国62のケースに学ぶ"地域経営"』および2010年１月の『同〔改訂版〕』で収録された地域振興プロジェクトをベースに新たなケース

を加えたうえで、6つの視点（地域資源の有効活用、シビックプライドの形成・醸成、地域コミュニティの再生と醸成、地域ブランド戦略や自立型ビジネスモデル構築、地域イノベーションの創造と地域経営哲学の継承、地域人材の育成・外部人材の活用）から、ボトムアップ型地域づくりのケースブックとして再構成しています。

　本来、地域の置かれた状況はさまざまであり、目指すべき地方創生の姿も多種多様です。ただ、一般に成功事例と評価されているケースには、その成立から継続の過程において共通した要素が存在しているのです。本書では、全国各地で応用可能なボトムアップ型地域づくり（地方創生）の「成功のメカニズム」として、地域コミュニティの再生・創造に向けた「体制づくり」と地域ブランディング・地域マーケティングによる「事業づくり」の関係についても紹介しています。

　なお、本書で紹介した内容の多くは、2017年度に一般財団法人日本経済研究所が外部有識者等とともに実施した共同研究「地域政策としての地方創生の課題と可能性」の研究成果を参考にしたものとなっています。ただし、本書での見解はあくまでも各執筆者個人のもので所属する組織とは関係がない点につき、あらかじめお断りを申し上げます。

　最後に、本書の執筆・編集にあたってご多忙のなか、取材にご協力いただいた地域関係者の皆様に、この場をお借りして厚く御礼申し上げます。また、本書の出版に際して、数年間にわたって私たち執筆陣を温かく見守り激励し続けていただいたきんざい出版部の堀内駿氏に心より感謝申し上げます。

2020年3月

執筆者を代表して　　**大西　達也**

■執筆分担

大西　達也（おおにし　たつや）…第Ⅰ部、第Ⅱ部：1－1、2－1、2－2、
　　　　　　　　　　　　　　　　　2－3、2－5、3－4、3－5、4－5、
　　　　　　　　　　　　　　　　　6－1、6－3、6－4

城戸　宏史（きど　ひろし）　　　…第Ⅰ部、第Ⅱ部：1－6、3－2、3－3、
　　　　　　　　　　　　　　　　　5－4、6－2

鍋山　徹（なべやま　とおる）…第Ⅱ部：5－3

佐藤　淳（さとう　じゅん）　…第Ⅱ部：4－1、4－2、4－3、5－1、
　　　　　　　　　　　　　　　　5－5

前田　幸輔（まえだ　こうすけ）…第Ⅱ部：1－3、4－4

中村　聡志（なかむら　さとし）…第Ⅱ部：1－4、1－5、6－5

古賀　桃子（こが　ももこ）　　…第Ⅱ部：1－2、2－4、3－1、3－6、
　　　　　　　　　　　　　　　　5－2

■編著者紹介

大西　達也（おおにし　たつや）

一般財団法人日本経済研究所　常務理事　地域創造業務統括　地域未来研究センター長　兼　調査局長

1966年姫路市生まれ。早稲田大学法学部卒。

日本開発銀行（現　株式会社日本政策投資銀行）入行後、パリ高等商科大学トレーニー派遣、ロンドン駐在員事務所、九州支店、本店首都圏企画室、地域企画部を経て現職。東洋大学客員教授、専門誌「地域開発」（一般財団法人日本地域開発センター）編集長、経済産業省、中小企業庁等委員、株式会社全国商店街支援センター事業諮問委員、青森県「あおもり井蛙塾」師範、仙台市「せんだい大志塾」師範、青森県津軽海峡交流圏アドバイザー、南信州地域リニア将来構想検討会議委員等を務めながら、全国の地方自治体、商工会議所等主催講演会や大学での講演・講義多数。主な著書として『実践！　地域再生の経営戦略─全国62のケースに学ぶ“地域経営”』（金融財政事情研究会）共編著、『同〔改訂版〕─全国36のケースに学ぶ“地域経営”』（金融財政事情研究会）共編著、『2015年版　九州経済白書：都市再構築と地方創生のデザイン』（公益財団法人九州経済調査協会）共著、『地域創生のプレミアム（付加価値）戦略』（中央経済社）共著。

城戸　宏史（きど　ひろし）

公立大学法人　北九州市立大学大学院マネジメント研究科　教授

1964年大分市生まれ。九州大学文学部卒。

財団法人九州経済調査協会（現　公益財団法人九州経済調査協会）に入職後、情報開発部研究員、調査研究部主任研究員、調査研究部次長等を歴任。2005年に公立大学法人北九州市立大学に移籍。経済学部准教授、大学院マネジメント研究科准教授を経て現職。北九州市「キタQ繁華街魅力発信プロジェクト」アドバイザー、直方市「中小企業振興審議会」会長、川崎町「総合戦略推進委員会」委員長等を務めながら、地域産業振興や地域事業創造の実践的な調査研究に従事。主な著書として『西南日本の経済地域』（ミネルヴァ書房）共著、『半導体クラスターへのシナリオ』（西日本新聞社）共著、『クラスター戦略』（有斐閣選書）共著、『産業クラスターと地域経営戦略』（多賀出版）共著、『九州産業読本』（西日本新聞社）共著。

■著者紹介

鍋山　徹（なべやま　とおる）

一般財団法人日本経済研究所 専務理事（チーフエコノミスト）新産業創造業務統括 地域未来研究センター・エグゼクティブフェロー
1959年福岡市生まれ。早稲田大学法学部卒。
日本開発銀行（現 株式会社日本政策投資銀行）入行後、審査部、産業調査部、関西支店、南九州支店、九州支店、米国スタンフォード大学（国際政策研究所）派遣等を経て現職。2010年〜2014年、テレビ東京「ワールドビジネスサテライト（WBS）」のレギュラーコメンテーター。日本プロジェクト産業協議会（JAPIC）林業WG主査、中小企業庁アドバイザリーボード委員等。専門はエネルギー、石油化学、電機・半導体、リゾート産業、アジア経済等。主な著書として『地域創生のプレミアム（付加価値）戦略』（中央経済社）共著。

佐藤　淳（さとう　じゅん）

株式会社日本経済研究所 上席研究主幹（博士：総合社会文化、2020年4月より金沢学院大学経済学部教授）
1962年宮城県生まれ。東北大学経済学部卒。
日本開発銀行（現 株式会社日本政策投資銀行）入行後、審査部、調査部、南九州支店、新潟支店を経て現職。元鹿児島大学客員教授、薩摩大使。調査実績として「焼酎と経済」「情報食品（トレーサビリティー）」「新潟清酒の企業戦略」「情報家電」等がある。主な著書として『グローバルプレッシャー下の日本の産業集積』（日本経済評論社）共著、『農林漁業の産地ブランド戦略―地理的表示を活用した地域再生』（ぎょうせい）共著、『人としくみの農業』（追手門学院大学出版会）共著、『地域創生のプレミアム（付加価値）戦略』（中央経済社）共著。

前田　幸輔（まえだ　こうすけ）

株式会社日本経済研究所地域本部 主任研究員
1975年函館市生まれ。弘前大学大学院地域社会研究科（後期課程）。
函館市役所入庁後、株式会社日本政策投資銀行、公立はこだて未来大学出向等を経て現職。キッズレザープログラム総合プロデューサー、一般社団法人りっか！浦添代表理事、一般社団法人させぼラボ理事等。主な著書として『実践！　地域再生の経営戦略〔改訂版〕―全国36のケースに学ぶ"地域経営"』（金融財政事情研究会）共著、『地域創生のプレミアム（付加価値）戦略』（中央経済社）共著。

中村　聡志（なかむら　さとし）

山陽学園大学地域マネジメント学部　教授

1963年東京都生まれ。東京大学経済学部卒。法政大学大学院社会科学研究科政策科学専攻修士課程修了（修士［政策科学］）。日本開発銀行（現 株式会社日本政策投資銀行）入行後、南九州支店、岡山事務所、地域企画部、日本商工会議所出向、政策研究大学院大学出向等を経て現職。内閣府地域再生推進委員会委員、長野県中小企業振興審議会委員等歴任。主な著書として『実践！　地域再生の経営戦略―全国62のケースに学ぶ“地域経営”』（金融財政事情研究会）共著、『同〔改訂版〕―全国36のケースに学ぶ“地域経営”』（金融財政事情研究会）共著、『まちづくりとしての地域包括ケアシステム〜持続可能な地域共生社会をめざして』（東京大学出版会）共著、『地域マネジメント草書〜岡山の地域づくりに学ぶ』（大学教育出版）共著。

古賀　桃子（こが　ももこ）

特定非営利活動法人ふくおかNPOセンター 代表、日本NPOセンター 理事

1975年福岡市生まれ。九州大学大学院法学研究科修士課程修了。

NPO活動は学生時代、福岡市都心部でのまちづくり活動に始まり、1998年、福岡初のNPO支援組織へ。2000年、事務局長就任。2002年退職、現組織を設立。［草の根から、社会を描く。］を合言葉に、NPO等の組織マネジメント支援のほか、企業・行政・公民館・社会福祉協議会・児童館等の多様な担い手間のコーディネーションや伴走支援等、多角的なアプローチでの地域づくり・社会づくりの黒子役に努めている。福岡県社会教育委員、文科省「学びを通じた地域づくりの推進に関する調査研究協力者会議」、福岡市「共創による地域づくりアドバイザー」、福岡女学院大学非常勤講師等を歴任。また、「泡盛新聞」九州局長として、沖縄県の産業振興に向け、泡盛等の県産品PRボランティア活動にも注力中。

目　次

第Ⅰ部

成熟時代の地域経営

第1章

持続可能な地域経営のために

第1節　本格化する人口減少社会と地域の実情

■長引く経済の低迷と内発主導型の地域振興への期待

　近年、これまで以上に地域経営力の重要性が高まっている。この背景としては、失われた20年とも30年ともいわれる日本経済の低迷期に生じたいくつかの事象があげられる。それらの事象はお互いに絡み合っており、単純に羅列できるものではないが、ここで一定の整理を試みておきたい。

　地域経営力の重要性の高まりの背景の第一としては、1990年代前半のバブル経済崩壊によって顕在化したわが国のキャッチアップ型経済成長の終焉があげられる。それまでのわが国は先進国の技術やビジネスモデルを模倣しつつ、改善を繰り返しながら競争力のある技術やビジネスモデルを確立してきたが、その成長パターンが限界を迎えたのである。よって、国内の英知を結集し、内発的かつ創造的なイノベーションが求められるようになったのである。

　イノベーションはわが国全体の問題ではあるが、その創出の現場はそれぞれの地域であり、中央である東京以外でも創出は可能であり、むしろ、より強く求められていた。そのため、地域の英知を結集し、柔軟なマネジメントのもとで地域イノベーションが求められるようになったのである。その具体的な事象が、2001年から経済産業省が主導した「産業クラスター計画」であり、2002年から文部科学省が主導した「知的クラスター創成事業」である。これらの政策では、これまで以上に地域の人的ネットワークが重要視され、なかでも地域の現場で活動するマネジャーやコーディネーターの役割に注目

が集まるようになった。

　ところで、キャッチアップ型経済成長の終焉は、地域振興の手法も大きく変容させた。地方における労働力不足などの影響もあって、従来の公共投資や企業誘致に代表される外発主導型の地域振興から内発主導型の地域振興に期待が寄せられるようになったのである。2000年代半ば以降に全国各地で活発化した6次産業化や、B級グルメなどのご当地グルメのブームは、その象徴的な動向である。そして、地域の現場ではあらためて地域資源の見直しが求められ、見出された地域資源を磨いて事業モデルを確立するための経営戦略やマーケティングが求められるようになったのである。

■人口減少社会の到来と地域コミュニティの弱体化

　第二の背景としてあげられるのが、人口減少社会の到来とそれに伴う地域コミュニティの弱体化である。わが国の人口は、国勢調査を基準に毎年公表されている人口推計ベースで、2008年の1億2,808万人をピークに減少傾向を続けている。また、潜在的な労働力人口とされる20歳〜64歳人口は、すでに約20年前の1998年に7,912万人でピークを迎えている。つまり、1990年代の前半にバブル経済崩壊を経験したわが国は、その後に潜在的な労働力人口、そして総人口の減少に直面するなど、マクロ的な経済成長に向けた条件は悪化の一途をたどっているのである。

　とりわけ、人口減少の影響を受けているのが地方である。図表1は、都道府県別の人口増減率を整理したものである。2018年時点で人口が増加しているのは、東京都、沖縄県、埼玉県、神奈川県、愛知県、千葉県、福岡県の7都県にすぎない状況である。このうち、東京都、埼玉県、神奈川県、千葉県は、東京圏とされる1都3県である。また、2018年と1998年の増減率を比較すると、プラスは東京都のみである。つまり、この20年間で東京都以外の6県はすべて人口増が鈍化しているのである。

　ちなみに、1998年時点では29都府県で人口が増加しており、うち18都県は自然増加かつ社会増加であった（2018年における自然増加かつ社会増加は沖縄県のみ：図表2）。また、1998年時点で自然減少を示していたのは9県にすぎ

図表1 都道府県別人口増減率の状況

順位	都道府県	2018年	2008年	1998年	2018年－1998年
1	東京都	0.72	0.63	0.18	0.54
2	沖縄県	0.31	0.21	0.77	△ 0.46
3	埼玉県	0.28	0.31	0.61	△ 0.33
4	神奈川県	0.20	0.42	0.80	△ 0.60
5	愛知県	0.16	0.59	0.61	△ 0.45
6	千葉県	0.14	0.39	0.60	△ 0.46
7	福岡県	0.01	△ 0.03	0.37	△ 0.36
8	滋賀県	△ 0.01	0.43	0.98	△ 0.99
9	大阪府	△ 0.12	△ 0.06	0.03	△ 0.15
10	京都府	△ 0.32	△ 0.65	0.08	△ 0.40
11	宮城県	△ 0.33	△ 0.31	0.30	△ 0.63
12	兵庫県	△ 0.34	△ 0.05	0.51	△ 0.85
13	石川県	△ 0.35	△ 0.18	0.14	△ 0.49
14	群馬県	△ 0.39	△ 0.19	0.36	△ 0.75
15	広島県	△ 0.41	△ 0.16	0.05	△ 0.46
16	静岡県	△ 0.44	△ 0.02	0.27	△ 0.71
17	三重県	△ 0.46	△ 0.03	0.31	△ 0.77
18	岡山県	△ 0.47	△ 0.22	0.12	△ 0.59
19	熊本県	△ 0.48	△ 0.38	0.06	△ 0.54
20	茨城県	△ 0.52	△ 0.16	0.42	△ 0.94
20	富山県	△ 0.52	△ 0.39	0.03	△ 0.55
22	佐賀県	△ 0.55	△ 0.40	△ 0.39	△ 0.16
23	栃木県	△ 0.56	△ 0.12	0.33	△ 0.89
23	香川県	△ 0.56	△ 0.32	0.06	△ 0.62
25	岐阜県	△ 0.58	△ 0.17	0.19	△ 0.77
26	福井県	△ 0.59	△ 0.44	0.10	△ 0.69
27	長野県	△ 0.60	△ 0.45	0.29	△ 0.89
28	奈良県	△ 0.63	△ 0.45	0.18	△ 0.81
29	北海道	△ 0.65	△ 0.63	△ 0.03	△ 0.62
30	鹿児島県	△ 0.70	△ 0.76	△ 0.09	△ 0.61
31	山梨県	△ 0.71	△ 0.70	0.35	△ 1.06
31	島根県	△ 0.71	△ 0.84	△ 0.28	△ 0.43
33	宮崎県	△ 0.74	△ 0.57	△ 0.08	△ 0.66
34	大分県	△ 0.75	△ 0.24	△ 0.12	△ 0.63
35	鳥取県	△ 0.84	△ 0.78	0.07	△ 0.91
36	山口県	△ 0.90	△ 0.71	△ 0.29	△ 0.61
36	愛媛県	△ 0.90	△ 0.55	△ 0.13	△ 0.77
38	新潟県	△ 0.92	△ 0.57	△ 0.01	△ 0.91
39	福島県	△ 0.99	△ 0.68	△ 0.01	△ 0.98
39	徳島県	△ 0.99	△ 0.72	△ 0.04	△ 0.95
39	長崎県	△ 0.99	△ 0.91	△ 0.39	△ 0.60
42	山形県	△ 1.04	△ 0.85	△ 0.12	△ 0.92
43	高知県	△ 1.06	△ 1.04	△ 0.19	△ 0.87
44	和歌山県	△ 1.08	△ 0.77	△ 0.20	△ 0.88
45	岩手県	△ 1.12	△ 0.89	△ 0.09	△ 1.03
46	青森県	△ 1.22	△ 1.07	△ 0.14	△ 1.08
47	秋田県	△ 1.47	△ 1.14	△ 0.37	△ 1.10
—	（参考）全国	△ 0.21	△ 0.06	0.25	△ 0.46

（注1） △はマイナス。
（注2） 人口増減率（％）＝人口増減（前年10月～当年9月）／前年10月1日現在×100
（出所） 総務省「人口推計」

図表2　人口増減要因別にみた都道府県の状況

	増減要因	都道府県名 （2018年）	都道府県 数 （2018年）	都道府県名 （1998年）	都道府県 数 （1998年）
人口増加	自然増加・社会増加	沖縄県	1	宮城県、茨城県、栃木県、群馬県、埼玉県、千葉県、東京都、神奈川県、山梨県、長野県、静岡県、愛知県、三重県、滋賀県、兵庫県、香川県、福岡県、沖縄県	18
	自然増加・社会減少		0	富山県、石川県、福井県、岐阜県、京都府、大阪府、奈良県、岡山県、広島県、熊本県	10
	自然減少・社会増加	埼玉県、千葉県、東京都、神奈川県、愛知県、福岡県	6	鳥取県	1
人口減少	自然増加・社会減少		0	北海道、青森県、岩手県、福島県、新潟県、愛媛県、佐賀県、長崎県、大分県、宮崎県	10
	自然減少・社会増加	宮城県、群馬県、富山県、石川県、滋賀県、京都府、大阪府、島根県	8	徳島県	1
	自然減少・社会減少	北海道、青森県、岩手県、秋田県、山形県、福島県、茨城県、栃木県、新潟県、福井県、山梨県、長野県、岐阜県、静岡県、三重県、兵庫県、奈良県、和歌山県、鳥取県、岡山県、広島県、徳島県、香川県、愛媛県、高知県、山口県、佐賀県、長崎県、熊本県、大分県、宮崎県、鹿児島県	32	秋田県、山形県、和歌山県、島根県、山口県、高知県、鹿児島県	7

（出所）　総務省「人口推計」より筆者作成

なかったが、2018年には沖縄県以外の46都道府県となっている。つまり、沖縄県以外はすべて自然減少となっており、うち32県は社会減少も加わり、より厳しい状況に直面している。

人口減少とともにわが国の置かれた状況の厳しさを象徴しているのが、少子化である。図表3は、1998年〜2018年の20年間における少子化の状況を比較したものである。この間に全国で約364万人の年少人口（15歳未満人口）が減少し、その減少率は19.1％となっている。都道府県別にみると、青森県と秋田県で40％以上の減少となっているほか、北海道、岩手県、山形県、福島県、新潟県、山梨県、和歌山県、徳島県、高知県、長崎県で30％以上のマイナスとなっており、地方における少子化の凄まじさを表している。なお、年少人口が増加しているのは、東京都のみである。ただし、東京都の場合は全人口に対する年少人口の比率が2018年で11.2％と全国平均を下回っており、1998年〜2018年の比率の差も、1.4ポイントマイナスとなっている。つまり、社会増加に見合うほどの年少人口の増加にはつながっていない。

　2019年12月に厚生労働省が発表した2019年の人口動態統計の年間推計によると、日本人の国内出生数は90万人を割り、86万4,000人（前年比で5.9％減）であり、現時点で少子化に歯止めはかかっていない。

　ところで、なぜ人口減少が地域にとって深刻な問題となるのであろうか。マクロ経済的には、個人消費の主体である人が減るので経済成長の条件が厳しくなり、経済成長にブレーキがかかることで税収も減少し、適切な行政運営や公共投資がむずかしくなると理解されている。そのとおりであるが、ここでは視点を変えて、地域コミュニティとの関連で確認しておきたい。そもそも人口が減少するということは、地域の市場が縮小するばかりでなく、担い手も減少することを意味している。担い手が減少していくと、生産性を格段に高めない限り、それまでの事業は立ち行かなくなる。たとえば、商店街を構成する商店の担い手が減少していくと、外部人材の投入や画期的な生産性を高める方策がない限り、各商店の事業は立ち行かなくなり、その集合体である商店街そのものの存立も危ぶまれるのである。

　実は、人口減少社会を迎えた地域では、これまで地域経済を支えてきた商店街組合、農業組合、森林組合、商工会などの業界団体が厳しい状況に追い込まれている。これに加えて、地域のつながりを維持してきた自治会、町内会、子ども会なども、人口減少や少子化によってその存在が厳しい状況と

図表3　都道府県別・年少人口の状況

（単位：千人、%）

| | 年少人口（実数） | | | | | 年少人口（比率） | | | |
| | 1998年 | 2008年 | 2018年 | 2018年－1998年 | | 1998年 | 2008年 | 2018年 | 2018年－1998年 |
				増減数	増減率				ポイント差
全　　　国	19,059	17,176	15,415	△3,644	△19.1	15.1	13.5	12.2	△2.9
北 海 道	831	675	577	△254	△30.6	14.6	12.2	10.9	△3.7
青 森 県	234	179	137	△97	△41.5	15.8	12.9	10.8	△5.0
岩 手 県	217	174	140	△77	△35.5	15.3	12.9	11.3	△4.0
宮 城 県	367	317	276	△91	△24.8	15.6	13.5	11.9	△3.7
秋 田 県	173	128	98	△75	△43.4	14.4	11.6	10.0	△4.4
山 形 県	195	152	127	△68	△34.9	15.6	12.8	11.7	△3.9
福 島 県	357	288	216	△141	△39.5	16.7	14.0	11.6	△5.1
茨 城 県	476	404	349	△127	△26.7	15.9	15.0	12.1	△3.8
栃 木 県	320	276	240	△80	△25.0	15.9	13.7	12.3	△3.6
群 馬 県	311	279	237	△74	△23.8	15.4	13.9	12.1	△3.2
埼 玉 県	1,053	975	891	△162	△15.4	15.3	13.7	12.2	△3.1
千 葉 県	868	820	748	△120	△13.8	14.7	13.4	12.0	△2.8
東 京 都	1,493	1,517	1,550	57	3.8	12.6	11.8	11.2	△1.4
神奈川県	1,208	1,202	1,111	△97	△8.0	14.4	13.5	12.1	△2.3
新 潟 県	382	308	260	△122	△31.9	15.3	12.9	11.6	△3.7
富 山 県	162	143	122	△40	△24.7	14.4	13.0	11.6	△2.8
石 川 県	180	161	143	△37	△20.6	15.2	13.8	12.5	△2.7
福 井 県	132	116	99	△33	△25.0	15.9	14.3	12.8	△3.1
山 梨 県	141	120	97	△44	△31.2	15.8	13.8	11.9	△3.9
長 野 県	343	297	255	△88	△25.7	15.5	13.7	12.4	△3.1
岐 阜 県	332	294	253	△79	△23.8	15.7	14.0	12.7	△3.0
静 岡 県	574	516	456	△118	△20.6	15.2	13.6	12.5	△2.8
愛 知 県	1,104	1,088	1,002	△102	△9.2	15.8	14.7	13.3	△2.5
三 重 県	289	258	222	△67	△23.2	15.5	13.8	12.4	△3.1
滋 賀 県	224	212	197	△27	△12.1	16.9	15.1	14.0	△3.0
京 都 府	378	347	304	△74	△19.6	14.4	12.9	11.7	△2.6
大 阪 府	1,290	1,213	1,056	△234	△18.1	14.7	13.8	12.0	△2.7
兵 庫 県	839	778	638	△201	△24.0	15.4	13.9	11.6	△3.7
奈 良 県	222	188	160	△62	△27.9	15.3	13.4	11.9	△3.4
和歌山県	164	132	109	△55	△33.5	15.2	13.0	11.7	△3.6
鳥 取 県	98	78	71	△27	△27.6	15.9	13.1	12.7	△3.3
島 根 県	117	93	84	△33	△28.2	15.3	12.8	12.4	△2.9
岡 山 県	301	270	240	△61	△20.3	15.4	13.9	12.6	△2.7
広 島 県	442	394	364	△78	△17.6	15.3	13.7	12.9	△2.4
山 口 県	221	186	161	△60	△27.1	14.3	12.7	11.8	△2.6
徳 島 県	123	100	83	△40	△32.5	14.8	12.6	11.3	△3.5
香 川 県	152	137	119	△33	△21.7	14.8	13.7	12.4	△2.4
愛 媛 県	224	188	162	△62	△27.7	14.9	13.0	12.0	△2.9
高 知 県	117	95	79	△38	△32.5	14.4	12.3	11.2	△3.2
福 岡 県	770	702	674	△96	△12.5	15.4	13.9	13.2	△2.2
佐 賀 県	150	124	112	△38	△25.3	17.0	14.5	13.7	△3.3
長 崎 県	249	195	171	△78	△31.3	16.3	13.5	12.8	△3.5
熊 本 県	301	254	235	△66	△21.9	16.1	13.9	13.4	△2.8
大 分 県	187	160	141	△46	△24.6	15.2	13.3	12.3	△2.9
宮 崎 県	192	157	145	△47	△24.5	16.3	13.8	13.4	△2.9
鹿児島県	291	239	215	△76	△26.1	16.2	13.9	13.3	△2.9
沖 縄 県	267	246	247	△20	△7.5	20.5	17.9	17.1	△3.5

（出所）　総務省「人口推計」より筆者作成

なっている。つまり、従来型の広義の地域コミュニティは危機に瀕しているのである。ただでさえ、"無縁社会" という言葉に象徴されるように、家族を含めたコミュニティの危機が指摘されているなかで、地域コミュニティの再生ならびに新しい地域コミュニティの構築は、現在そして今後のわが国における地域経営力の試金石となるであろう。

■NPMの推進等による地方自治体の変化

　第三の背景は、ニュー・パブリック・マネジメント（NPM）の推進等による地方自治体の変化である。長引く経済の低迷と人口減少社会や高齢社会の到来によって、国も地方自治体も深刻な財政状況に追い込まれている。そのため、国では1980年代の国鉄民営化に象徴されるNPM、いわゆる民間企業における経営理念・手法、さらには成功事例などを通じて行政部門の効率化・活性化を図る政策を、この30年間にわたって積極的に推進してきている。とりわけ、小泉政権の時代は「官から民へ」のかけ声のもと、地方自治体の公共施設でも、民営化や指定管理者制度の導入が積極的に図られたほか、PFIやPPPといった公民連携手法も導入された。これによって、地方自治体でも経営やマネジメントといった民間的発想が求められるようになった。またその一方で、少なからずの地域企業や業界団体、NPOなどの各種組織がNPMの受け皿となったことで、これらの組織においても、あらためて経営力が問われるようになったのである。

　ところで、NPMを推進する一方で、国は市町村の行政基盤を強化し、地方分権の受け皿をつくることを目的に、平成の大合併を実施した。これにより、1998年に9,868を数えたわが国の市町村数は、2019年には1,718に減少し、いわゆる行政の広域化による効率化が図られたのである。ただし、「現在でも合併した地方自治体には国からの財政支援措置は継続中[1]であり、地方分権の受け皿になったとは言い難い」と指摘されている[2]。

　また、先に述べたように、従来型の広義の地域コミュニティが弱体化する

1　合併特例債の発行は、東日本大震災の被災自治体で合併後25年間、それ以外の自治体で20年間続く。

なかでの市町村合併は、市町村と地域コミュニティの距離を遠ざける結果を招いた。よって、行政運営の立場からも地域コミュニティに対するマネジメントはむずかしくなっている。もっとも、地域コミュニティの側からみれば、市町村にできるだけ依存することなく、自立した事業を展開する必要性が高まったともいえる。いずれにせよ、行政を含むさまざまな地域の担い手にとって経営力が試される時代が到来しているのである。

2　拓殖大学政経学部経済学科の宮下量久准教授による指摘（「「平成の大合併」を踏まえた「令和」時代の地方財政」『日経研月報』2019年8月号 Vol.494）。

第2節 「地方創生」政策の意義と限界

■「地方創生」政策とは

　地域経営力が問われる時代において、2014年に国は「地方創生」政策を打ち出した。その背景には「地方消滅」に象徴される地方圏における人口減少と、それに伴う地方経済の縮小があったとされている。地方創生政策は地域経営を行ううえで重要な政策であるので、ここでその意義と現時点での評価について確認しておきたい。

　地方創生政策の理念編ともいえる「まち・ひと・しごと創生長期ビジョン」（以下、長期ビジョン）において最も強調されているのは、わが国全体が人口減少社会を迎えたことの危機感である。長期ビジョンでは「人口減少は、地方に限ったことではない。地方の人口が減少し、地方から大都市への人材供給が枯渇すると、いずれ大都市も衰退する。日本の人口減少は、地方から始まり、その後地方の中枢都市に及び、そして最後は大都市を巻き込んで、日本中に広がっていくことにある」としている。

　そして、「厳しい住宅事情や子育て環境などから、地方に比べてより低い出生率にとどまっている東京圏に若い世代が集中することによって、日本全体としての人口減少に結び付いていると言える」との認識を示している。つまり、地方創生においては、まず日本全体の人口減少に歯止めをかけることが重要であり、その解決のカギとなるのが東京一極集中の是正であるとしているのである。

　このことを裏付けるかたちで、長期ビジョンでは3つの基本的視点として、①「東京一極集中」を是正する、②若い世代の就労・結婚・子育ての希望を実現する、③地域の特性に即した地域課題を解決する、を掲げている。要するに、最大のテーマは、日本全体の人口問題の解決なのである。つまり、「まち・ひと・しごと創生」は、一般に「地方創生」と称されているが、その実態は2つの目的、すなわち日本全体の人口問題の解決と地方の活性化（地方創生）から構成されているのである。

■地方創生の評価と今後

　地方創生政策は2019年度をもって5年を経過し、第1期が終了した。当初、国は内閣総理大臣を本部長に「まち・ひと・しごと創生本部」（以下、創生本部）を設置し、その後、「まち・ひと・しごと創生法」（以下、地方創生法）に基づき制度化された創生本部が中心となり、2060年を視野に入れた「まち・ひと・しごと創生長期ビジョン（長期ビジョン）」と2015年度〜2019年度の5年間を対象とした「まち・ひと・しごと創生総合戦略」（以下、国の総合戦略）を策定した。以降は、毎年閣議決定される「新たな基本方針」に基づき、人口減少と東京一極集中の是正などに取り組んできた。

　この間の創生本部（国）の動きを受けて、全国各地の地方自治体においても「産官学金労言士[3]」など幅広い分野の地域関係者の総力を結集し「地方版総合戦略」と「地方人口ビジョン」を策定して地方創生に取り組んできた。しかしながら、人口減少、少子化・高齢化や東京一極集中などの課題に

図表4　東京圏への転入超過数の推移

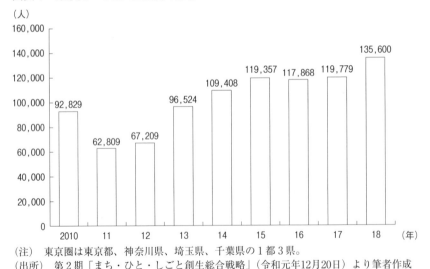

（注）　東京圏は東京都、神奈川県、埼玉県、千葉県の1都3県。
（出所）　第2期「まち・ひと・しごと創生総合戦略」（令和元年12月20日）より筆者作成

3　産（産業界）・官（行政）・学（大学）・金（金融機関）・労（労働団体）・言（マスコミ）・士（弁護士等の士業）を指す。

関しては、現時点では必ずしも十分な成果を確認することはできない。事実、地方創生政策が始まった2015年以降も、東京圏への転入超過数は2016年に若干の減少となったものの、その後は増加傾向にある（図表４）。

　さらには、各自治体が策定した地方版総合戦略の内容とその実施状況から判断する限り、自治体間での地域経営力の差も明白となっている[4]。もっとも、この地域経営力は一朝一夕に備わるものではなく、後にみる多くのケースからも明らかなように、現場の関係者の間で十分な年月をかけて蓄えられるものである。よって、地方創生政策の第１期の５年間で、すべての自治体が十分な地域経営力を備えることには無理があったといえる。

　このような状況のもとで、2019年12月に国は2020年度〜2024年度を対象とする第２期「まち・ひと・しごと創生総合戦略」を閣議決定した。第１期で

図表５　第２期地方創生の「基本目標」と「横断的な目標」

【基本目標１】　稼ぐ地域をつくるとともに、安心して働けるようにする
【基本目標２】　地方とのつながりを築き、地方への新しいひとの流れをつくる
【基本目標３】　結婚・出産・子育ての希望をかなえる
【基本目標４】　ひとが集う、安心して暮らすことができる魅力的な地域をつくる

【横断的な目標１】　多様な人材の活躍を推進する
　○多様なひとびとの活躍による地方創生の推進
　○だれもが活躍する地域社会の推進
【横断的な目標２】　新しい時代の流れを力にする
　○地域におけるSociety5.0の推進
　○地方創生SDGsの実現などの持続可能なまちづくり

（出所）　第２期「まち・ひと・しごと創生総合戦略」（令和元年12月20日）より筆者作成

4　一般財団法人青森県地域社会研究所は、青森県内全40市町村の地方版総合戦略について、「KPI数と一般行政職員数」「KPI数と地方創生関連交付金額」の相関を用いて、定量的視点での地方創生への取組状況の把握を試みている。その結果、青森県内の自治体間には大きな差がみられ、特に人口規模の小さな自治体を取り巻く厳しい現状が浮き彫りになっている（松田英嗣「「地方創生」の着地点を見据えて〜「連携・選択・集中」と「共生型社会」〜」『日経研月報』2018年８月号Vol.482など）。

示した４つの基本目標を据え置いたうえで、４つの基本目標に横串を刺すかたちとなる２つの横断的目標、すなわち「多様な人材の活躍を推進する」「新しい時代の流れを力にする」が付け加えられた（図表５）。

「多様な人材の活躍を推進する」における主な施策の方向性としては、「多様なひとびとの活躍による地方創生の推進（地域コミュニティの維持・強化）」や「だれもが活躍する地域社会の推進（地域における多文化共生の推進）」などが示されている。第１節で述べたように、地域コミュニティの弱体化が懸念されるなかで、国があらためて地域コミュニティや多文化共生をキーワードとして掲げたことは注目に値する。

他方、「新しい時代の流れを力にする」における第２期の政策目標としては、近年のICT社会の進化・深化や持続可能社会構築の要請をふまえた「地域におけるSociety5.0の推進」と「地方創生SDGs実現などの持続可能なまちづくり」が掲げられた点も、今後の地域が進むべき方向性を示しており、時宜を得たものと評価される。

■地方創生政策の限界と可能性

地方創生政策とその進捗状況についての現時点での成果としては、まず、創生本部が指摘するように「地方創生は、中長期の人口推移など、次の世代やその次の世代の危機感を共有し、…（中略）…地域に活力を取り戻していくための息の長い政策である」ことについて、地域および世代を超えた共通認識が形成された点があげられる。次に、「地域資源やシビックプライドへの注目度の向上」や「全国的な移住ブーム」を政策として後押しした点も、成果として評価される。もちろん、これらに従前から積極的に取り組んできた地方自治体は少なからず存在したが、国が地方創生政策を推し進めることで、広く全国に意識されることとなった。特に、全国の地方自治体が地方創生に“じぶんゴト”として取り組み、その成功事例を創生本部が「地方創生事例集」として公表し積極的にPRしてきたことは評価に値する。

もっとも、懸念がないわけではない。たとえば、NPO法人の立場から、古賀（2018）は地方創生政策における各種事業に対して「当該事業が終了し

ても息長く地域づくりが進められるうえで不可欠な、いわゆる "シビックプライド" や "じぶんゴト" といった住民・事業者の意識面に訴求し得ているかは不明である」と指摘している。

　他方、地方創生の取組みを通じて明らかになった課題としては、自治体間での地域資源活用の巧拙、ならびに地場企業や地域住民といった地域関係者の地域経営力のひとつの要素である "巻き込む力" の差があげられる。具体的には、地方版総合戦略の策定時に結集された産官学金労言士など地域関係者の発言やアイデアが会議の場だけにとどまり、その後はほとんど活かされていないケースが散見される。いずれにせよ、古賀（2018）の指摘も含めて、現時点での地方創生政策は、地域の担い手である地域関係者の間で十分に "腹に落ちた" かたちで継続的に取り組んでいく機運が高まっているとは言いがたい状況にある。つまり、国主導で行ってきたトップダウン型の地方創生政策の限界が見え始めているともいえる。よって、国の支援を受けつつも、今後は地域に根をはった担い手である地域関係者が "じぶんゴト" としてしっかり連携しながら、ボトムアップ型の地方創生に果敢に取り組まなければならないのである。

第**3**節　ボトムアップ型地域づくりの成功のメカニズム

■まずは"あるものさがし"から始める

　人口減少や少子化・高齢化に直面するなかで、わが国が持続可能な地域を確立していくためには、国主導のトップダウン型の地域づくりから、地に足の着いた地域主導のボトムアップ型の地域づくりへの転換が必要である。そのためには、地域の担い手の意識を変えていく必要がある。すなわち、"他人ゴト"から"じぶんゴト"への意識改革である。そのために重要な役割を担うのが、地域コミュニティの存在である。地域コミュニティなくしては、多くの人々が地域の直面する危機的状況を適切にとらえ、自ら地域づくりに参画していくことはむずかしいからである。ゆえに、既存の地域コミュニティの再生ないしは新しい地域コミュニティの創造が必要なのである。

　では、地域コミュニティを再生ないし創造するためには、何から始めればいいのだろうか。第Ⅱ部で紹介する多くのボトムアップ型地域経営のケースをふまえれば、まずあげられるのが、地域関係者の間での危機感の共有と地域資源の発掘・見直しである。危機感については先に確認したとおり、すでに国も多くの地域も強く認識している。よって、ここでは、地域資源の発掘・見直しの意義について確認しておきたい。

　バブル経済崩壊以降、地域づくりの世界では、吉本（2008）が提唱した「"ないものねだり"から"あるものさがし"」が意識されるようになり、地方創生政策でも「地域資源を磨く」という表現でこのことが強調され、多くの地域づくりの現場で実践されている。地域においては、その担い手による"あるものさがし"を継続的に続けていくことが肝要である。なぜなら、地域資源の存在とそれらを自ら磨いていくことがシビックプライドの醸成につながるからである。

　シビックプライドとは、一般的には「都市に対する市民の誇り」であり、日本語としてなじみやすい言葉でいえば「郷土愛」のようなものと理解されがちである。しかし、ここでいうシビックプライドは、江口（2019）が定義

しているように「地域に対する愛着心やアイデンティティなど、自分自身の好意的な感情が揺り動かされる気持ち」のことである。このような気持ちを抱くことで、おのずと「この地域をより良い場所にするために地域コミュニティに"じぶんゴト"として参画していこう」と感じることは容易に想像できよう。

■求められる"地域コミュニティ・キャピタル"

地域の考察にあたって地域コミュニティの存在は大きい。しかしながら、コミュニティに対する共通認識は十分とは言いがたい。そこで、ここではコミュニティについて、本書での認識をいま一度確認しておきたい。

広井（2009）は「コミュニティとは人間が、それに対して何らかの帰属意識をもち、かつその構成メンバーの間に一定の連帯ないし相互扶助の意識が働いているような集団」と定義している。これに従えば「地域コミュニティは地域に対して帰属意識をもっている一定の連帯ないし相互扶助の意識が働いているような集団」といえる。伝統的社会における農村型コミュニティはもちろんのこと、商店街組合、農業組合、森林組合、商工会などの業界団体、地域のつながりを維持してきた自治会、町内会、子ども会なども地域コミュニティである。しかしながら、前述したように人口減少や少子化・高齢化の進行により、これらの従来型の地域コミュニティが弱体化しているのである。だからこそ、地域資源への着目によってシビックプライドをあらためて醸成し直すことを通じて、従来型の地域コミュニティの再生や新たな地域コミュニティの創造が必要とされるのである。

他方、地域コミュニティの役割を考えるうえで、西口・辻田（2017）が提唱する「コミュニティ・キャピタル」という概念は非常に示唆に富んでいる。コミュニティ・キャピタルとは、経済学でいう「ヒューマン・キャピタル（個人的資本）」と社会学や政治学でいう「ソーシャル・キャピタル（人的関係資本）」の中間概念として位置づけられるものである。具体的には「何かしらの成功体験や共通体験によって結ばれたコミュニティ内に築き上げられた信頼関係」である。よって「コミュニティ・キャピタルが醸成された集

団内においては、面識のない第三者に対しても積極的に協力しあう「准紐帯」が醸成され多様な人のつながりが生まれやすくなり、多様性とともに様々な情報が集まることで持続性が増す」と江口（2019）は指摘している。そうであれば、"地域コミュニティ・キャピタル"が醸成されている地域では、おのずとボトムアップ型の地域づくりが実践されやすいといえる。

■集団からチームへ、そして組織へ

"地域コミュニティ・キャピタル"の醸成によって、ボトムアップ型の地域づくりが実践しやすいとしても、それだけでは地域づくりが成功するとはいえない。地域づくりが成功するためには、地域づくりの担い手である事業主体の自立的マネジメントと具体的な事業における経済性が不可欠である。

多くの地域づくりの成功事例が示唆しているように、地域づくりの主体は地域コミュニティのなかから生まれる傾向にある。その場合、地域コミュニティは集団であるが、地域づくりの主体はチームないしは組織になっておく必要がある。ここでいう集団とは「何らかの理由・目的があって集まった二人またはそれ以上の人々が、コミュニケーションをとり相互作用しながら作り上げる社会システム」（山口：2008）である。しかし、チームや組織は集団の一形態ではあるが、それらが成立するためには新たにいくつもの条件が満たされる必要がある（図表6）。具体的には「価値のある共通の目的や目的の達成あるいは職務遂行のために、力動的で相互依存的、そして適応的な相互作用を行う二人以上の人々からなる境界の明瞭な集合体」（山口：2008）でなければならない。ゆえに、自立的なマネジメントが求められるのである。

なお、チームと組織の大きな違いは、チームにはあらかじめ一定の期限が設けられていることである。よって、単発的なイベントの場合はチームマネジメントが求められるが、イベントが恒常化していくと、その主体には組織マネジメントが求められるようになる。いずれにせよ、集団としての地域コミュニティからチームが生まれ、組織に進化することで、地域づくりの主体は強化されていく傾向にある。

図表6　チームに備わっているべき要素

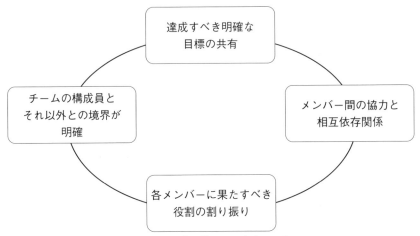

（注）　組織においても上記の4つの要素は備わるべきものである。
（出所）　山口裕幸『チームワークの心理学〜よりよい集団づくりをめざして』サイエンス社（2008）

■「志」「らしさ」「ストーリー」による地域ブランディング

　他方、具体的な事業における経済性については、いわゆる経営センスが求められる。よって、一般的にキーワードとなっているのが「地域マーケティング」である。事業の担い手である地域の側が適切に市場ニーズを把握し、その市場ニーズに沿ってマーケティングを行うという考えである。しかしながら、ここにはジレンマが存在する。それぞれの地域が一定の市場をターゲット（たとえば、首都圏の若い女性など）としてマーケティングを実施すれば、おのずと似たような事業や商品が増えてくるのである。つまり、金太郎飴的な商品が市場にあふれることで、それぞれの地域の独自性がかき消されるのである。

　そのため、第Ⅱ部で紹介するケースをはじめとした多くの地域づくりの成功事例をみると、結果的には地域マーケティングの前に「地域ブランディング」に取り組んでいるパターンが少なくない。つまり、地域資源への着目やシビックプライドの目覚めによって、地域にとってこだわるべき「問題意識」や「社会的意義」、そして「らしさ」を見極めた結果として、地域ブラ

ンドを構築しているのである。言い換えれば、地域ブランディングは地域マーケティングの結果としての資産構築というよりも、地域マーケティングの起点となっているのである。

　実は、このような考え方は近年民間企業のビジネスの現場でも注目されている。その代表例が「日本の伝統工芸を元気にする！」をビジョンに掲げる「中川政七商店」である。現在、会長を務める中川淳氏は著書『経営とデザインの幸せな関係』において「マーケティング＝市場起点」「ブランディング＝自分起点」と整理し、中小企業の場合は市場分析にコストをかけることができないし、事業規模として大きなポジションを獲得することもできないので、マーケティングよりもブランディングこそが手法として有効であると指摘している。そのうえで、ブランディングを行う際には「志」「らしさ」「ストーリー」の3要素による「ブランドコンセプト」の組立てこそが大切であると指摘している（図表7）。

　この考え方は、地域ブランディングにとっても示唆に富むものである。なぜなら、地場産品等の加工品であれ自然景観等の観光地であれ、多くの地域は供給力に限界があり、事業規模を大きくすることは必ずしも得策とは言いがたい面を抱えている。しかし一方では、これらの地域としての制約を「希

図表7　ブランドコンセプトの核となる3要素

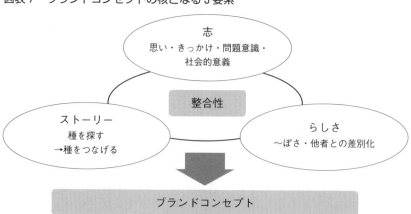

（出所）　中川淳『経営とデザインの幸せな関係』日経BP（2016）より筆者作成

少性」という価値に変換できれば、大きな成果を生み出す可能性もある。いずれにせよ、地域ブランディングにおいては、最初から大きな市場をイメージするのではなく、「問題意識」や「社会的意義」、そして「らしさ」といった自分起点を十分に見極めたうえで、身の丈にあった市場にアプローチしていく地域マーケティングを実践することが肝要なのである。

■地道で継続的な実践への覚悟

　ここまでの議論をふまえて、ボトムアップ型の地域づくりを成功に導くための成功のメカニズムを示したのが図表8である。キーワードは危機感の共有、地域資源、シビックプライド、地域コミュニティ、地域ブランディング、地域マーケティングである。大切なことはその順番である。左側に位置する危機感の共有、地域資源への着目、シビックプライドの醸成、地域コミュニティの再生・創造といったボトムアップ型の取組みなくしては、右側の地域ブランディングや地域マーケティングはありえないのである。逆に言えば、失敗した地域づくりや地域経営のケースでは、地道なボトムアップの

図表8　ボトムアップ型地域づくりの成功のメカニズム

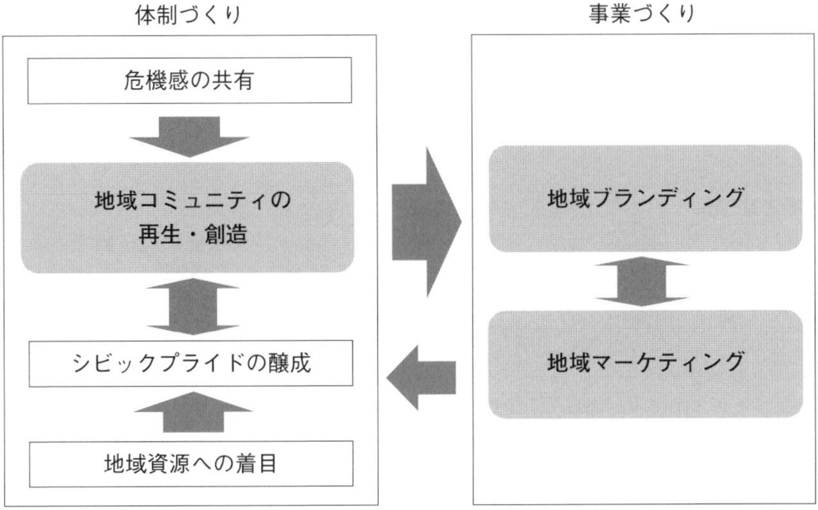

体制づくり　　　　　　　　　　　　事業づくり

危機感の共有

地域コミュニティの
再生・創造

地域ブランディング

シビックプライドの醸成

地域マーケティング

地域資源への着目

（出所）　筆者作成

取組みなしに、うわべだけの地域ブランディングや地域マーケティングを展開しているのである。

　なお、図表8はあくまで大まかなフローであるため、いくつかの重要な要素が抜け落ちている。たとえば、人材育成や人材活用である。地域コミュニティや地域づくりの主体となるチームや組織において、人材育成や人材活用の問題はきわめて重要な要素である。とりわけ、人材活用においては、ボトムアップ型の地域づくり・地域経営といえども、地域外の人材活用は不可欠である。閉鎖的になりがちな地域において、新たな気づきをもたらす外部人材をいかにしてうまく活用していくかは、ある意味で永遠の課題でもある。また、チームや組織同士のコラボレーションも重要な課題である。近年は、官民パートナーシップをはじめ、さまざまなコラボレーションが求められている。いずれにせよ、これらの課題はボトムアップ型の地域づくり・地域経営における体制にかかわるものであり、その解決のためにはより高度なマネジメントやリーダーシップが問われるのである。

　2015年からの第1期の地方創生政策に続き、2020年からは第2期が始まる。前述したように、地方創生政策は少なからずの課題を抱えた政策である。しかしながら、地域に立脚して地域づくりや地域経営にかかわるすべての人々が、地方創生政策をあくまで1つのよい機会としてとらえ、地方創生政策がたとえ途絶えたとしても、地道で継続的な実践を積み重ねていく覚悟をもって取り組んでいくことが求められるのである。

【参考文献】

江口晋太郎「当事者意識が薄い人を変えられるか～持続可能な経済圏を生み出すには」保井美樹編著『孤立する都市、つながる街』日本経済新聞出版社（2019）

大西達也「「地方創生」を担う学びと実践の創発型人材ネットワーク～北九州市黒崎地区のケースにみる“ゆるやかな組織（新たな地域コミュニティ）”の可能性」『日経研月報』2019年8月号Vol.494（2019）

城戸宏史「「地方創生」政策の問題と今後の市町村合併の可能性――一村一品運動のインプリケーションを踏まえて―」『経済地理学年報』第62巻第4号（2016）

城戸宏史「政策としての「地方創生」への展望～矛盾点と可能性～」『日経研月

報』2018年8月号Vol.482（2018）

小長谷一之・北田暁美・牛嶋智「まちづくりとソーシャル・キャピタル」『創造都市研究』第一巻創刊号（2006）

小長谷一之「マーケティングと創造都市」塩沢由典・小長谷一之編著『まちづくりと創造都市―基礎と応用―』晃洋書房（2008）

古賀桃子「NPOからみた地方創生」『日経研月報』2018年8月号Vol.482（2018）

シビックプライド研究会編著『シビックプライド2【国内編】―都市と市民のかかわりをデザインする』宣伝会議（2015）

中川淳『経営とデザインの幸せな関係』日経BP（2016）

西口敏広・辻田素子『コミュニティー・キャピタル論　近江商人、温州企業、トヨタ、長期繁栄の秘密』光文社（2017）

広井良典『コミュニティを問いなおす―つながり・都市・日本社会の未来』筑摩書房（2009）

松田英嗣「「地方創生」の着地点を見据えて～「連携・選択・集中」と「共生型社会」～」『日経研月報』2018年8月号Vol.482（2018）

宮下量久「「平成の大合併」を踏まえた「令和」時代の地方財政」『日経研月報』2019年8月号Vol.494（2019）

山口裕幸『チームワークの心理学～よりよい集団づくりをめざして』サイエンス社（2008）

吉本哲郎『地元学をはじめよう』岩波書店（2008）

第 **2** 章

ボトムアップ型地域経営のポイント
～ケースから何を学ぶか～

　地域を取り巻く環境がますます厳しさを増すなかで、地域の多様な主体が参画するボトムアップ型の地域経営こそが真の地方創生を実現できると考える。そこで、本章ではボトムアップ型地域経営のケースから学ぶべきポイントを6つの視点から紹介する。なお、それぞれの視点で紹介するケースの多くは6つの視点すべてにかかわる部分があるが、とりわけ着目すべき視点のみに絞って紹介する。

■視点1：地域資源の有効活用～再評価・用途転換・発想転換・プロモーション～

　ボトムアップ型の地域経営のきっかけは、地域関係者による危機感の共有と地域資源への着目から始まるケースがきわめて多い。そもそも当該地域にどのような資源があるのかをあらためて観察することが起点となる。いわゆる「あるもの探し」である。あるもの探しを行う場合には、まずは当該地域の強みに着目する必要がある。しかし一方で、先入観にとらわれないことが肝要となる。そういった意味では、域外の視点から新たな気づきをもたらす外部人材を活用することも必要である。

　地域資源の有効活用においては、少なからず発想の転換も必要である。地域資源も従来の活用方法にとらわれることなく、時代のニーズを汲みつつ新たな活用方法を見出すことが求められるのである。

　ピースキッチン新潟（新潟市ほか）や北山村役場（和歌山県北山村）のケースは、それぞれ多くの地域関係者が認める地域資源（ピースキッチン新潟であれば食材、農園、酒蔵等、北山村であればじゃばら）をより効果的にPRするためにプロモーションに創意工夫を講じている。

函館西部地区バル街（北海道函館市）は旧市街の異国情緒あふれる町並み、村上町屋商人会（新潟県村上市）は町屋、篠山城下町ホテルNIPPONIA（兵庫県丹波篠山市）は古民家をそれぞれ再評価し、新たな活用法を見出したケースである。そこには時流を見極めつつ少なからずの発想の転換が見出せる。

図表1　地域資源の有効活用の主なケース

地域名	ケース名	内　容	掲載頁
北海道函館市	函館西部地区バル街	住民参加型の食べ歩きイベントによる「旧市街地」の魅力の再発見	40
新潟市ほか	ピースキッチン新潟	レストランバスによる地域資源（食材、農園、酒蔵等）の付加価値創出など	49
新潟県村上市	村上町屋商人会	住民参加型の町歩きイベントによる地域資源としての「町屋」の再評価	116
東京都新宿区	歌舞伎町タウン・マネージメント	「レッドカーペット」など公共空間を地域資源と見立てた活用	153
岐阜県飛騨市	美ら地球	地域の生業や風景を資源と見立てた「飛騨里山サイクリング」の実施	56
浜松市	万年橋パークビル	立体駐車場を"屋根のある広場"と再評価して活用	324
兵庫県丹波篠山市	篠山城下町ホテルNIPPONIA	地域資源である「古民家」の徹底的な活用と戦略的マーケティング	65
和歌山県北山村	北山村役場	オンリーワンの地域資源「じゃばら」のICTを活用した柔軟な販売戦略	230
島根県海士町	海士デパートメントストアプラン	既成概念にとらわれない地域資源（海・潮風・塩）の徹底活用で外貨を獲得	76
岡山県真庭市	木質バイオマス利活用	外部評価を得ながら、経営的発想に基づいた地域資源の活用を実現	333
福岡県川崎町	かわさきパン博	一軒しかパン屋がない町だからこそパンをテーマにしたイベントを開催	86

発想の転換という意味では、万年橋パークビル（浜松市）のように立体駐車場を“屋根のある広場”としてとらえ、囲炉裏のある古民家の移築や能舞台を設置したユニークなケースもある。また、海士デパートメントストアプラン（島根県海士町）のように、「海・潮風・塩」という島としては当たり前の地域資源の価値をあらためて見直し、徹底活用したケースもある。

　また、地域資源の活用方法は、国や地方自治体の政策によっても大きく影響される。歌舞伎町タウン・マネージメント（東京都新宿区）において新作映画の封切にあわせたPRイベントの「レッドカーペット」が実現できたのは、公園や道路など公共空間の利用促進が政策として打ち出されたからである。このように政策の動きを注視しつつ、行政との緊密な連携を心がけていくことも重要である。

　なお、美ら地球（岐阜県飛騨市）は域外の視点をもった移住者“半よそ者”だからこそ、地域の生業や風景を資源として再評価できたケースである。また、かわさきパン博（福岡県川崎町）は町内に一軒しかパン屋が存在しないがゆえに、年に一度は町外からおいしいパン屋を集めてみたいという発想から生まれたケースである。自らの弱みを逆手にとった極めつけの発想の転換である。

■視点2：シビックプライドの形成・醸成

　よりよい地域経営を実現させるためには、より多くの地域関係者を巻き込んでいくことが必要である。その場合、地域に対する愛着心やアイデンティティなど、自分自身の好意的な感情が揺り動かされる気持ち、いわゆるシビックプライドを醸成していくことが肝要である。そのためには、地域関係者が身近に感じ、立ち寄ったり、参加したり、協力・応援できるようなコミュニケーション・ポイントを整備していくことも必要である。コミュニケーション・ポイントの具体例としては、公共空間、景観、建築、イベントに加えて、地域の風土や文化に根差した食品などがあげられる。

　ところで、一般に地域コミュニティにはその拠り所となる精神的支柱が必要とされることから、シビックプライドが存在している地域には良好な地域

コミュニティが形成される場合が多い。つまり、逆にいえば、地域コミュニティが脆弱化している場合や地域のイメージが悪化している場合には、まずはシビックプライドの形成・醸成に取り組むことが求められる。つまり、シビックプライドができれば、おのずと地域のイメージアップにもつながるのである。

　マツダスタジアム（広島市）は全国的にも著名なシビックプライドを象徴する建築物かつ公共空間であり、市民球団としての広島東洋カープファンのコミュニケーション・ポイントとして、さまざまな創意工夫が施されている。村上町屋商人会（新潟県村上市）は、景観や公共空間がシビックプライドの対象となっているケースである。

　はっち＆まちぐみ（青森県八戸市）と佐世保市中心商店街（長崎県佐世保市）は、公共施設（空間）とイベントが連動したユニークなケースである。八戸市では中心市街地活性化の起爆剤として整備された八戸ポータルミュー

図表2　シビックプライドの形成・醸成の主なケース

地域名	ケース名	内　容	掲載頁
青森県八戸市	はっち＆まちぐみ	市民ミュージアムを起点とした"志民"集団によるプロジェクトの展開	98
千葉県香取市佐原地区	江戸優りのまちづくり型観光	"江戸優り"の精神を共有した住民によるまちづくり観光の確立	107
東京都新宿区	歌舞伎町タウン・マネージメント	多様な主体が参画した緩やかな連携による地域のイメージアップ	153
新潟県村上市	村上町屋商人会	住民参加による町屋再生への外部評価を通じたシビックプライドの醸成	116
広島市	マツダスタジアム	シビックプライドの象徴としての特色ある球場づくり	126
福岡県川崎町	かわさきパン博	地域関係者の手づくりイベントによる町のイメージアップ	86
長崎県佐世保市	佐世保市中心商店街	商店街を地域住民のシビックプライドを実現する場として活用	135

ジアム「はっち」の活動に参画したアーティストが自ら移住して市民集団「まちぐみ」を結成し、まちなかでシビックプライドを醸成するプロジェクトを展開している。一方、佐世保市では日本最長規模のアーケードを舞台として開催される「YOSAKOIさせぼ祭り」や「きらきらフェスティバル」などのイベントへの参加を通じて、地域住民がシビックプライドを実現している。

　歌舞伎町タウン・マネージメント（東京都新宿区）とかわさきパン博（福岡県川崎町）は、ともに地域のイメージアップを意識してシビックプライドを形成・醸成しているケースである。歌舞伎町では治安悪化からのイメージ回復を目的に、公共空間を利用したさまざまなイベントが展開されているほか、民間の新しい建築物にもゴジラなど映画のキャラクターをモチーフにしたランドマークが整備されている。一方、かわさきパン博は旧産炭地の疲弊したイメージの一新を意識したイベントである。

■視点3：地域コミュニティの再生と醸成～民民交流・民民連携・官民連携・民主官従～

　わが国では人口減少により地域におけるつながりが希薄になるにつれて、地域コミュニティの問題がクローズアップされている。あらためていうまでもなく、地域コミュニティは地域づくりの担い手の苗床であり、前述したように地域コミュニティ・キャピタルの醸成あってこそ、ボトムアップ型の地域づくりが可能となる。よって、いままさに地域におけるさまざまなつながりの創造や結び直しが求められているのである。

　その際に、まず始めるべきことは個人（民）ベースでの交流である。組織を背負ってではなく、あくまで一個人（民）として地域のなかでの交流が求められる（民民交流）。そのうえで、地域の組織ベースでの連携へと進んでいくべきである（民民連携）。もちろん、すでに十分な民民交流が蓄積されている地域であれば、民民連携から始めればよいのである。しかし、現在のように地域コミュニティが弱体化するなかで、多くの地域では新たな民民交流の仕組みを再構築することの重要性が増しているのである。

他方、行政（官）も地域コミュニティの重要な一員である。そのため、行政（官）の働き掛けによって地域コミュニティの再生や醸成が勢いづくケースも少なくない。いわゆる官民パートナーシップ、官民連携である。特に、地域づくりが困難な局面にあるケースでは行政（官）の担う役割は大きい。ただし、地域づくりの主な担い手は地域課題を"じぶんゴト"と考えて行動する地域住民（民）であることから、あくまで「民主官従」のかたちでの役割分担が望まれる。

　澄川乾燥野菜推進協議会（札幌市）や浦添市立森の子児童センター（沖縄県浦添市）は、草の根の個人レベルの交流から地域コミュニティを再生・構

図表3　地域コミュニティの再生と醸成の主なケース

地域名	ケース名	内　容	掲載頁
札幌市	澄川乾燥野菜推進協議会	乾燥野菜のコミュニティビジネスを通じて住民間での相互交流を実現	146
東京都新宿区	歌舞伎町タウン・マネージメント	危機感を共有した民間事業者による地域コミュニティの再生とまちづくり組織の確立	153
浜松市	ゆりの木通り商店街	ひと＆まちの結節点として「まちなか」で新たなコミュニティと文化を創造	324
大阪市西成区	西成特区構想	民間の地道な活動をベースとしたボトムアップ型まちづくりを基盤とする民主官従の実現	163
香川県高松市	高松丸亀町商店街振興組合	地権者の当事者意識の醸成に基づく再開発と地域コミュニティの再生	174
北九州市黒崎地区	タウンドシップスクール	「大人の部活」を通じた多様な人材をつなぐ地域コミュニティを創造	185
長崎県佐世保市	佐世保市中心商店街	住民参加型イベントを通じた「まちなか」の新たな地域コミュニティの醸成	135
沖縄県浦添市	浦添市立森の子児童センター	中学生が防災のまちづくりをリードすることで地域に新たな連携を創出	197

築したケースである。とりわけ、浦添市のケースは中学生に防災のまちづくりの牽引役を担わせた点で非常に注目される。

　ゆりの木通り商店街（浜松市）、タウンドシップスクール（北九州市黒崎地区）、高松丸亀町商店街振興組合（香川県高松市）、佐世保市中心商店街（長崎県佐世保市）のケースは、いずれも中心市街地（まちなか）において新たな地域コミュニティを構築している。個人ベースでの交流と組織ベースでの連携を織り交ぜながら、商業機能に固執することなく新たな担い手やサポーターを巻き込んでいる。全国各地で中心市街地の空洞化等の問題が深刻化して久しいが、これらのケースは創意工夫によって、今後も中心市街地（まちなか）が地域コミュニティの拠り所となりうることを示している。

　西成特区構想（大阪市西成区）そのものは行政（官）主導で進んだプロジェクトではあるが、その背景には民間における長年の地道な活動により培われた地域コミュニティの再生が大きな役割を果たしており、典型的な民主官従のケースといえる。歌舞伎町タウン・マネージメント（東京都新宿区）も同様のケースといえる。

■視点４：地域ブランド戦略や自立型ビジネスモデル構築～地域経営戦略の積極的活用～

　近年の地域づくりは地域間競争の激化などにより、コンペティターとの差別化やターゲットとなるマーケットの絞り込みなど、企業経営のノウハウを駆使した地域経営戦略が必要となっている。逆にいえば、地域経営戦略がなければ自立型ビジネスモデルの構築は困難である。

　とりわけ、ボトムアップ型地域づくり・地域経営において重要とされるのが、地域における「志」「らしさ」「ストーリー」の３要素を取り込んだ地域ブランディング戦略である。地域の特産品開発やイベント運営に際しても、しっかりと地域の深層にまで踏み込んで、ブランディング・コンセプトを構築し、発信していくことが求められている。

　NEXT５（秋田県）と発酵の里こうざき（千葉県神崎町）、新潟大学日本酒学（新潟県）では、地域のコンテクスト（背景・物語）に立ち戻って、地域

図表4　地域ブランド戦略や自立型ビジネスモデル構築の主なケース

地域名	ケース名	内　容	掲載頁
青森県・北海道道南地域	ラムダプロジェクト	津軽海峡交流圏の形成に向けた集客交流プロジェクトの展開	294
秋田県	NEXT 5	5つの蔵元の連携によるノウハウの共有と切磋琢磨によるブランド化	206
千葉県神崎町	発酵の里こうざき	地域のコンテクスト（背景・物語）に焦点を当てたブランド戦略の展開	215
新潟県	新潟大学日本酒学	大学を起点とした地域デザイン・地域ブランディングの試み	223
兵庫県丹波篠山市	篠山城下町ホテルNIPPONIA	低稼働でも黒字化が可能な高付加価値ビジネスモデルの構築	65
和歌山県北山村	北山村役場	「日本初の観光筏下り」と「固有の果実じゃばら」の相乗効果による地域ブランド戦略	230
香川県高松市	高松丸亀町商店街振興組合	適切な事業スキームの導入による100年先を見据えた「まちなか」再開発	174
徳島県徳島市	とくしまマルシェ	厳選食材・おしゃれ感・ICT活用にこだわることで地域を代表する集客プロジェクトとして定着	239
高知県日高村	日高わのわ会	過疎の村でさまざまな困りごとに対するニーズをコミュニティビジネスで解決	257

の特産品ならびに地域の担い手、さらには地域そのもののブランド化を進めることで一定の評価を得ている。

　篠山城下町ホテルNIPPONIA（兵庫県丹波篠山市）、北山村役場（和歌山県北山村）、高松丸亀町商店街振興組合（香川県高松市）、とくしまマルシェ（徳島県徳島市）、日高わのわ会（高知県日高村）のケースは、すべて積極的な地域経営戦略を展開して、自立型ビジネスモデルを構築したものであり、すでに地域の仕組みとして定着している。

ラムダプロジェクト（青森県・北海道道南地域）は、青森県主導で津軽海峡交流圏という新たな経済圏の確立を目指すものである。多様な背景を有する地域関係者と域外人材が連携しながらさまざまな地域プロジェクトを展開することで、将来的には圏域内における自立型ビジネスモデルの構築を目標としている。

■視点5：地域イノベーションの創造と地域経営哲学の継承

　周知のように、時代の要請から民間の経営センスを伴った地域経営戦略の重要性が高まっている。しかしながら、一方でより多くの地域関係者を巻き込むことが求められる地域づくりや地域経営の現場においては、プロジェクトを貫く明確な哲学や理念の存在が重要となる。多くの人々が共感できる哲学や理念があってこそ、地域経営戦略が功を奏し、地域が活性化されるのである。そのなかでも、地域の風土を活かしながら、これまでにない地域経営手法やビジネスモデルの構築に至るケースは「地域イノベーションの創造」と称されるのである。

　もっとも、地域イノベーションの段階に至っても、その地位を維持していくことは容易ではない。競争相手の出現や時代の変化、さらには後継人材の問題など不安定要素は多い。そういったなかで、地域経営哲学や地域イノベーションを継承していくことはきわめて重要である。

　地域人教育（長野県飯田市）と日高わのわ会（高知県日高村）のケースは、地域に根差した哲学や理念が存在することで実現したケースである。地域人教育は、飯田市における大正時代の自由教育に端を発する独自の公民館制度があったからこそ実現できたケースである。また、日高わのわ会は村民の就業機会の創出を第一に考えていたからこそ生まれたコミュニティビジネスである。

　中洞牧場（岩手県岩泉町）と柑橘系の香りがする芋焼酎（鹿児島県霧島市）は、地域の風土を突き詰めたうえで創造されたイノベーションのケースである。前者は自然環境を活かして山地酪農を実現させており、後者は土地の個性を反映した農産物の活用によって新たな商品開発を実現している。

図表5　地域イノベーションの創造と地域経営哲学の継承の主なケース

地域名	ケース名	内　容	掲載頁
北海道函館市	函館西部地区バル街	スペインのバスク地方の生活文化をふまえた住民参加型イベントの創造と継続	40
岩手県岩泉町	中洞牧場	山地酪農を可能とした自然環境を活かしたイノベーションの実現	250
長野県飯田市	地域人教育	住民参加・協働のDNAを継承する「公立民営」形態の公民館制度を活用した独自の人材育成の仕組み	314
高知県日高村	日高わのわ会	村民の就業機会創出のために細かなワークシェアリングによってコミュニティビジネスを展開	257
熊本県南小国町	黒川温泉	共創による地域経営と修景に配慮した風景づくりの継承	265
大分県由布市	由布院の観光まちづくり	世代間交流と適切な世代交代による地域経営哲学や地域ブランドの継承	276
鹿児島県	柑橘系の香りがする芋焼酎	土地の個性を反映した農産物の活用による芳醇な風味の実現	286

　函館西部地区バル街（北海道函館市）、黒川温泉（熊本県南小国町）、由布院の観光まちづくり（大分県由布市）は、いずれも著名な地域づくりの成功例であり、地域イノベーションを創造したケースであるが、いまだに色あせることなく地域経営を継続してきている。函館西部地区バル街で15年以上、黒川温泉で30年以上、由布院で40年以上、一定の成果を継続するとともに、その地位を維持している背景には、地域関係者の間でしっかりと地域経営哲学が継承されているのである。

■視点6：地域人材の育成・外部人材の活用

　ここまで確認してきた5つの視点、すなわち、地域資源の有効活用、シビックプライドの形成・醸成、地域コミュニティの再生と醸成、地域ブラン

図表6　地域人材の育成・外部人材の活用の主なケース

地域名	ケース名	内　容	掲載頁
青森県・北海道道南地域	津軽海峡マグロ女子会	地域の将来を"じぶんゴト"ととらえた地域人材によるさまざまな集客交流プロジェクトの展開	294
青森県八戸市	まちぐみ	移住したアーティストや若手デザイナーと地元組織との協働・連携	98
仙台市	せんだい大志塾	仙台市による東北各都市と連携した公務員の"殻"を破るための塾	304
長野県飯田市	地域人教育	高校・大学・公民館を巻き込んだ「人材サイクル」の構築と「地育力」による人づくり	314
岐阜県飛騨市	美ら地球	イノベーターとしての"半よそ者"が当事者としてかかわるプロジェクト展開	56
島根県海士町	隠岐島前高校魅力化プロジェクト	学校連携型の公営学習塾創設や「島留学」制度の新設	76
岡山県真庭市	21世紀の真庭塾	民間人の研究会による学習の繰り返しとビジョンの共有	333
北九州市黒崎地区	副都心黒崎開発推進会議	地元民間団体による地域づくり人材養成とまちづくりビジョン策定	185
沖縄県浦添市	浦添市立森の子児童センター	地域課題を解決する主体として中学生を防災まちづくりに登用	197

ド戦略や自立型ビジネスモデル構築、地域イノベーションの創造と地域経営哲学の継承は、いずれもきわめて重要な視点であり、ボトムアップ型の地域づくり・地域経営を成功に導くアクション・ポイントである。しかし、これらを適切に実践していくためには、その担い手となる地域人材が必要である。地域人材なくしてボトムアップ型の地域づくり・地域経営は成り立たない。とりわけ、地域づくりや地域経営を他人事ではなく"じぶんゴト"とする意識改革が重要となっている。

　他方、ボトムアップ型の地域づくり・地域経営とはいえ、時代の潮流や域

外のマーケットに適応するため、また発想転換を促すためには、外部人材の活用も必要である。

　以上のことから、地域経営の現場では試行錯誤を繰り返しながら、常に地域人材の育成や外部人材の活用が進められている。

　津軽海峡マグロ女子会（青森県・北海道道南地域）、地域人教育（長野県飯田市）、21世紀の真庭塾（岡山県真庭市）、副都心黒崎開発推進会議（北九州市黒崎地区）、浦添市立森の子児童センター（沖縄県浦添市）のケースは、いずれも地域づくりを“じぶんゴト”として行動することを促している。たとえば、地域人教育では高校・大学・公民館を巻き込みながら、地域のあらゆる世代を対象とした取組みとなっている。また、浦添市立森の子児童センターは防災活動を通じて中学生を地域づくりに巻き込んでいる。

　はっち＆まちぐみ（青森県八戸市）、美ら地球（岐阜県飛騨市）、隠岐島前高校魅力化プロジェクト（島根県海士町）のケースでは、外部人材の活用がクローズアップされている。移住者や“半よそ者”、島への留学生といった外部人材がもたらすインパクトの大きさが理解できる。

　先に、「民主官従」の重要性を指摘したが、主役ではないにしても、環境変化が目まぐるしいなかで、ボトムアップ型の地域経営のサポート役として、行政（官）にも、これまでにない知見と発想の転換が求められている。そのようななかで、組織の縦割りや視野・発想の狭さといった公務員の“殻”を破るべく創設されたせんだい大志塾（仙台市）のケースは注目に値する。

第 **II** 部

全国各地における
ボトムアップ型
地域経営のケース

地域資源の有効活用
～再評価・用途転換・発想転換・プロモーション～

1−1 ||||||||||||||||||||||||||||||||||||||||||||||||||||||||||||

住民参加型イベントを通じた旧市街地の魅力の再発見
―函館西部地区バル街（北海道函館市）―

||||||||||||||||||||||||||||||||||||||||||||||||||||||||||||

ケースのポイント

　江戸時代末期の函館港開港以来、異国文化を取り入れながら港湾とともに発展してきた北海道函館市では、かつての繁華街であった西部地区を舞台に、異国情緒あふれる町並みとスペインのバスク地方の食（料理）を中心とした生活文化を掛け合わせた住民参加型イベント「函館西部地区バル街」が、毎年2回春と秋の季節を彩る風物詩として住民の間に定着している。函館発祥のバル街は地域の賑わい創出の成功事例として域外からも高い評価を得ており、いまや全国200を超える地域に伝播している。その後、バル街を通じて築かれた地元料理人同士のネットワークは「世界料理学会」を誘致し定期開催を実現している。世界各国・全国各地から函館に集う有名料理人と地元住民や若手料理人との間で新たな交流の輪が広がりつつある。

北海道函館市

▶ 地域の概要

　北海道函館市（人口26万5,979人、2015年国勢調査）は、北海道南端の渡島半島に位置しており、札幌市、旭川市に次ぐ道内第3位の人口を擁する中核

都市である。三方を海に囲まれた地形を活かした天然の良港である函館港とともに発展し、江戸幕府が鎖国政策を解いた際には、下田港とともにいち早く貿易港として開港され、海外通商の要衝となった。函館港を擁する西部地区には、物資だけでなく異国文化も流入し、領事館や教会などの西洋建築物や和洋折衷の建築物に加えて、石畳の道路が敷設されるなど独自の町並みが形成された。その後も、函館市は遠洋漁業や造船業等とともに、港湾を中心に急成長したものの、1970年代以降は排他的経済水域の設定や石油ショック等の影響による基幹産業の衰退で、地域経済は急速に悪化していった。

　現在の函館市の主要産業となっているのが、ホテル・旅館から運輸、飲食等を含めた観光関連産業である。異国情緒あふれる町並みに加えて、函館山から朝市までの赤レンガ倉庫が建ち並ぶベイエリア、国の特別史跡の五稜郭から湯の川温泉まで豊富な地域資源によって、年間500万人を超える観光客を受け入れている。近年では、2016年3月の北海道新幹線開業を受けて、2016年度には過去最高の観光入込客数（560.7万人）を記録したものの、翌2017年度には6年ぶりに前年割れ（524.7万人、前年比6.4％減）となっている。

 ## ケースの内容

1　背　　景

　幕末の開港時（1853年）に9,419人であった函館市の人口は、基幹産業の成長とともに昭和初期（1930年）には19万7,252人にまで急増し、その半数以上の10万人超が函館港を擁する西部地区に居住していた。当時は東京以北で最大規模の都市であった函館の中心、西部地区には百貨店等の鉄筋コンクリート造の建物が相次いで整備され、カフェ、バー、映画館等の建ち並ぶモダンな繁華街として賑わいを誇っていた。しかし現在は、町並みや建築物に当時の面影が残るものの、近隣自治体との合併による市域拡大と郊外開発、モータリゼーションの進展や郊外大型店進出等の複合的要素が相まって、函館市の繁華街は西部地区から五稜郭等が立地する内陸部へと移り、居住者も開発が進む郊外地区へ移動していった。その結果、西部地区では日中は1年を通じて多くの観光客で賑わうものの、居住人口は最盛期の3分の1を割り

込み、繁華街に集まっていた来街者も減少したことで、夜間に閑散とした様相を呈するなど、いつしか「旧市街地」と呼ばれるようになっていた。

　衰退した西部地区に新たに来街者を呼び込んでいるのが、毎年2回春と秋に一晩限りで開催される「函館西部地区バル街（以下、バル街）」である。バル街は、1日のうちに何度もレストラン、カフェや立ち飲み居酒屋に立ち寄って食事や談笑するスペインのバスク地方の生活文化を取り入れた住民参加型イベントである。参加者が1冊5枚綴りのチケット（第10回までは前売券3,000円、当日券3,500円。第11回より前売券3,500円、当日券4,000円に変更）を購入し、参加店の住所と情報が記載された「バル街マップ」を手に西部地区を自由に散策しながら、それぞれが気に入った店を選ぶ「食べ（飲み）歩きイベント」である。参加店側は客から提示されたチケット1枚と引き換えに、ドリンク1杯と各店が趣向を凝らした「ピンチョス（スペイン語で爪楊枝の意味で、スペインの喫茶店兼立ち飲み居酒屋で提供される少量のおつまみを指す）」を提供する。チケットは原則として1店舗1枚しか使用できないことから、参加者は一晩で5枚のチケットを消費しようと目当ての店を探して、必然的に西部地区を回遊する仕組みとなっている。

「バル街」の舞台となる函館西部地区の
風景

バル街の始まりは、函館のスペイン料理店のオーナーシェフ、深谷宏治氏（現在の「バル街実行委員会」代表）が、函館の料理人仲間とともにスペイン料理の格式と認知度を高めるために、2004年2月に「2004スペイン料理フォーラムin HAKODATE」を開催したことにさかのぼる。その関連イベントの1つが「西部地区で一晩のバル街を」であった（第1回の参加25店舗、参加者数377人）。当初は1回限りの予定であったが、参加者や参加店から定期開催を望む声が多く寄せられたことで、バル街の単独開催が実現した。その後は、回数を重ねるなかで開始時間の変更（夜だけでなく昼も開催）や、開催時期（観光客の多い時期を回避し4月と9月に固定）、開催曜日（参加店舗の繁忙曜日を避ける）など少しずつ内容を改善しながら現在に至っている。

2 展　開

　バル街の継続的な開催とともに、深谷氏のもとで結びつきを強めた函館の料理仲間が次に実現したのが、2009年の「世界料理学会」の誘致であった。スペイン料理の本場サンセバスチャンで開催されていた同学会は、函館での日本初開催の後、約1年半ごとにバル街にあわせて定期開催されている。

　函館の料理人たちが集まるきっかけとなったのが、1998年に深谷氏が同業異種の料理人の情報交換の場として立ち上げた料理人集団「クラブ・ガストロノミー・バリアドス（通称ガスバリ）」であった。ガスバリでは月1回の情報交換会への参加を通じて、料理はもとより地域への思いを醸成していった。その後、ガスバリのメンバーが中心となり、2000年に深谷氏が出版したスペイン料理レシピ本の出版記念パーティー開催を経て、日本のスペイン料理シェフを集めた2004年のスペイン料理フォーラムにたどり着いたのである。

　世界料理学会はスペイン料理だけでなく、あらゆる料理を対象にした世界規模のイベントである。2018年4月に開催された第7回では、「山菜」をテーマに海外を含めた31名の料理人が函館に集まった。2日間で15名の発表と6つのトークセッションに加えて、多彩な料理人たちのレシピに基づいたピンチョスがビュッフェスタイルで提供され、ゲストとして招かれた世界各国・全国各地の有名料理人と地元の住民や若手料理人、参加者との交流が実現している。

「世界料理学会 in HAKODATE」
（提供）　世界料理学会 in HAKODATE実行委員会

成功の要因

1　地元料理人を結集し住民参加を促したプロデューサーの存在
　　―バル街実行委員会代表 深谷宏治氏―

　バル街を運営する任意団体「函館西部地区バル街実行委員会（以下、実行委員会）」の代表が、イベント発案者でもある深谷宏治氏である。深谷氏は函館西部地区生まれで東京の大学を卒業後、スペイン料理の修業のため単身スペインに渡った。修業の地であるバスク地方で実践されている「地産地消」の実現には、海山の食資源に恵まれた故郷・函館こそが最適であると実感し、帰国後に市内でスペイン料理店を経営している。その後、料理人集団ガスバリを立ち上げるなど、函館の料理人の間でリーダー的役割を果たしている。

　深谷氏はスペイン料理の認知度向上に加えて、イベント参加者が西部地区を回遊し、まちの魅力を再発見してもらうために、だれもが気軽に参加でき

る食べ（飲み）歩きイベント形式のバル街を継続している。

　これらのこだわりについて、深谷氏は2017年10月の「グッドデザイン賞」受賞時のコメントで「皆で飲食を楽しみ、歩いて街を感じる。このシンプルな仕組みを、参加者・参加店そして運営に携わる実行委員会の私たちが、ともにこの日を楽しみ、皆で育ててきた」と表現している。

2　自立した運営体制と「民主官従」のまちづくり

　バル街ではすべての予算が自主財源でまかなわれており、国や地方自治体からの補助金などの金銭的支援は受けていない。これは、毎年度の予算に制約のある公的資金を受けることによる事業内容の硬直化や、公的資金を当て込むことによる運営体制の脆弱化等を危惧する、深谷氏をはじめとする実行委員会メンバーの強い意思によるところが大きい。運営資金の源であるチケット売上収入は、チケット1枚（1店舗）当りの売上代金700円（当日券800円）のうち、600円を参加店舗の収益として還元した後、残金100円（当日券200円）がイベント告知のためのポスター、パンフレット作成など実行委員会の運営費用に充当されている。ハード面においては、函館西部地区の地域資源でもある異国風の町並みを背景としながら、倉庫や建物等の既存店舗

函館市所有の歴史的建造物を用いた総合案内所「バル街 i 」

をそのまま"イベント会場"として活用するなど、イベント参加のハードル
を押し下げることで、飲食店の積極的な参加を促している。

　また、バル街の運営に関して地元自治体である函館市は直接的な金銭支援
は行っていないものの、イベント開催にあわせて市営路面電車の臨時便（終
電の延長）や特別便（チケット呈示で運賃無料）を増発するとともに、市所有
建物（旧丸井今井百貨店）を総合インフォメーションカウンター「バル街 i」
として提供するなど後方支援に努めている。これらの点において、実行委員
会と函館市の間には「民主官従」に基づいた緩やかな協働関係が構築されて
いるといえよう。

 ## 地域への波及効果

1　住民のための出会いと交流の仕掛けと西部地区全体への賑わいの創出

　バル街は西部地区のごく限られた地区で開催されており、参加店舗のほと
んどが地元資本の個人事業主で小規模な店が多いのが特徴である。バル街の
開催期間中には、地元住民に加えてイベント目当てに市外から来訪した多く
の観光客や視察者で総合案内所「バル街 i」周辺には常に人だかりができて
いる。また、人気店には早い時間から順番待ちの長い行列がみられるなど、
空洞化によって夜は閑散としていることの多い西部地区において、イベント
の集客効果（＝賑わい）により、参加者は普段とは異なる"非日常感"を実
感できるのである。

　また、参加者間での重要なコミュニケーションツールとなっているのが、
チケット購入時に配布される「BAR-GAI MAP」である。西部地区のあち
こちで、見知らぬ参加者同士がマップを手に情報交換し合う機会は、「バル
街ならではの楽しみ」として多くの参加者に受け入れられており、リピー
ターを生み出す動機の1つになっている。

　さらに、バル街開催にあわせて飲食店外の路地や広場でもジャズ演奏やダ
ンス、ストリートパフォーマンス等が実演されている。2018年秋の第30回で
は、フラメンコのライブから寺院本堂での雅楽演奏まで多種多様な20の協賛
イベントが西部地区の各所で開催されるなど、バル街での飲食（味覚）だけ

バル街参加者に配布されるBAR-GAI MAP

でなく美しい建物群や町並みを借景にした音楽イベント等により、五感への刺激を演出することで、西部地区全体に賑わいを創出している。

2　全国各地への「バル街」の伝播

　2004年2月に始まったバル街は、参加者間の口コミや全国メディア等で紹介されたこともあり、「（深谷氏によると）2008年頃から」全国各地からの視察や問合せが急増したという。深谷氏をはじめとする実行委員会では、これらを積極的に受け入れてアドバイスも行った結果、現在は全国各地で200カ所を超えるバル街イベントが誕生している。

　実行委員会ではバル街について商標登録を行っているが、あくまでも海外で先に登録されて自分たちの使用に制約ができることへの対策であり、国内の使用については運営手法も含めて「オープンソース」としており、フランチャイズ化や費用要求等はいっさい行っていない。この点に関しては、前出の「グッドデザイン賞」の受賞理由でも「全国各地からの視察に対応し、他地域での開催に関しては無償でノウハウを提供している」ことが評価されている。

 今後の課題
―食（料理）をキーワードとした新たな連携に向けて―

スペインの生活文化の体験とともに、衰退した旧市街地の西部地区に再び

賑わいを取り戻す目的で始まったバル街は、いまやスタートから15年を超え、開催回数も30回を超えるまでになっている（１年半ごとに開催される世界料理学会も2019年10月に第８回が開催された）。その背景には、深谷氏をはじめとする実行委員会メンバーの「自分たちのまちを自分たちが楽しいと思えるようにしたい」といった強い意思が存在している。その結果、域内外からのリピーターを含む多くの参加者を集客し、食（料理）を通じて世界各国・全国各地の料理人をつなぐ架け橋となっている。さらには、視察を通じた全国各地へのバル街の伝播や参加者の口コミを通じて、地元函館の魅力を世界中に発信し続ける機能を果たしている。

　他方で、バル街や世界料理学会の開催は、函館市近隣の道南地域や津軽海峡を挟んだ青森県との連携も創出している。具体的には、2018年９月の第30回バル街では、イベントスペース等を利用した特設ブースに道南地域５町（松前町、七飯町、鹿部町、八雲町、江差町）、青森県内４市（青森市、八戸市、弘前市、五所川原市）からも出店（継続・新規含む）があるなど、バル街をきっかけに函館（西部地区）を舞台とした地域間交流が生まれている。

　北海道新幹線開業による集客効果が一段落するなかで、函館市が主要産業である観光関連産業をよりいっそう強化していくためには、バル街や世界料理学会が実践してきた「自分たちのまち」への思いをもった住民（志民）の力を最大限引き出すとともに、食（料理）をキーワードにつながった他地域との連携を強化していくことが不可欠となる。

【参考文献】

　株式会社日本政策投資銀行地域企画チーム編著『実践！　地域再生の経営戦略〔改訂版〕──全国36事例に学ぶ地域経営』金融財政事情研究会（2010）

　一般財団法人日本地域開発センター『地域開発Vol.593 まちなかの集客プロジェクト』2014年２月号

　株式会社自遊人、『本当の地方創生、七つの物語』2018年８月号

　深谷宏治『料理人にできること──美食の聖地サンセバスチャンの伝言』柴田書店（2019）

　函館西部地区バル街ホームページ

1－2 ‖‖‖‖‖‖‖‖‖‖‖‖‖‖‖‖‖‖‖‖‖‖‖‖‖‖‖‖‖‖‖‖‖‖‖‖‖‖‖

レストランバスが拓く「食」の新たな地平
―ピースキッチン新潟（新潟市ほか）―

‖‖‖

ケースのポイント

キッチンとレストランを併設させた天井開閉式大型バスで、地場産食材を活かした創作メニューを堪能しながら、地域の食の拠点を回遊するツーリズムを実現しているのが、レストランバスである。運営元であるWILLER株式会社（本社：東京、以下「ウィラー社」）および新潟市との連携のもと、2015年より準備に着手し、2016年に本格始動した。生産者と料理人をはじめとした「食」にかかわる多様なステークホルダーの関係づくりを図りながら、新潟県内の豊かな食文化とともに地域の魅力を広く伝えている。

新潟市ほか

▶ 地域の概要

レストランバスの目下の主たるフィールドである新潟市（人口81万157人、2015年国勢調査）は、本州日本海側唯一の政令指定都市である。稲作や花卉栽培などの農業が盛んで、市内の水田面積は全国の市町村のなかでも屈指である。かつ、餅や米菓等の米を原料とした食料品製造業、日本酒やビールなどの酒造業も盛んである一方、江戸時代から北前船の寄港地として発展した

港町でもあるため、海の食文化も豊かである。プロサッカーチーム「アルビレックス新潟」の本拠地でもあり、新潟ならではの米を原料としたメーカー（亀田製菓等）をはじめ農業に密着した複数の地場企業がスポンサードしている点も特徴的である。

▶ ケースの内容

1 背景

新潟市が2014年に農業分野での国家戦略特区への指定を受けた後、2015年に開催されたミラノ万博に出展した際、訪問した市長が"peace kitchen"なる運動を知った。食を通じて人やコミュニティの輪を広げ、ひいては平和をつくろうというコンセプトの運動である。この出会いがきっかけとなって、市の政策として「食文化創造都市にいがた」が打ち出されることになった。そして、新潟市特有の米を中心とした農業と、漁業で育まれた多彩な食文化を活かし、食を通じた交流と人材育成を図るべく、2016年度からは、「農」や「食」にまつわるステークホルダーがつながり、観光・文化・経済など多面的な地域活性化を図る「ピースキッチン新潟運動」[1]がスタートする。新潟市長が音頭をとり、ピースキッチン新潟運動を推進する母体組織をつくる運びとなった。2016年、公益財団法人新潟観光コンベンション協会が民間側の窓口となり、一般社団法人ピースキッチン新潟が設立された。

新潟観光コンベンション協会は新潟市が8割ほどを出資しているが、ピースキッチン新潟は市から直接の出資は受けず、プロジェクトごとに市の受託事業を担うかたちとした。また、ちょうどその頃、ウィラー社でレストランバス構想が検討され始めており、東京で開催された会合で関係者と接点をも

1　"「大地をリスペクト（尊敬）し、良い農産物を生産する農家は地域の宝だ」「地域の料理人はそんな生産者をリスペクトし、素材の良さを活かした料理を提供する」「地域市民は、そのようにして生まれた地元の食・料理を大切にし、地域の誇りにまで育てていく」―そんなサイクルが起きることをピースキッチン新潟運動は目指しています。もちろん、生産者には農業者だけでなく漁業者や林業者らも含まれます。"（新潟市公式ホームページ　http://www.city.niigata.lg.jp/shisei/mayor/hikoukigumo/hp_hikokigumo/h28nendo-hp/280509.htmlより引用）

つことができた。東京の事業者と連携するかたちでレストランバスを運行することは、広範囲で「食」にかかわる人々の関係づくりが可能となり、地域への波及効果も大きいと判断した。

2 展　開

準備段階の2015年に、天井が開閉可能なバスにキッチン（1階）と食卓（2階）を併設させることが必須であるため、まずは食品衛生法に基づく営業許可を取得した。また、旅行業の登録をしている新潟観光コンベンション協会の観光商品として販売し、ピースキッチン新潟は側面支援するかたちをとった。

2016年度に入ると、新潟市が地方創生関連の交付金を原資に、事業を新潟観光コンベンション協会に委託したうえで、ピースキッチン新潟がその実働を担うかたちをとった。

2017年度は、前年度での事業化の手ごたえがあったなか、市役所側も観光推進部署ではなく農水関連部署が主管課となり、「生産者の成長」という政策目的を掲げて取り組むようになった。それまでは、開催時期を春か秋か設定しかねることもあったが、この年度からは春を基軸として、3カ月単位を1タームと位置づけることにした。

2017年度に事業にかかわった料理人は計8人で、かかわった生産者は1コース当りの目安を3人として計24人であった（おおむね40歳代以下の新規就農者や承継者）。定期コースではなくシーズン・場所に応じたスペシャルコースの内容は、料理人との協議によって決めている。コースは原則として農業生産を行っている場所を主としており、漁業については生食の兼ね合いからむずかしかったが、2017年10月には初めて佐渡島で、かねてから打診を進めていた現地の両津漁港と連携した企画が実現した。

ウィラー社はバス（所有3台）の貸出を担い、企画はあくまで地元のキーパーソンとの協議で決定するかたちをとっている。ひとまず5カ年で初動期の開発費用や経費を償却することを見込んで、200万円／月の契約単価が定められている。

客単価はおおむね1万〜1万2,000円程度。東京都等の県外からは来ない

ピースキッチン新潟のレストランバス

想定に立ちつつ、適切な料金設定を 1 週間思案した結果、いずれ自走できる
プログラムとするべく 1 万円を超える設定にした。 2 年目に市役所から"市
の事業としてやるからには極力安価に"といわれていったん6,000円のプログ
ラムを実施したが、職場関係者や一見さんが多くなり、なかには単なる飲
み会バスのようになってしまったこともあった。結果的には、 1 万円を超え
る価格帯でもリピーター含め客層が確実に存在するという手ごたえをつかん
だ。

　客層の大半は県内からの参加であり、価格的に若い世代よりも30歳代後半
〜50歳代の女性が多い。女性のほうが初対面でもコミュニケーションを積極
的にとりやすい傾向がみられ、男性よりも楽しんでいるような印象である。
男性の場合は 1 人での参加か家族連れが多く、女性は友だち同士での参加が
多い。他方、親子参加型の食育講座として2,000円程度のプログラムも行っ
ている。

　おおむね週 4 日走らせれば採算がとれるものの、現在の初動段階は生産
者・料理人の気づきとプロモーションを優先すべきととらえているため、参
加料収入プラス市の委託金を原資としつつ、無理のないかたちでの初期投資
と位置づけて取り組んでいる。バスのプログラム単体での収益性は見込めな

いものの、料理人や生産者の成長、地域住民の気づきなど、今後のアクションのためのきっかけになればと考えている。

▶ 成功の要因

1 キーパーソンによるキーパーソン発掘

本プロジェクトの実質的なプロデューサーは、公益財団法人新潟観光コンベンション協会事務局次長と一般社団法人ピースキッチン新潟代表理事を兼務する横山裕氏である。横山氏は、事業の立ち上げの段階より生産者と料理人のいわゆる一本釣りによる発掘・マッチングや広報PRのサポートに従事している。曰く、「地域での横断的なチームづくりをイメージしており、事業の取りまとめや広報などがチームプレイになっていくように暗黙のうちに気にかけている」。料理人・生産者のいずれも「公募」の手法をとらずとも確かな人材を集約するに至っている。

2 「半官半民」のキワで自立性・自由度を発揮

新潟市を起点とした取組みは市外にも広がりをみせているが、そもそも委託事業等の公金が伴う場合、当該行政エリアに裨益（ひえき）することが求められがちであるため、事業の足かせにもなりかねない。こうした行政関連事業の「限界」を回避するべく、「半官半民」の公益財団法人をバックにつけることで信頼を取り付けている。そして、生産者・料理人はもとより「食」にかかわる多様な属性の人々との関係づくりや、新潟市以外の複数市町村・JR東日本新潟支社等の民間事業者との連携も図ることで、特定自治体との利害関係にとどまらない自立性や自由度が確保できている。

3 ローカライズによる付加価値創出

「新潟」にこだわりながら、東京発のレストランバスというツールを地場産の食材・フィールド・人材に立脚するかたちでローカライズしている。その結果、多彩なプログラムのもと、地域の魅力を食材で表現できる料理人やリピーター層も獲得でき、既存の地域資源（食材、農園、酒蔵等）に新たな魅力を添えることができた。中央発のノウハウ・ツールの地方での有効活用例としても注目に値する。

▶ 地域への波及効果

　1年目＝模索、2年目＝チームづくり、3年目＝水平展開（エリア、料理人の広がり）というステップを順調に経ている。

　なかでも「チームづくり」については、各所で生産者と料理人をつなぎ、食材の掘り起こしや良質なメニュー開発のきっかけとしてバスを活用してもらうよう提案するようにしており、チームづくりのためにバスを活用している感覚すらある。仮に、「観光」自体を主目的として生産者・料理人を一般公募とするかたちをとれば、おそらく単発的な参加にとどまりやすくなると想定されるため、あくまで一本釣りや口コミに徹している。また、料理人不在の町でのツアーの際は、他の料理人にサポートしてもらったり（例：聖籠町）、新潟市外出身の料理人がその出身地の生産者とつながっていない場合は、当該自治体に情報提供してもらったり（例：五泉市）もしている。

　生産者については、国家戦略特区で農業分野への企業参入が認められるなど6次産業化による大規模化の動きもあるが、「農業×観光」という切り口で関心を寄せ、自らこのプロジェクトへの参画を申し出てくる農業者の人たちのなかには、"自分の農業を知ってほしい"、"自信と誇りをもっている"、"自ら販路を見つけたい"などといった前向きな考えの持ち主が多い。

　料理人についても変化がみられる。実は、生産者の目利きは料理人に委ねられていることから、料理人は自らが仲介役となりながら、生産者の思いをお客様に語るかたちにしている。なかには、お客様への説明のポイントも心得た料理人も出てくるなど、地域別に動けるチームがいくつか誕生している。

　さらに、レストランバスという回遊型のプログラムとあわせて、駅ナカの拠点も運営している。2018年春、JR新潟駅構内に新潟の食文化を発信する複合施設が開業した。そのうちの一区画に「Km-0 niigata lab（キロメートルゼロ　ニイガタラボ）」がある。ここでは、新潟市・JR東日本新潟支社との連携2のもと、ピースキッチン新潟がキッチンやイベントスペースも備えた多

2　JR東日本新潟支社によるプレスリリース（2017/11/22付）　http://www.jrniigata.co.jp/press/20171122niigataeki.pdf

新潟駅構内に新設された「Km-0 niigata lab（キロメートル
ゼロ　ニイガタラボ）」内のライブキッチン

目的スペースを運営している。これにより、食文化を通して地域の魅力を一
体的に体験できる新たな観光形態「ガストロノミー（食文化）ツーリズム」
に弾みがつくものと思われる。

▶ 今後の課題

　準備段階から「5年スパン」という想定で取り組んできたが、4年目に入
る2018年度からは、意欲的な料理人の登録制度の創設や、首都圏の旅行客や
インバウンド向けの旅行商品化等のさらなる観光コンテンツづくりに努め、
レストランバスが採算も含めて自走できるかたちを目指している。新潟市[3]
に対しては、レストランバス以外にも、若手料理人の海外研修を提案中であ
り、新潟に経験豊富な料理人が増える状態にしたうえで、美食観光コンテン
ツを展開していくこともももくろんでいる。

　かたや、レストランバスのエリアが新潟市外にも及んで広域化しているた
め、2018年度からは、新潟市の役割の明確化と他の市町村ごとの需要の掘り
起こしを、各市町村の意思を確認しながら進める予定である。

3　新潟市は、食のまちづくりの政策を同じくするスペイン・バスク地方にあるビルバオ
　市と食文化交流連携協定を2017年に締結。官民総じて盛んに交流を行っている。

1－3

「里山からSATOYAMAへ」
暮らしのリアルが生み出す"クールな田舎"
─株式会社美ら地球（岐阜県飛騨市）─

ケースのポイント

　岐阜県飛騨市では、かねてより住民生活と観光の調和を図るべく、さまざまな住民活動が展開されてきた。それらの蓄積を活かし、暮らしのリアルを体験する旅行サービス「SATOYAMA EXPERIENCE」が海外から絶大な評価を得ている。

　里山の風景や暮らしを魅力ある商品に仕立てたプロジェクトチームの担い手の多くは移住者である。客観性や外部知見を有する住民、つまり"半よそ者"の立場から地域に深くコミットしたことで、地域や住民の本物の魅力を引き出すことに成功している。

岐阜県飛騨市。

▶ 地域の概要

〈飛騨地方〉

　岐阜県の最北部に位置する飛騨地方は3市1村で形成される。飛騨山脈の西側一帯に当たる当地は山がちで、域内の93％を森林が占めるため可住地は少ないものの、地域の歴史は古く、律令時代の昔から現在でも名高い飛騨工を輩出してきた。また、城下町や商家の町並みを保全する高山市、白壁の土

蔵と瀬戸川が美しい飛騨市、世界遺産に認定された合掌造りの家屋が建ち並ぶ白川村、日本三大名泉を擁する下呂市というように、域内には優れた観光資源が集中している。これらの協奏的効果により、当地には年間600万人もの観光客が足を運んでいる（2015年度、岐阜県産業経済振興センター、以下同様）。市町村内総生産に占める観光消費額の割合は実に21.8％にのぼっており、また、観光消費額1,234億円は約50年の間に34倍まで増加した。こうしたことから、飛騨地域はわが国において戦後最も成長した観光地の1つとしてあげられている。

〈飛騨市〉

それぞれに異なる魅力をもつ3市1村のうち、富山県と接する県内最北端の飛騨市（人口2万4,696人、2015年国勢調査）は、2町2村の合併により2004年に誕生した。その中心部に当たる旧古川町は高山市と同様に城下町であり、現在も碁盤目状の町割りが残る風光明媚な都市である。その古川には、共通価値や調和を意味する「相場」という概念があり、それを犯す「相場くずし（ルール違反、不調和）」を極端に嫌う住民気質が根づいている。こうした考え方に基づき、1904年に発生した大火により多くの建物が焼失した際には、新旧の建物が調和するよう町並みを再生し、郊外やロードサイドに不調和な建物の外部資本企業が進出してきた際には、相場くずしの懸念から危機感が芽生え、まちなかに高層ホテル建設の計画が持ち上がると、景観条例制定に向けて住民活動が行われた。住民主導により相場が条例化されたのである。

相場は建築物などのハードに限られない。観光客数が増加してきた1990年代には、住民生活を阻害せずに観光が成り立っていく相場として、適正な交流人口数を年間100万人と定め、それに基づいた集客活動が展開されている。

こうした取組みの結果、観光地化が著しく進んだ高山とは異なり、古川はハード・ソフトの両面で暮らしの息づかいが感じられるまちづくりが進められ、現在へと至っている。

▶ ケースの内容

1 背　景

　暮らしと観光集客の両立。一見当たり前のことのようでありながら、持続的にそのバランスを保つことはきわめて困難であり、観光振興が軌道に乗りつつある多くの地域がその課題に直面している。そうした困難に対して、相場を崩さぬよう古川での住民主導のまちづくりを牽引してきたのが、観光カリスマにも認定されている村坂有造氏である。村坂氏はまちづくりの源泉として人づくりに重要性を見出し、さまざまな活動を展開してきた。その積重ねがやがて住民主導のうねりを創出し、帰結として暮らしと観光の両立が目指されるに至ったといっても過言ではない。

　そして、その村坂氏と後述する山田拓氏との邂逅が、飛騨に新たな触媒と風をもたらすこととなった。「SATOYAMA EXPERIENCE」の展開である。

　飛騨里山サイクリングに象徴されるSATOYAMA EXPERIENCEとは、山田氏が代表取締役を務める株式会社美ら地球（ちゅらぼし。以下、美ら地球）が飛騨地方を舞台に展開している多様なツーリズムサービスの総称である。同社では都市住民や外国人などの来訪者に向けて、サイクリングのほかにも、まちなかの酒蔵めぐりやスノーシューツアー、古民家ステイやロングステイなど飛騨に残されている里山の原風景や暮らし、文化の体験・提供・情報発信等に取り組んでいる。

　このプロジェクトを発意し、牽引している山田氏の来歴は特異である。奈良県の新興住宅地で生まれ育った山田氏は、大学院修了後、外資系のコンサルティング企業に就職したが、多忙な日々に終止符を打って妻とともに世界各国を歴訪する旅に出た。2004年に北米のアラスカからスタートし、計525日間にのぼった旅程のなかで足を運んだ国は29カ国を数えた。中南米のベリーズでは人々の暮らしに近い旅に価値があると感じ、南アフリカでは住民の生活と旅行者が許容し合う距離感を知った。訪れる先々でリアルな地域住民の暮らしに触れ、そこでしか得られない本物の体験を価値として感じとってきた。旅を続けるなか、自身の故郷のような経済主導でつくられた人工的

日本文化を体験する外国人観光客
（提供）　美ら地球

な景色ではなく、長い時間のなかで継承されてきた風景や文化が色濃く残る
"田舎"に魅力を感じるようになっていた。

　2006年に帰国後、あても伝手も手がかりもないまま田舎暮らしの候補地を
探した山田氏は、やがて縁あって古川へとたどりつく。そこで即座に、古川
に残されている町並みや文化、農山村の原風景、そして何より暮らしのリア
ルが共存していることに心惹かれた。それこそが村坂氏が中心となってつく
りあげてきた古川の相場の結晶であった。

　2007年、村坂氏は観光協会の会長に就任し、自らの経験から、外国人観光
客を誘致する重要性と、旅慣れた外国人こそ古川のような自然の原風景を求
めていることを訴えた山田氏がアドバイザーに就任した。同年、コンサル
ティング会社・株式会社美ら地球を古川に設立し、社是として「クールな田
舎をプロデュースする」ことを掲げた。翌2008年には市のインバウンド戦略
を策定、2009年には市内山間部をパイロット地区として、実践可能な体験メ
ニューを取りまとめた。地域で大切に紡がれてきた生業や風景の数々は、換
言すれば豊富な地域資源である。それを山田氏が世界一周するなかで出会っ
た旅行者たちのニーズを満たし、世界に通用するサービスへと編集した。し
かし、いくらサービスの実践を提案しても、そもそも外国人旅行者の獲得に

懐疑的な地元事業者のなかから手をあげる者は現れなかった。そこで、山田氏自身も門外漢ではあったが、コンサルティングを本務とする美ら地球が直接消費者にサービスを提供する事業に乗り出すことを決断した。

2 展　開

〈飛騨里山サイクリング誕生〉

　美ら地球で提供するサービスを再度見直すにあたり、大きなポイントが2つあった。1つ目は地域を取り巻くランドスケープである。合併して誕生した飛騨市であるが、そのなかで中核的な旧古川町と周辺農山村部のアクセス性は比較的高く、両者を一体と見立てることでエリアの魅力に奥行きが出ると考えた。そして2つ目は両者をつなぐ手段である。アクセス性が高いとはいえ、往復10キロメートル以上の道程はとても徒歩では回れない。そこでヒントとなったのが、南アフリカで経験した馬の背に乗って集落をめぐるツアーであった。馬だからこそ車では踏み入ることができない集落の細部まで入り込むことができ、ゆっくりとした速度感が地元の人々との交流を生むことも可能となる。こうした自身にとっての印象的な体験に着想を得て、馬の代替ツールとして自転車の活用を発意したのが、今やSATOYAMA EXPE-

里山サイクリングの様子
（提供）　美ら地球

RIENCEの中核事業となっている「飛騨里山サイクリング」である。2009年秋にテスト運用を開始し、2010年から本格実施している。

〈コンセプト「暮らしを旅する」の確立〉

　とはいえ、この後の運びが順風満帆だったわけではない。事業の開始当初は自転車を貸し出し、地図を配布して自由にエリアをめぐってもらうレンタサイクルのスタイルだったが、顧客の絶対数が多く回転も期待される大観光地ならばいざ知らず、飛騨で同じようなスタイルを実施してもビジネスとして成立しなかった。そこで2011年から、ガイド付きのサイクリングツアーへとモデルチェンジし、客単価を引き上げるかわりに提供価値と顧客満足度の向上を図った。このとき大切にされたのが、ただ単に美しい風景やビューポイントを紹介するのではなく、そうした風景の裏側にある暮らしのリアリティや、それを維持するために腐心してきた住民の相場を説明することである。景色と共存する住民の暮らしや心根をきちんと伝えるためには、ガイドやスタッフ自身が住民と積極的にコミュニケートし、日頃から丁寧に住民の声を拾い上げていなければならない。美ら地球のスタッフ15名のうち12名は県外からの移住者で構成されているが、上記のようなプロセスを経て地域に

外国人観光客と地域住民の触れ合い
（提供）　美ら地球

溶け込んできた結果、スタッフと地域住民の間に個と個の人間関係が構築された。これとは別に、山田氏は2009年から古民家の維持保存に向けてボランティアで古民家を手入れする活動を行っており、活動を通じて地域住民との関係を深めている。それらが触媒となって、ツアー実施中に訪れる先々で地域住民との会話や交流が自然発生するようになった。「暮らしを旅する」というコンセプトは、里山らしい風景だけでなく、他愛もない会話も含めた飛騨での日常全般に触れる仕組みとして完成したのである。

〈海外への発信――SATOYAMA定着へ〉

　SATOYAMA EXPERIENCEは、2011年から世界最大の旅行クチコミサイト「トリップ・アドバイザー」に登録し、自社サービスのプロモーションツールとして積極活用している。結果的にモデルチェンジしたSATOYAMA EXPERIENCEのサービス内容が図に当たり、事業開始当初150人程度だった利用者数は右肩上がりで増加し、2018年には4,500人程度まで伸びることが見込まれている。その人気に火をつけることになった転機は、外国人利用者が多い同サイトで大好評を博したことである。2018年11月現在、931件の利用者コメントのうち、実に873件（93.8％）が五つ星の最高評価を与え、四つ星まで含めると99.4％、つまり利用者のほぼ全員が里山での経験に満足しているのである。このうち、外国人の投稿者は実に85％にのぼり、その多くは評価の理由として、ガイドの質の高さと地域住民との触れ合いをあげている。

　「すれ違いざまにためらいなく挨拶する小学生がカッコいい」

　「田んぼの脇で農家の方と話ができて感動した」

　「美しい風景もさることながら、親しみやすい住民との触れ合いが人間として豊かな経験となった」

　飛騨古川の住民が目指してきた暮らしと観光の相場は、SATOYAMA EXPERIENCEという触媒を得たことにより、遂にツーリズム発祥の海外からも絶賛される水準にまで昇華した。Bushido（武士道）やWabi-Sabi（侘び寂び）の語が精神性も含めて欧米に理解されたように、相場も含めた里山がSatoyamaとして世界に定着する日も遠くない。

成功の要因

　飛騨の原風景が海外から高い評価を受けるまでに成長した成功要因は、ともすると海外経験の豊富な山田氏がオーガナイザーとして飛騨を取りまとめ、当たり前の景色や文化に価値を見出し、光をあて、世に評価されるよう地域と地域資源を再編集したことに理由づけしやすい。これは、かつて真理として広く伝わったいわゆる「若者・馬鹿者・よそ者」論を敷衍するためであり、外部からの客観的な評価としがらみにとらわれずに行動できる"よそ者"はイノベーターとして位置づけられる。

　しかし、山田氏や美ら地球スタッフの立ち位置は必ずしも"よそ者"と割り切れるものではない。地域の土着を外部目線で再構築することによって価値化し、他所で積んだ自らのキャリアを背景に新たな機会を創出したという意味合いでは、たしかに山田氏らの働きが"よそ者"に資する部分はあるだろう。ただし、これはプロジェクト創出段階での立場である。実際にプロジェクトを運用していくなかでは、自分たちも飛騨に暮らす地域の担い手として日々を送り、住民と交わり、心を寄せ、その結果として、地域に蓄積されてきた潜在能力が引き出されて付加価値に転嫁した。この段階での山田氏らの立ち位置は、「外づけされた触媒」というよりも、むしろ「飛騨の当事者」と呼ぶべきであろう。

　つまり、山田氏と美ら地球のスタッフは、"よそ者"でありながら当事者としてかかわる責任があり、一方で、当事者でありながら"よそ者"の知見や客観性をも併せ持つ「半よそ者」なのである。使い古された真理を超え、新たな立ち位置の若者が地域社会にとってのステークホルダーとなって推進力を生み出している点が特筆される。

今後の課題

　わが国では政府が旗振り役となって観光立国が標榜され、インバウンド推進政策が展開されている。その結果、2016年には初めて訪日外国人客数が2,000万人を突破し、2018年には3,000万人を上回った。ことインバウンド観

光においては国全体として追い風の状況であるが、山田氏は「もとより需要の面ではさほど心配していなかった」という。これも自らの実体験に基づき、たとえばボリビアの山のなかまで足を運ぶほど世界中には観光ニーズが溢れていることを肌で感じ取っていたためである。

　一方、まだ伸びしろを残すSATOYAMA EXPERIENCEのみならず、訪日外国人客を受け入れる仕組み、つまり供給が日本全体をみても追いついていない状況が危惧される。特に山田氏は、長期滞在する富裕層を地域全体で受け入れる仕組みもしくはサービス事業者が絶対的に不足していることを指摘する。

　こうした考えに基づき、山田氏と美ら地球では、SATOYAMA EXPERIENCEの取組みで「飛騨をクールに」しながら、そのプロセスで得られた知見を活用して「日本の田舎をクールに」するプロジェクトにもチャレンジしている。富山県、山陰地方などを皮切りに、徐々にその輪は広がり始めた。飛騨地域が構成市町村による協奏的効果により戦後有数の成長を遂げたように、伝統を引き継ぐクールな田舎の協奏が日本全体の価値を引き上げる未来に期待したい。

1－4

古民家活用ビジネスの展開を通じた地域価値の向上
――一般社団法人ノオト＆篠山城下町ホテルNIPPONIA（兵庫県丹波
篠山市）――

ケースのポイント

　兵庫県丹波篠山市は、近世以来篠山藩の城下町として地域の政治、行政、経済の中心地として発展してきた。そういった歴史的背景もあり、同市中心部には現在でも城下町の風情を湛えた町並みが多く残されている。丹波篠山市では、2009年以降に、民間企業が中心となって城下町に点在する古民家を次々と改修し、ホテルや店舗等に再生して活用する事業が進められており、文字どおり地域に新たな明かりを灯している。本稿では、古民家活用を通じた新たなビジネスの成り立ちと仕組みを紹介する。

兵庫県丹波篠山市

▶　地域の概要

　丹波篠山市は、兵庫県の中東部の篠山盆地に、大阪府、京都府と境を接して位置する人口約4万1,490人（2015年国勢調査）の地方都市であり、1999年に4町（篠山町、今田町、丹南町、西紀町）が合併して誕生した。なお、2019年に市名が篠山市から丹波篠山市に変更されている。

　篠山盆地は、近世以来篠山藩の城下町として、政治、行政、経済の中心地としての役割のほか、京（都）に向かう交通の要衝としても繁栄してきた。

現在も、鉄道ではJR山陰線、福知山線が、高速道路では舞鶴若狭自動車道や京都縦貫自動車道などが市内を通るなど、大阪、神戸、京都の３都市圏にそれぞれ１時間圏域と好アクセスを誇っている。

　同市の産業構造は、立地特性を活かした農業や観光業が主要産業となっている。農業では丹波篠山黒枝豆、丹波栗といった著名な特産品があり、また、観光に関しても城下町の町並みに加えて、民謡「デカンショ節」は「丹波篠山　デカンショ節―民謡に乗せて歌い継ぐふるさとの記憶」として2015年に「日本遺産」に認定されており、その他にも、郷土食（ぼたん鍋など）、イベント（「デカンショ祭」）を目的に、京阪神を中心に年間約240万人（2017年）を集客している。

ケースの内容

1　背　景

　1980年代後半から2000年代初めの丹波篠山市では、交通アクセスを中心に大きな環境変化に見舞われていた。特に、最も影響が大きかったのがJR福知山線の電化（1986年）や複線化（1997年）、舞鶴若狭自動車道の開通（1988年）といった、大都市圏との交通利便性の向上であった。これにより、1990年以降は、デカンショ祭や丹波焼陶器まつり、丹波篠山味まつりといったイベントを中心に、同市中心部の城下町地区への観光客が増加した。しかし、他方で兵庫県三田市など近隣都市に立地する大型商業施設との競争が激化し、篠山盆地における商業の中心地であった城下町地区の地盤が揺らいでいった。商業地としての地盤沈下は、時を同じくして加速していた人口減少と相まって、中心市街地の空洞化を引き起こし、城下町の町並みにも空き家が目立つようになってきた。

　同市では、従前より歴史的建築物の保存を積極的に進めていたが、2004年に篠山城周辺エリアが「重要伝統的建造物群保存地区（重伝建地区）」の指定を受けたことで、名実ともに城下町の景観保全に成功した。しかしその一方で、重伝建地区のように文化財としての価値は高くないものの、地域の歴史を背負ってきた数々の古民家が壊され建て替えられたり、空き家化したりし

ていた。このような状況を受けて、2004年に地元のNPO法人が古民家再生事業を開始し、現在までこの動きが継承されてきている。

2　きっかけ―「篠山城下町ホテルNIPPONIA」―

「篠山城下町ホテルNIPPONIA」は、市街地に点在した複数の古民家を改修してホテルとして活用するプロジェクトであり、2013年に着手され2015年に開業している。

同プロジェクトの主体である「一般社団法人ノオト（以下、ノオト）」は、丹波篠山市のTMO（タウンマネジメント機関）であった株式会社まちづくり篠山や他の第三セクターから文化関連事業を継承する法人として、2009年に市が基金を拠出して設立、代表理事には元兵庫県職員で当時は同市副市長であった金野幸雄氏が就任した。また、同市の出身で大阪のIT企業に勤務していた経験を有する藤原岳史氏がUターン入社し、理事として同社事業を牽引する役割を担っていた。

ノオトは、空洞化が進む同市丸山集落の古民家群を再生して、集落を丸ごとホテルとして活用するプロジェクトの「集落丸山」事業を2009年にスター

「篠山城下町ホテルNIPPONIA」フロント・レストラン・客室棟

「篠山城下町ホテルNIPPONIA」客室

トさせる一方、市内で古民家を取得あるいは借り上げて改修し、事業者を誘致して売却あるいはサブリース（転貸）する古民家活用の取組みを続けていた。さらに、2013年には「天空の城」として知名度が高まっていた竹田城址のふもと、竹田（兵庫県朝来市）の町並みに立地する造り酒屋の木村酒造所の建物をホテル・レストランとして再生した「旧木村酒造場EN」、翌2014年には兵庫県豊岡市中心部にある登録有形文化財の旧兵庫県農工銀行豊岡支店建物を同じくホテル・レストランとして再生した「豊岡1925」を官民連携手法により開業させていた。

　篠山城下町ホテルNIPPONIAは、これまでの集落丸山や旧木村酒造場ENと同様に、外観は歴史ある建物の雰囲気を残しつつ町並みに溶け込ませ、かつ高い質感を醸し出す内装の建物に改修されている。それぞれの建物は中心市街地に点在し、用途は建物ごとにフロント、レストラン（フレンチ、和食）、客室となっている（図表１）。宿泊客はフロントでカギを受け取り、町

図表1 「篠山城下町ホテルNIPPONIA」施設配置（2018年8月）

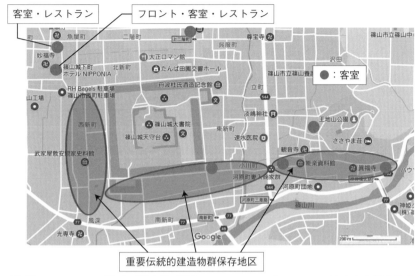

（出所）　Googleマップおよび篠山城下町ホテルNIPPONIAホームページからから筆者作成

並みの風情を楽しみながら客室まで向かう。フロントからいちばん遠い客室
までは約２キロメートル近く離れているため車での送迎も用意している。ま
た、中心市街地にはホテル以外にも、ノオト他が関与して古民家を改修した
レストランやギャラリーが点在している。このようにまちなかにホテルの各
機能が分散していることで、あたかも市街地全体が１つの「城下町ホテル」
のような機能を果たしているのである。

　併設されたレストランでは、一流シェフによる地域の食材を活かした料理
が提供され、ホテルの価格設定も大都市圏の高級ホテル並みの水準である
が、シニア層や30代から40代の女性グループを中心に、主に京阪神、遠くは
東京や九州からも集客している。

　篠山城下町ホテルNIPPONIA事業は、多様な事業主体との連携により成
り立っている。つまり、事業の中心に特定目的会社（以下、SPC）である株
式会社NOTEリノベーション＆デザインを置いて、そのSPCが地元建築会
社、大手旅行サイト、ホテル・レストラン運営専門会社などと個別に契約し

図表 2 「篠山城下町ホテルNIPPONIA」の事業の仕組み（2017年 7 月時点）

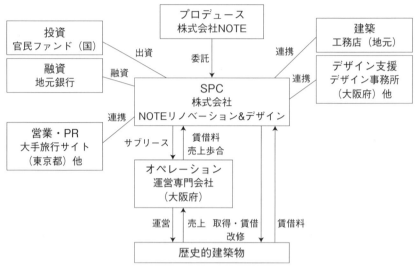

（出所） 藤原岳史（2017）『時間と空間の創造ディベロッパー NOTE』（講演資料）から筆者作成

て、取得あるいは借り受けた古民家を活用する仕組みとなっている（図表2）。

3 展 開―国等からの支援―

篠山城下町ホテルNIPPONIAの実現にあたって、ノオトは国等からの支援を利用した新たな試みを行っている。1つは、旅館業法の規制緩和であり、もう1つは、資金調達におけるファンドの活用である。

当初、ノオトは同事業を旅館業法のホテルとして経営する方針を立てていたが、同法におけるホテルとするためには、同じ建物にフロントを設置することが義務づけられており、同事業のように客室がまちなかに分散することは同法の規定に抵触することとなる。そこで、ノオトでは国が主導する「関西圏国家戦略特別区域の区域計画」に、兵庫県を通じて旅館業法の緩和を盛り込み（2015年）、フロント設置義務の緩和に成功している。

また、このプロジェクトの資金調達に関しては、投資家に古民家再生事業の魅力を伝えて、ファンドを通じた資金調達を目指した。このような取組み

に対して、2015年に国の官民ファンドの出資や地元銀行の融資が行われ、改修など同プロジェクトの立ち上がりを支援した。

 ## 成功の要因

このプロジェクトが、歴史的に価値のある古民家の再生事業を立ち上げ、実績をあげることができた要因は以下のとおりである。

1 事業にかかわる多様な主体の存在

事業の中核であるノオト自体が、きわめて特徴的な主体である。社名は「人々の日々の暮らしを書き留める（noteする）ことで、この土地の歴史と文化を受け取り、未来に継承する」という同社の基本コンセプトに由来する。同社は市の文化施設の指定管理業務などを行う一方で、そのコンセプトに沿ったスローフード事業や農村集落再生事業などさまざまな自主事業にも取り組んでおり、空き家となっている古民家活用事業もその一環として位置づけられている。

しかし同時に、市外の歴史的建築物活用事業にも積極的にかかわることでプロパティマネジメント手法を蓄積するなど、民間企業的な性格も併せ持っている点が大きな特徴である。その背景には、行政出身で公益的事業の制度設計が得意な金野氏と、民間企業出身でビジネススキーム・事業計画の策定が得意な藤原氏という、対照的な能力をもつ2人がキーパーソンとして存在していたという点も重要な要因である。

その他にも、地元建築会社、ホテル・レストラン運営専門会社等のプロジェクト運営にかかわる事業者、城下町に出店してきた事業者や周辺コミュニティ、さらには国や金融機関など、事業実施に向けて連携する主体が数多く存在したことも成功要因の1つであるといえよう。

2 地方圏でも有効なビジネスモデル

ノオトが歴史的価値のある空き家の再生を実施してきているのは、丹波篠山市をはじめとする地方都市中心部や周辺農村地帯である。一般的に集客ビジネスを実施するには必ずしも有利ではない環境下にありながら、地域価値の向上を継続的に実現することを可能にしたビジネスモデルのポイントは以

下のとおりである。

①　地域資源の戦略的な活用

　このプロジェクトの最も大きな特徴は、地域資源の徹底的活用と戦略的マーケティングとを結びつけている点である。丹波篠山市には城下町の風情を伝える文化財や古民家が数多く存在し、それらを保存しようという取組みやそれに伴う経験が地域資源として事業実施前から蓄積していたのである。ノオトの取組みは、そういった地域資源に対してこれまで以上に「活用」に重点を置き、建築物や地域の歴史の「体験」を重視する顧客ニーズにあった新たな価値を提供する事業となっているところに、従来の保存事業とは異なる特徴がある。

　もちろん、古民家を地域資源として活用するためには、古民家ならではの課題をクリアする工夫も必要とされる。たとえば、空き家であっても「盆や正月に子供が帰ってくる」とか「建物内に仏壇が残っている」などといった理由で古民家の提供を認めない例は多い。そのような場合にも、物件を完全取得するのではなく、ノオトが所有者と長期賃貸借契約を結び、事業者にサブリース（転貸）する方式を採用することで、所有者の抵抗感を和らげる工夫がなされている。

　また、古民家は市街地内に分散立地していることが多く、その周辺居住者からの理解を得ることが事業実施のカギとなる。同社では小さなコミュニティ単位でまちづくりに向けた合意形成を積み重ねていくことで課題をクリアしてきている。このような市街地における分散型開発では、城下町のかつての暮らしを宿泊者に追体験してもらおうというマーケティング戦略や、一つひとつの設備投資を小さくすることが、全体の事業リスクを低減させることにもつながっている[1]。

②　低稼働率でも黒字化を実現する高付加価値ビジネスモデル

　前述のように、客室単価を都市部の高級ホテル並みの高い水準に設定し、

1　古民家活用事業のポイントについては、株式会社日本政策投資銀行地域企画部『古民家活用事業のポイント：「人を呼び、にぎわいを創り出す　古民家を活かした地域再生」活用実践編』（2016）が詳しい。

一般的なホテル事業よりも低い稼働率でも黒字が出る高付加価値型の収益構造を創出している点も、このプロジェクトのビジネスモデルの特徴である。古民家の最盛期を再現した建物で質の高いホテルのサービスや料理を提供し、さらには体験型ワークショップなどを組み合わせることで、その土地の歴史と文化の体験に高い価値を見出す顧客から対価を得るビジネスモデルは、同社の基本コンセプトである「地域資源の徹底的な活用」が実現してこそ可能となるビジネスモデルでもある点に留意すべきであろう。

③　多くの主体との連携による事業リスク分散

　篠山城下町ホテルNIPPONIAでは、事業の中心に置かれたSPCが地元建築会社、大手旅行サイト、ホテル・レストラン運営専門会社等と契約して事業を実施する仕組みも、本プロジェクトの特徴である。これを実現するためには、域内外の得意分野をもった主体と連携し、外部の人材・知恵をうまく取り込むことが重要であり、このことが、経営資源の限られた地方圏の事業体でも全体パフォーマンスを上げ、同時にリスク分散を図ることを可能としている。ただし、同時に全体を統括するマネジメント力が不可欠となろう。

 ## 地域への波及効果

　ノオトの取組みは、地方都市の市街地などに点在する歴史的価値のある古民家を、「保存」からさらに一歩進めて「活用」するものであるが、多方面にわたり以下のような効果をもたらしている。

1　空き家の活用による町並みの再生

　空き家の増加は町並みに廃屋や空き地を歯抜け状に生み出し地域を荒廃させるが、本プロジェクトのような取組みによって、ホテルや店舗として活用されることで、空き家に明かりが灯り、町並みに人の気配が生まれるようになる。さらに、篠山城下町ホテルNIPPOINIAのように域外からの宿泊客が町並みを出歩くような工夫がなされていることで、まちなかに人通りや住民との自然な触れ合いも生まれ、地域全体に活気がもたらされるようになる。

2　経済循環と雇用の創出

　古民家が改装されホテルや商店などの事業が動き出すと、地域において事

業にかかわる雇用と所得が生み出され、また事業に必要な原材料などの需要が一定程度地域内で発生することになる。このように、古民家が遊休化していた時期には存在しなかった新たなモノと資金の流れを地域に創出し、それらが繰り返されることで地域経済循環が再生されていく。

3　Iターン、Uターンの実現

　丹波篠山市の中心市街地で古民家を活用して営まれる事業の担い手は、その過半が域外からの事業者であり、同市内にIターンしている人が多い。一つひとつは小規模な事業であるものの、全体では20名以上のIターンを生み出している。また、集落丸山でも事業開始後に空き家の所有者がUターンするといった効果も生まれている。

▶　今後の課題

　ノオトによる古民家再生ビジネスを通じた地域価値向上の取組みを概観してきたが、このような事業を行ってきた同社自体も事業や資金需要の規模が大きくなったことにより、2016年には歴史的建築物活用に関する不動産開発や地域プロデュース事業などの収益事業を行う株式会社NOTE（藤原岳史社長）を設立し、一般社団法人ノオトはそれらに関する調査やコンサル業務、その他の非営利事業に特化させるなど事業再編を図っている。営利企業の株式会社NOTEは「日本の歴史的建築物の価値最大化と活用による収益化を通じて、次世代に継承する」ことを基本理念に掲げ、日本全国の歴史的建築物を再生することを事業目標としている。

　これらノオトグループの取組みは、各方面から評価され、国の地方創生政策においても古民家再生が地域創生の一つの手法として取り上げられるにいたった。また、同グループのビジネスモデルにより、奈良県奈良市や千葉県香取市などで古民家ホテルがオープンしている。さらには、2014年には基本的な理念を共有する全国の事業者同志の連携・交流組織である「地域資産活用協議会（現NIPPONIA協会）」が、2018年には人材育成組織の「NIPPONIA大学」が設立された。

　しかし一方で、地域性を反映しない、似たり寄ったりの再生事例が増えれ

ば、体験型古民家再生自体の希少性が低下する懸念も否定できない。その際には、高付加価値型ビジネスモデルがはたして通用するのかが課題となろう。それに対し、同社では各地の千差万別な地域資源を活かして差別化することの重要性を強調している。

　他方で、今後古民家活用の取組みがより多くの地域に広がっていくことを考えると、これまでのコミュニティレベルの合意形成重視の視点を根本に置きつつも、市町村や都道府県など個別のコミュニティを超えた主体と連携することも必要となってこよう。

　いずれにせよ、ノオトの取組みやその仕組みは、ビジネスが成り立ちにくい地方圏においても、民間ビジネスが地域の価値向上を継続的に実現する可能性を示唆しているといえよう。

【参考文献】

　金野幸雄、藤原岳史他「リノベのススメ：NOTE」マガジンハウス『COLOCAL』連載記事（http://colocal.jp/tag/sol-z-renovation-note、2015. 4 〜 2016. 6 ）

　武田祐佳「町屋活用と地域づくり―城下町地区の取り組みから」、藤井和佐、杉本久未子編『成熟地方都市の形成―丹波篠山にみる「地域力」』福村出版（2015.11）

　株式会社日本政策投資銀行地域企画部『古民家活用事業のポイント「人を呼び、にぎわいを創り出す　古民家を活かした地域再生」活用実践編』（https://www.dbj.jp/pdf/investigate/etc/pdf/book1612_01.pdf、2016.12）

1 − 5

離島の自立に向けた大胆な地域資源活用

—海士デパートメントストアプラン＆隠岐島前高校魅力化プロジェクト（島根県海士町<small>あまちょう</small>）—

ケースのポイント

　島根県沖合の日本海に浮かぶ離島、隠岐諸島の一部である海士町では、かつて「御食つ國<small>みけくに</small>」（古代日本で朝廷に海産物などを貢いだとされる地域）と称されるほど恵まれた地域資源を擁しながら、地理的ハンディキャップによる生産年齢人口の減少と公共投資への過度な依存による財政難から存亡の危機に陥っていた。このような状況の島を変えたのが、自発性を伴った行財政改革と地域資源を最大限活かした産業振興、そして大胆な人材育成であった。官民・地域内外の人材が協働で進める離島の自立に向けた取組みを紹介する。

島根県海士町

▶ 地域の概要

　島根県海士町（人口2,353人、2015年国勢調査）は、島根県沖合60キロメートルの日本海に浮かぶ隠岐諸島の一部、島前地区中ノ島を行政区域とする一島一町の自治体である。古くから海産物の宝庫として、奈良時代には干しアワビを朝廷に献上するなど、「御食つ國」と称されていた。現在も名水百選にも選ばれた豊富な湧水を活用し、離島でありながら米作をはじめとした農

業が盛んな地域である。本土とは高速船やフェリーなどで結ばれているものの、2〜3時間を要するうえ、冬場の悪天候時には船の欠航により孤島化することも珍しくないなど、離島としての地理的ハンディキャップを背負っている。

► ケースの内容

1 背　景

　地理的ハンディキャップに加え、町内に農業・漁業など第1次産業以外に雇用の受け皿がなかったことから、町の人口はピーク時の1950年には6,986人であったが、本稿で紹介するプロジェクトがスタートした2000年にはピーク時の約4割の2,672人にまで減少していた。なかでも、高校卒業者を中心とした若年層の流出は著しく、1980年〜2000年の20年間に、生産年齢人口（15歳〜64歳）は2,143人から1,371人へと36%も減少しており、その減少率は同時期の総人口減少率24%を大きく超えていた（いずれも国勢調査）。このような若年層の人口流出は生まれてくる子どもの数の減少につながり、その後は少子化がいっそう進むこととなった。

　その間、離島振興法に基づく経済対策により、港湾、道路、施設整備などの公共投資が進んだことで、生活インフラは改善されたものの、町の財政力以上の地方債を発行し続けた結果、2001年度の地方債残高は約100億円にまでふくらんでいた。

　財政再建途上の2002年5月に町長に就任した山内道雄氏は、平成大合併の流れのなかで、島しょ間の市町村合併は効果が出にくいと判断し、2003年12月に合併協議を離脱、単独町制により自立していく方向性を打ち出した。しかしながら、いわゆる「三位一体の改革」により、2004年度の地方交付税交付金が町税収入の1年分に相当する1億9,000万円も減額されたことで財政危機に直面した。山内町長（当時、以下同じ）は行政だけでこの危機を乗り越えることは困難と判断し、住民代表や町議会とともに苦境を乗り切る方策を検討した。その結果、2004年3月には財政再建に加え、定住促進と産業振興という町の将来を見据えた改革を盛り込んだ「海士町自立促進プラン」が

策定された。

2 展　　開

① 行財政改革：「守りの戦略」＝短期作戦

　住民に協力を求めるためには、まず行政が率先してコスト削減に努めなければならないといった「先憂後楽」の精神のもと、前町長の時代から実施していた人件費の削減を強化するかたちで、2004年からは町長以下すべての特別職、職員の給与をそれぞれの職位に応じて削減し、1億1,400万円の人件費圧縮に成功した。さらに、翌2005年には削減幅を拡大し、2億1,450万円もの削減効果を実現した。

　また、町内14地区で座談会を開催することで、住民とも危機感を共有した。これにより、住民側からもバス料金の値上げや補助金の返上、各種委員の日当減額などが提案された。

　その結果、2005年度は黒字決算となり、1995年度から取崩しが続いていた基金を11期ぶりに積み立てることに成功した。その後も町の財政は順調に回復し、2007年度には収支バランス改善による職員給与の一部復元、2008年度には当初予算（一般会計）が基金の取崩しを行わずに増額の予算編成ができるまで行財政改革の効果があらわれた。

② 産業振興：「攻めの戦略」＝長期作戦

　海士町では、山内氏の前任町長時代の1999年に策定された総合計画による「人づくり・モノづくり・健康づくり」を継承して、「海士デパートメントストアプラン」と銘打った地域再生計画（2004年6月、2007年7月認定）を策定した。この計画は、島全体を1つのデパートに見立て、島の味覚や魅力を届けるというコンセプトのもと「島まるごとブランド化」を掲げ、島特有の資源である「海」「潮風」「塩」の3つをキーワードに積極的な産業振興を図るものであった。また、メインターゲットについては、ハードルが高く、厳しい評価が下される東京で認められればブランド化できるとの考えから最初から東京に絞られた。

1) 「海」……「島まるごとブランド化」の取組みは、まずは「海」、すなわち海産物資源からスタートした。前町長時代の1998年に創設された「商品

開発研修生制度（地域資源の発掘、商品開発のための島外人材を、町役場の臨時職員として1年間雇用する制度）」によって開発された「島じゃ常識！さざえカレー」や、Uターン・Iターン者と地元漁師が協力して種苗の生産から育成・販売まで一貫生産を目指した「隠岐海士のいわがき・春香（2002年に商品化）」が当時すでに商品化されて市場に出回りつつあった。

　そこで、海士町は2005年3月に島の商品開発、ブランド化を推進する事業主体として、第三セクター「株式会社ふるさと海士」を設立（資本金2億5,500万円、町出資比率94％）するとともに、同年5月には国の補助金を活用して町が「CAS凍結センター」を整備した。「CAS」（＝Cell Alive System）とは、磁力を利用した最新凍結技術のことで、島で獲れた海産物の細胞を壊さず急速冷凍し、鮮度の維持がむずかしい島の特産品の岩ガキや白イカを、新鮮な状態で東京や大阪などの大消費地に出荷することが可能となった。

2)　「潮風」……隠岐諸島では、島固有の黒毛和種である隠岐牛の放牧が古くから行われていた。公共事業の減少に苦しんでいた地元建設業者がその隠岐牛に着目し、自らが100％出資した「有限会社隠岐潮風ファーム」を2004年1月に設立、繁殖から肥育まで一貫して隠岐牛の生産・販売を行う事業に参入した。海士町は、その事業を支援するために、2004年3月に国に対し「潮風農業特区」を申請し、民間企業でも農地を取り扱えるように

隠岐牛の放牧

農地法の規制を緩和した。その後、同社は、「島生まれ、島育ち、隠岐牛」のブランド化を目指し、品質に厳しい東京食肉市場にターゲットを絞って準備を進め、2006年3月に3頭を初出荷した。その品質は、すべて高品位のA5ランクに格付され、最高級ブランド牛並みの評価を受けた。

3) 「塩」……「塩」についても、2005年3月に町が海水を濃縮する伝統的な製法にこだわった生産工場「海士町御塩司所」を整備し、「株式会社ふるさと海士」に管理を委託して、天然塩「海士乃塩」の生産と、それを活用した特産品の開発（梅干し、塩辛、干物など）を開始した。その結果、東京でも「海士乃塩」を取り扱う有名ホテルが出てくる一方で、町に移住してきた料理研究家が、島の食文化の見直しや食育活動を実施するといった成果が出ている。

③ 定住・交流促進＝中期作戦

1) 産業振興を通じたUターン・Iターン者受入れ……山内町長は島の人口を増やして島での暮らしを成立させることが不可欠であり、Uターン・Iターンなどで人を呼び込む施策が必要と考えていた。しかし、海士町ではUターン・Iターン自体を対象とした特別な支援制度は用意せず、むしろ、島での就職や起業などを考えている人を支援するための産業振興施策や定住住宅新築、ならびに「海士町すこやか子育て条例」に基づく出産子育て支援といった取組みを通じて、Uターン・Iターンを呼び込んできた。

その結果、町内での起業が相次いでおり、2016年時点では法人が14団体（累計）、グループや個人の事業として6件のスタートアップが生まれている。また、Iターンに関しては、2004年度〜2017年度の間に、合計で428世帯624人が町に定住している。これらの人材は全国各地から集まってきており、その動機としては、「（島の人が）信頼できたから」「（島に）宝物があるから」「町役場職員の対応が良かった」などがあげられている。特に、Iターンについては、高学歴でキャリアを持ち合わせた若者が多いことも特徴的である。

2) 都市部との交流・国際交流……山内町長は海士の子どもたちと島外の大

学生や留学生、子どもたちとの交流、いわば「人づくり」にも力を入れていた。町では、2005年4月に「人間力推進プロジェクト」を立ち上げ、都市部や海外の国・地域との交流を進めた。

　町が最初に行ったのは、2005年に海士中学校の修学旅行で東京の一橋大学を訪問し、海士町を題材に中学生が大学生に講義を行うというプログラムであった。同プログラムは2008年まで続き、その後は東京大学などでも同様の講義を実施してきている。

　また反対に、若手の有識者と都会の若者たちが海士町を訪問し、小・中・高校で出前授業を行う「AMAワゴン」も、2006年～2009年にかけて合計19回実施された。当時この交流活動にかかわった学生のなかから、その後同町にIターンした人材も複数出てきている。

　そのほか、外国人学生向けのサマースクールを町内で実施したり（2005年～2009年）、町内にある島根県立隠岐島前高校生による海外交流事業も2009年から実施されている。

④ 「隠岐島前高校魅力化プロジェクト」

　山内町長が取り組んできた課題のなかでも、ひときわ重要な問題であったのが、島根県立隠岐島前高等学校（以下、島前高校）の存続問題であった。海士町に立地している島前高校は、島前3町村で唯一の高校であるが、少子化の影響を受け生徒数が激減、2006年には1年生のクラスがそれまでの2クラスから1クラスに統合された。その後も生徒数は減少が見込まれ、このままでは廃校や他校と統合される危機が迫っていた。高校の存続は、島の存続に直結する問題であったことから、海士町では、島前高校を「人を呼び込む商品として売り込む」という、当時の公立高校としては大胆な発想のもと、2006年に「隠岐島前高校魅力化プロジェクト」に着手した。

　2006年5月の第1回「AMAワゴン」の講師として来島した民間企業出身の岩本悠氏が、同年12月に町に請われて、当時勤めていた企業を辞して移住し、「隠岐島前高校魅力化プロジェクト」の中核を担うこととなった。岩本氏と町や高校の教職員は、2年にわたる努力の末、2008年2月に「隠岐島前高校魅力化構想」を策定し、それに基づく施策に取りかかった。

構想策定の翌々年の2009年8月には、生徒が企画した地域活性化に向けた観光プラン「ヒトツナギ」が、全国の高校生による観光アイデアのコンテストである「観光甲子園」でグランプリを受賞、翌2010年3月には、生徒が地域住民を巻き込みながら、そのアイデアを実際のツアーとして社会実験する機会が設けられた。このことが、島前高校の変化を多くの島民に感じさせるきっかけとなった。

　また、2010年4月には、日本ではきわめて珍しい学校連携型の公営学習塾「隠岐國学習センター」も創設された。運営はNPOが行い、従来の学習塾の枠を超えた高校との連携により学習意欲を高め、学力に加えて社会人基礎力も鍛える独自のプログラムを展開した。

　さらには、全国から意欲ある生徒を募集するために、寮費や食費を町が補助する「島留学」制度も新設された。この制度を通じて、島外から活力ある生徒が集まることで、小規模校の課題である固定化された人間関係と価値観の同質化を打破し、刺激と切磋琢磨を生み出すことを目指した。なお、事業の財源は行財政改革による町職員の給与カット分が充てられた。

図表1　隠岐島前高等学校の生徒総数の推移

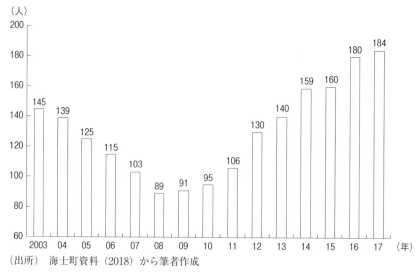

（出所）　海士町資料（2018）から筆者作成

同プロジェクトの成果は、まずは進学実績に表れた。2010年度の卒業生は約3割が国公立大学に合格し、2011年度の卒業生からは初めて早稲田大学に進学する生徒も出てきた。

島前高校への入学志願者数も、2008年度には27名であったが、翌年度からは増加に転じており、全校生徒数も急激に増加していった（図表1）。そして、生徒数の増加に伴い、教員数も2013年度には9名増員された。

成功の要因

1 優れたリーダーの存在

島の存続が危惧されるような状況下で町長に就任した山内道雄氏の優れたリーダーシップこそが、島の自立に向けた一連の取組みが実現した最大の要因と考えられる。

山内町長は、1938年海士町生まれではあるが、中学卒業後は本州の高校に進学し、高校卒業後は民間企業に勤務していた。帰島後は、町の第三セクターが経営するホテルの取締役総支配人や町議会議員を務めるなど多彩な経験を有していた。山内町長が、従来の行政という意識を払拭する「経営感覚」と、町職員や住民など関係者に積極的に語りかけ、ビジョンを共有する「発信力」「共感力」をベースに、強力なリーダーシップを発揮したことが、島存続の危機を回避したばかりでなく、島の自立に向けた新たな取組みを長期にわたって実現してきた最大の要因といえよう。

2 既成概念にとらわれない地域資源の徹底活用

山内町長は、「島の未来」を切り拓き、持続可能なまちづくりを実現するために地域資源を徹底的に活用し、ブランド化して島外に売り込むことで外貨を獲得するという明確な方向性を打ち出した。そのために地域資源の活用にチャレンジする個別事業者への思い切った支援や、島前高校をはじめとした学校教育の大胆な改革など、従来の行政の枠組みには収まらない大胆な取組みを次々と実施していった。

これらの取組みが目にみえるかたちとなり成果をあげたことで、島民をはじめ地域関係者の理解が深まり、そこから新たな取組みが生まれるといった

好循環が生まれたと考えられる。

3　島内外の人材の積極的な登用

「既成概念にとらわれない」といった点に関して、本稿で取り上げた地域資源の活用や教育改革の取組みの多くにおいて、Ｉターンなど島外から移住してきた人材が活躍していることが大きな特徴となっている。「外部人材＝よそ者」の視点を積極的に取り入れることによって、島民だけでは気づかなかった観点から地域資源が活用されるようになったことに加え、「海士町に来ればチャンスがある」ことが「見える化」されることで、さらに人材が集まるという好循環が生まれていることも重要なポイントである。

 ## 地域への波及効果

これまでにもすでに言及しているが、山内町長をはじめ海士町が取り組んできた「海士町自立促進プラン」や「隠岐島前高校魅力化プロジェクト」の波及効果については、以下の3点があげられる。

① 島の自立を支えるインフラの再構築……島を今後も持続的に自立させる基盤としての地域産業や高校を維持・再生するとともに、これらを発展させることに成功したこと。

② 地域人材の育成……山内町長がプロジェクトを実施するにあたり、慣例にとらわれず島内外の有能な人材を積極的に登用したり、支援したりしたことで、現在の海士町を牽引する多くの人材が育ってきたこと。

③ 高い外部評価がもたらす関係人口の拡大……海士町の取組みがマスコミなど多くのメディア媒体を通じて全国各地に知られるようになり、国を含めた外部機関からも高く評価されたことで来島者が増え、そういった島外人材が「海士ファン」となり、Ｉターンも含めてその後も積極的に島にかかわる関係人口を構成するようになってきたこと。

今後の課題

海士町を率いてきた山内町長は4期16年の間町長職を務めた後、2018年5月に職を退いた。後任の町長には、山内町長のもとで働いていた管理職の一

人であった大江和彦氏が就任している。

　2019年現在、海士町は「日本における条件不利地域の自治体の自立モデル」としてその地位を確立し、国内外の関係者の注目を集める存在となっている。また、島しょ間合併を断念した隠岐諸島においても、現在ではそれぞれの町村が独自の自立に向けた取組みを積極的に行うなど、海士町からもたらされた影響は大きい。

　もちろん、これらの取組みは現在進行形であり、必ずしも完結したものではない。また、人口の減少傾向にも歯止めがかかったとまではいえない。しかし、海士町の取組み事例からは、危機的状況に直面した地域がいかにして社会を変革する力を生み出していくかについて、多くの示唆を得ることができよう。

【参考文献】

山内道雄『離島発　生き残るための10の戦略』生活人新書222、NHK出版（2007）

山内道雄・岩本悠・田中輝美『未来を変えた島の学校』岩波書店（2015）

海士町『ないものはない：離島からの挑戦〜最後尾から最先端へ』海士町資料（2018）

1−6

人口１万7,000人の町に２万5,000人を集める
―かわさきパン博（福岡県川崎町）―

ケースのポイント

　人口減少と衰退した旧産炭地のマイナス・イメージに苦しむ福岡県川崎町。これといった観光資源にも恵まれない町で生まれた集客イベントが「かわさきパン博」である。「パン屋が一軒しかない町」で開催されるパンの博覧会は、パン・ブームの時流にも乗って人気を集め、人口約１万7,000人の町に１日で２万5,000人が集まるほどのイベントに成長した。これにより、町のイメージは一新され、「パン博の川崎町」と称されるほどになっている。さらには、パン博への出展をきっかけに町外からパン屋が移住してくるといった波及効果も生まれている。

福岡県川崎町

▶ 地域の概要

　福岡県川崎町（人口１万6,789人、2015年国勢調査）は、県都である福岡市から直線距離で40キロメートルほど東に位置している。明治後期から1960年代まで石炭で栄えた筑豊地域の一部をなしており、飯塚市、直方市とともに「筑豊三都」と呼ばれた田川市に隣接している。九州有数の工業都市である北九州市の玄関口・小倉駅ともJR日田彦山線で直結している。

川崎町では、石炭産業の最盛期である1950年代には約25の炭坑に１万人を超える炭鉱労働者が働いていたとされる。そのため、町の人口も戦前の1940年に２万4,633人であったのが、戦後は1950年に３万7,638人、1955年には４万878人と増加の一途にあった（国勢調査）。しかし、その後は石炭産業の低迷から炭坑閉山が相次ぎ、1972年にはすべての炭坑が閉山した結果、1975年の人口は戦前の水準を下回る２万2,508人にまで減少した。その後も、人口減少に歯止めがかからず、2015年の人口はピーク時（1955年）の41.1％にまで落ち込んでいる。

　川崎町で人口減少とともに深刻な問題となっているのが、生活保護世帯の多さである。石炭産業の最盛期から事故等で働けなくなった労働者が増え始め、加えて、合理化や閉山による失業が重なり、1960年代前半には町内の保護率が20％を超えるに至った。この影響は現在でも続いており、いまだに町の保護率は県平均を大きく上回る状況が続いている。

 ## ケースの内容

1　背　　景

　川崎町は、その保護率の高さから「働かない人の多い町」などと揶揄されてきた。そのため、いつの間にか住民の間でもマイナス・イメージがつきまとい、川崎町で育った子どもたちが、就職や進学で町外に出ても自信をもって川崎町出身であるといいにくいような状況であったという。

　しかしながら、1990年代からは町を取り巻く環境に少しずつ変化がみられるようになってきた。その牽引役のひとつとなったのが「ラピュタファーム」である。ラピュタファームは、ぶどう農家であった杉本農園が1998年に改称した観光果樹園、加工品販売、カフェ・レストランの３事業を展開する「果樹園レストラン」である。カフェ・レストランは「地域の風土が育んだ野菜を主人公にした料理を提供する」ことをコンセプトに、ターゲットを健康志向の高い女性に絞った。その結果、福岡市や北九州市などの大都市圏からも多くの来客があり、2010年代の初めには年間６万人が集まる町内有数の「観光」スポットとなった。

地域の風土が育んだ野菜をふんだんに使った料理
（提供）　ラピュタファーム

　カフェ・レストラン開設当初は、川崎町の多くの住民たちは、マイナス・イメージが拭い切れない旧産炭地の農村にまで、わざわざ福岡市や北九州市から1時間以上もかけて車で訪れてくれるわけがないと思っていた。しかし、よい意味で予想が裏切られたのである。住民の多くは川崎町であっても創意工夫次第で集客できることを実感し、住民のなかに前向きな気持ちが醸成され始めたのである。

2　展　　開

　ラピュタファームの成功がひとつの契機となって、川崎町でも観光への期待がふくらみ始めた。2012年には一般社団法人川崎町観光協会（以下、観光協会）が設立され、その設立記念イベントの企画が観光協会と町役場の職員に委ねられた。当時、この企画立案の中心となった福島昌美氏（現・川崎町役場企画情報課企画調整係長）によれば、「よくある専門家を招いての観光をテーマとしたシンポジウムや講演会であれば、一部の人にしかメッセージが届かないので、子どもからお年寄りまで多くの住民が楽しめるイベントを考えよう」と思い、企画内容を考え始めてからは、「町のイメージの向上を強く意識するようになっていった」という。

　そのようななかで浮上してきたのが「パン」のまつりであった。前出の福島氏は、「私自身が食いしん坊でパンが大好きだったので、パンまつりを提

案しました。その時、ふと頭に浮かんだキャッチフレーズが"ヤマザキ春の
パンまつり"でした。"カワサキ"と"ヤマザキ"で語呂合わせもいいし、
たくさんパンを買ったら白いお皿がもらえる特典も……みたいな楽しい妄想
がふくらんでいきました」と当時を振り返る。

　このほかにも、パンにこだわった理由としてあげられるのは、かつて、炭
鉱で栄えた時代には多くのパン屋があったのが、当時は一軒だけになってい
たため、年に一度くらい域外から美味しいパン屋を集めるイベントは、住民
たちにも喜ばれるのではという発想である。このことは、地域資源を探索す
る「あるもの探し」を超えた逆転の発想ともいえる。町内唯一のパン屋の店
主が当時の観光協会会長であったため、パンまつりにも理解を示し、新たな
企画は次第に支持を集めて実行に移っていった。

　ちなみに、当時の全国的にも名前の通ったパン関連のイベントは、パン発
祥の地とされる静岡・伊豆と東京・世田谷くらいしかない状況であった。そ
のため、炭坑で栄えた小さな町の「パン博」は、全国でも先駆け的なイベン
トとなった。

　2012年6月10日に開催された記念すべき「第1回かわさきパン博」は、観
光協会の設立イベントという位置づけではあるものの、予算規模が30万円程
度の小さなイベントであった。そのため、出店するパン屋は30軒で、集客も
口コミに頼らざるをえない状況であり、期待と不安の入り混じるスタートと
なった。しかしながら、開場前から長蛇の列ができるほどの盛況となり、結
果として来場者数は5,000人を数えた。

　予想以上の集客を実現したことから、翌2013年の第2回では、出店するパ
ン屋を67軒に増やして開催した。すると、前年度の評判もあって来場者数は
前年比約3倍の1万5,000人を数え、町の人口に匹敵するほどの集客を果た
したのである。

　そして、第3回からは、「川崎町の農産物や加工品を使用すること」を新
たな出店条件に加えることによって、かわさきパン博は一般的な集客イベン
トではなく、町の基幹産業である農業や食品加工業への波及効果をねらった
産業活性化策としての性格を兼ね備えることとなった。一方、この試みは来

図表1　かわさきパン博の歩み

	開催時期	出店舗数	来場者数	備　考
かわさき パン博 2012	2012年 6月10日	30店舗	5,000人	・オリジナルパンはんこを配布
かわさき パン博 2013	2013年 4月21日	67店舗	15,000人	・かわさきパン博バスツアーを実施
かわさき パン博 2014	2014年 4月19〜 20日	77店舗 （2日間 合計）	20,000人 （2日間 延べ人 数）	・"パン博"博、パン博両会場来場者 　限定コラボバック配布（200個限 　定） ・記念冊子制作 ・川崎町食材を使用することを出店 　条件に ・JR博多シティコラボイベント"パ 　ン博"博（初回：2014年4月5、 　6日） ・JR博多シティコラボイベント "パ 　ン博" 博（2回目：2014年11月 　13、14日）
かわさき パン博 2015	2015年 5月24日	80店舗	23,000人	・町内飲食店等で使えるクーポン付 　きの冊子を発行（パン博終了後の 　町内での消費喚起） ・JR博多シティコラボイベント "パ 　ン博"博（3回目：2015年6月1 　〜3日）
かわさき パン博 2016	2016年 4月24日	83店舗	18,000人	・5周年オリジナルグッズ（トート 　バック、クリアファイルなど）を 　製作 ・5回連続出店のパン屋さんを表彰 ・町内飲食店スタンプラリーを実施 ・出店者からご提供いただいたパン 　を熊本地震被災地へ ・福岡市内にてプレイベント（2016 　年4月18日）

かわさき パン博 2017	2017年 4月23日	130店舗	25,000人	・町内飲食店スタンプラリーを実施し、スタンプ3つで優先入場権を付与 ・芸人コウメ太夫と川崎町プロモーションビデオの撮影 ・フォトコンテスト開催 ・世田谷パン祭り（東京）に出店 ・門司港グランマーケットに出店
かわさき パン博 2018	2018年 4月22日	130店舗	25,000人	・公式ガイドブック「パンモアタイムス」作成 ・町内飲食店スタンプラリーを実施し、スタンプ3つでオリジナルグッズをプレゼント、7つで先行入場権を付与 ・小倉deかわさきミニパン博を開催（2018年3月17～18日） ・広島パンフェスタ2018に参加（2018年10月20～21日） ・JR博多シティ　パン・スイーツフェスティバルに参加（2018年8月1～7日）

（注）　2014年以降の店舗数にはパン屋以外も含まれている
（出所）　川崎町役場

訪者の側からみれば、全国各地で開催されるようになっていた数あるパン関連イベントのなかでも、かわさきパン博限定で各パン屋が創作したオリジナルパンが並ぶことでイベントの魅力が拡大することになった。その結果、第3回は2日間の開催で77軒の出店、延べ2万人を集客した。

　また、この第3回が開催された2014年からは「かわさきパン博」ブランドを前面に打ち出して、町外のイベントとの協働も始めている。その第一弾が、2014年4月5～6日に実施された「JR博多シティコラボイベント"パン博"博」である。要するに、JR博多シティという九州最大級の商業施設のパン関連イベントに、かわさきパン博実行委員会が協力するかたちでの協働が実現したのである。JR博多シティコラボイベント"パン博"博は、そ

の後も2回ほど開催され、JR博多シティの集客に貢献したことはもちろん、かわさきパン博の知名度向上にもつながっていった。

　2015年の第4回は開催日数を2日から1日に戻したものの、出店数は80軒に増え、イベントの知名度向上により集客数も2万3,000人に至った。翌2016年の第5回は開催前に起った熊本地震（4月14日・16日）の影響もあって、83軒の出店にもかかわらず1万8,000人と大きく減少した。

　そして、2017年の第6回からはパン博と同時にマルシェを開催し、パン屋以外の出店が増えて全体で130軒の出店となり、2万5,000人を集めるに至った。翌2018年の第7回も130軒の出店（うちパン屋は69軒）で2万5,000人の集客を実現。実行委員会では開場時間を早めたり、優先入場券を設定したり、会場への入場制限を行うなどの対応に追われるようになった。なお、第7回で行ったアンケート調査では客単価は3,622円となった。おそるべき客単価である。もちろん、2万5,000人のなかには子どもなども含まれているので単純に計算はできないものの、25,000人×3,622円で計算すると約9,000万円となり、小さな町のイベントの経済効果としては高く評価できるものである[1]。

2018かわさきパン博の会場の様子

1　かわさきパン博では出店者からは出店料として5,000円を徴収しているが、こちらの経済効果は大きくはない。

いずれにせよ、かわさきパン博は川崎町最大の集客イベントとして成長し、「川崎町といえば"パン博"」といった新たな町のイメージが構築されるなど、まさにマイナスからプラスへとイメージの転換に大きく寄与したのである。

　かわさきパン博は、川崎町のイメージの転換に貢献しただけでなく、町の産業振興にも少なからず貢献してきている。具体的には、前述の第3回パン博から始めた出店条件としての川崎町産の農産物や加工品を使用する試みである。図表2は、第8回かわさきパン博2018に出店した主要パン屋が使用した川崎町の食材例である。このように、多くのパン屋が川崎町の食材を使用することで、イベント後の日常的な取引につながることはもちろん、川崎町でとれた野菜等の販売にも協力してもらえる事例も現れている。たとえば、福岡市東区のJR千早駅からほど近い住宅街に立地する「ルバァン・パストリー」では、パン博への出店をきっかけに川崎町の野菜に惚れ込んで、定期的に川崎野菜マーケットを開催している。このような事例が10店舗近くまで増えたこともあり、川崎町から各パン店へ野菜の持ち込みが行われるようになった[2]。

　また、第1回から第5回まで連続して出店していた福岡市南区の「レ・プティ・カレ」のオーナーシェフの篠崎氏は、パン博出店がきっかけになって2017年に川崎町への移住を決意した。2018年には、移住した川崎町でパンとお菓子のアトリエ「IKURI」を開店している。これによって、川崎町内のパン屋は2軒になった。篠崎氏は川崎町産の野菜等の素材のよさを実感していたことから、出店後も小松菜食パンやゆずこしょうめんたいフランスといったオリジナルのパンを提供している。また、IKURIは前述した果樹園レストランのラピュタファーム内にも開店しており、酵母はラピュタファームのぶどうからつくられている。

　さらに注目すべきが、近年のかわさきパン博には、パン屋だけでなく地元高校生も出店していることである。具体的には、福岡県立田川科学技術高等

2　2019年3月までは川崎町の野菜や食品加工品の配達は地域おこし協力隊が担っていたが、その後は担当者が地域おこし協力隊を退職し個人事業として引き継いでいる。

図表2　2018かわさきパン博の主な出店者が使用した川崎町の食材

店舗名	所在地	川崎町食材
メゾン・カイザー福岡店	福岡市中央区	たまねぎ
パティスリーラジェル	福岡市中央区	はちみつ
コココッペ	福岡市博多区	はちみつ
ブランジェリー・ジルウェット	福岡市城南区	ほうれん草
シュガーリーフ	福岡市城南区	新ごぼう
ブランジェ・カイチ	福岡市南区	はちみつ
BKベーカリー	福岡市東区	たまねぎ
ふらんす館	福岡市西区	はちみつ
CHALUCA	北九州市小倉南区	はちみつ
パン工房リーブル	北九州市戸畑区	イチゴ（あまおう）、はちみつ
瑠璃ズキッチン	北九州市戸畑区	たまねぎ
la boulangerie de Harimaya	北九州市若松区	イチゴ（あまおう）
アンコルドパン	飯塚市	新ごぼう、ゆずこしょう
グランプリエール・ララリアン	飯塚市	イチゴ（あまおう）
マヌカンピス＆ケレス田川店	田川市	新ごぼう、はちみつ、たまねぎ、ほうれん草
一本堂	直方市	はちみつ
Sankirai Bakery	豊前市	新ごぼう、ゆずこしょう
メロンパン専門店 カシェット	糸島市	はちみつ、ゆず皮
Pain du jour	福岡県那珂川町	イチゴ（あまおう）、はちみつ、ゆずこしょう
ベーカリーアーリーモーニング	福岡県志免町	新ごぼう
1 DAY BAKERY	長崎県諫早市	イチゴ（あまおう）、はちみつ、ゆず皮
BENCH	山口県宇部市	イチゴ（あまおう）、はちみつ、ゆずこしょう

（注）　当時の使用予定の食材を対象としている
（出所）　かわさきパン博実行委員会「パンモアタイムス」より筆者作成

川崎町産食材の使用を表示したパン

学校の農業系生命科学科の学生たちが、1次産業から3次産業まで、いわゆる6次産業の学びの一環として、第7回から出店している。かわさきパン博は、高校生にとっての学びの場としての要素も備えた地方活性化イベントにも昇華しているのである。

▶ 成功の要因

かわさきパン博の成功の要因の第1点としてあげられるのが、「前向きな心持ちと遊び心」である。冒頭で紹介したように、これまでの川崎町は決してイメージのよい町ではなく、住民たちの気持ちが後ろ向きになる傾向があった。そこで、前向きな気持ちと遊び心から、一般的な過疎の町ではあまり発想されることのないパンの博覧会というアイデアが生まれたのである。ちなみに、一軒しかパン屋がなくなってからのパンの博覧会という逆転の発想は、一軒も映画館がない町での映画祭という、"まちおこしのレジェンド"的存在である由布院の1970年代の発想と相通じるところは興味深い。

第2点は「イベントの連動性」を重視したことである。出店するパン屋に川崎町の食材を使ってもらうなど、単なる集客のためだけのイベントに終わらせない工夫が加えられたことである。このほかにも、パン博の開催時期に

あわせて町内飲食店のスタンプラリーを実施し、パン博の来訪者が増えて入場制限が必要となった際には、事前のスタンプラリーで規定のスタンプ数を取得した人にパン博の優先入場権を付与するなどの工夫を施している。このように、町内の多様な関係者との関係性・連動性を創出することによって、町内の多くの人々を巻き込むことで、さまざまな波及効果が生まれている。

第3点は「イベント開催時以外にもパン博の存在をアピールしていること」である。前述したJR博多シティコラボイベントをはじめ、川崎町以外のパン関連イベントにも積極的にかかわってきたことは特筆される（図表1参照）。これは、パン博を始めた時に強く意識した「町のイメージ向上」が関係者の共通認識となっていたことが大きいと推察される。その結果、川崎町の新たなシビックプライドとなりつつあるといえる。

 ## 今後の課題

かわさきパン博の来場者数2万5,000人という数字は、会場設備等から考えれば、すでにそのキャパシティを超えており、そのため、今後は集客数の増加にとらわれることなく、適正規模を維持しながら長く継続するイベントとしての道を歩んでいくことが求められよう。それにより、「パン博の町川崎町」を定着させるとともに、町のイメージ向上にもつながっていくと考えられる。そのため、今後は年2回の開催についても検討の余地があるといえよう。

また、川崎町の食材への波及効果はすでに現れているものの、現段階では川崎町オリジナルの「ご当地パン」の出現には至っていない。「川崎町はパンの町」といったイメージが定着しつつあるいまこそ、ぜひとも川崎町のご当地パンの登場を期待したい。

【参考文献】
川崎町『川崎町史　下巻』（2001）
かわさきパン博実行委員会『パンモアタイムス』（2018）
公益財団法人九州経済調査協会『2014年版　九州経済白書：アグリプレナーが拓く農業新時代』（2014）

2

シビックプライドの
形成・醸成

2－1

「まちなか」に誇りと新たな文化を生み出す志民の取組み

―八戸ポータルミュージアム はっち＆

市民集団まちぐみ（青森県八戸市）―

ケースのポイント

　北東北随一の工業都市として発展してきた青森県八戸市では、空洞化が進行しつつある中心市街地活性化への起爆剤として「まちなか」に整備された交流・創造の拠点「八戸ポータルミュージアム はっち（以下、はっち）」をきっかけに、市民と行政の協働により商店街や飲食街を舞台にしたさまざまなアートプロジェクトが生まれている。これらのプロジェクトを通じて、「八戸のまちとひとに心底惚れ込んだ」アーティストが立ち上げた市民集団「まちぐみ」が、市民のシビックプライドを醸成しつつ、「まちなか」で新たな文化を創造し始めている。

青森県八戸市

▶ 地域の概要

　青森県八戸市（人口23万1,000人、2015年国勢調査）は、県東南部における経済の中心であり、周辺6町1村（三戸町、五戸町、田子町、南部町、階上町、新郷村、おいらせ町）とともに形成された「八戸圏域定住自立圏（2017年より八戸圏域連携中枢都市圏）」の中心都市となっている。1964年に「新産業都市」に指定されて以降は、製紙、非鉄金属等の大手企業の工場立地が相次

図表1　八戸定住自立圏の概要

（出所）　八戸市ホームページ
　　　　http://www.city.hachinohe.aom
　　　　ori.jp/index.cfm/9,81077,75,512,ht
　　　　ml

いだことで、臨海型・基礎素材型産業主体の北東北随一の工業都市として発
展してきた。また、優れた漁港と後背施設を擁する八戸港は、全国屈指の水
揚数量（数量・金額ともに全国第7位：2017年）を誇るほか、イカ水揚げ量、
シメサバ生産量では日本一を誇る水産都市としての一面も有している。
　八戸市の中心市街地は、60万人を超える県内最大の商圏人口を擁する広域
商業の中心であるとともに、八戸城の城下町として発展してきた歴史があ
り、夏の「三社大祭」や冬の「えんぶり」など地域の伝統的な祭りの舞台と
して年間を通じて賑わいに溢れていた。「まちなか」には、三日町、六日町
など市（いち）の開催日に由来した地名のほか、縦横に区画整理された街割
とともに残る多くの小路・横丁が、戦後の引揚者のために設けられた雑貨飲
食店街を経て、現在は半径200メートルのエリアに8つの横丁を擁する北東
北有数の飲食街となっている。

ケースの内容

1　背　　景

八戸市では全国の地方都市と同様、郊外での住宅開発の進展を背景にさま

ざまな都市機能が郊外化しており、なかでも商業機能については、広域圏における商業拠点としての地位にも変化がみられる。1990年代に開業した市内2つの郊外大型SC（ショッピングセンター）に加えて、1995年4月には隣接する下田町（現おいらせ町）にも店舗面積4万平方メートルを超える大型SCが出店した結果、「まちなか」での大型店撤退や商店街の店舗も閉店が相次ぐなど空洞化を余儀なくされている。

　このような状況下、同市の「まちなか」において全国の地域づくり関係者から注目を集めている取組みが、2002年12月の東北新幹線八戸駅延伸開業にあわせてオープンした八戸屋台村「みろく横丁」である。ここでは、「まちなか」のメインストリートである三日町と飲食・歓楽街の六日町の間を通り抜けられるスペースの土地を運営会社である「株式会社北のグルメ都市」が一括借上げし、生ゴミをリサイクルした肥料を農家に提供するゼロエミッションを実現する「日本初の環境対応型屋台村」など、特徴的なコンセプトのもと、テナントとして25軒の飲食店が入居しており、背後に広がる7つの横丁とともに夜の賑わいを形成している。

　他方で、商業機能を中心とした「まちなか」の衰退傾向に歯止めをかけ、失われつつある賑わいを再生するため、八戸市が中心市街地活性化基本計画の中核施設として整備したのが、2011年2月11日にオープンした文化観光交

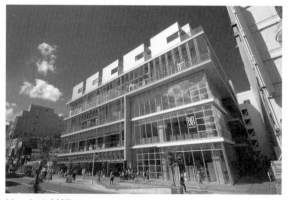

はっちの外観
（提供）　八戸市

流施設「八戸ポータルミュージアム　はっち（以下、はっち）」である。百貨店等多くの商業施設が集積する「まちなか」の三日町に立地した、免震構造を備えた地上5階建の鉄筋コンクリート造の建物は、八戸の「八」にちなんだ八角形の中庭を中心に回遊可能な設計となっている。「まちなか」の特徴ともいえる路地や横丁を組み込んだ回廊や館内の随所に多目的に利用できる広場が設けられており、ガラスを多く用いた外観や植栽による壁面緑化と相まって来館者に心地よい空間を提供している。

　「はっち」は指定管理者制度を利用することなく八戸市が直接その運営に携わってきており、「会所場づくり」「貸館事業」「自主事業」を事業の3本柱としている。第1の事業にあげられているのが、「誰もが気軽に立ち寄り、集い交流し、地域の文化に触れることができる空間を提供する会所場づくり」である。その特徴的な仕掛けが「まちなか」における親子の居場所としての「こどもはっち」で、県産材をふんだんに利用した遊具類と木の香りに包まれた空間で親子が交流できるように、市より運営を委託されたNPO法人が子育て世代を対象としたさまざまな交流イベントを実施している。

　また、「はっち」の館内には八戸の文化、歴史から食材、地場産業に至るまで、さまざまな魅力を凝縮した屋台型模型や市民作家の手によるアート作品が展示されているほか、市民の手づくりによる地産地消レストランやクラフト作家の工房兼ショップが入居している。さらに、これらの展示を玄関口として、観光客や出張者など域外からの来訪者を、市全体を舞台とする「フィールドミュージアム（＝屋根のない博物館）」へと誘う仕組みが構築されている。

　この他にも、「はっち」は広域における路線バス等の公共交通案内を備えた玄関口（ポータル）機能も備えており、居住者、来街者が集まる「まちなか」の新たな交流・創造拠点として、賑わいの創出と観光・地域文化の振興を通じて、市全体の活性化を目指している。

2　展　開

「はっち」開業前の2010年から八戸のまちづくりに参画してきているアーティストの山本耕一郎氏が、「八戸のまちと人に心底惚れ込んで」移住して

きたことを契機に、自らが組長となり2014年10月に発足したのが「まちなか」に楽しさをつくりだす市民集団「まちぐみ」である。加入の際の決まりごとは、「ニックネーム」と「まちぐみで活かしたい得意技」の登録のみで、活動時のユニフォームとなるお揃いのTシャツを1,000円で購入した瞬間からだれでも組員になることができる（例：「背番号8番。ニックネーム＝まこちゃん。得意技＝指導力」は小林眞八戸市長）。

「まちぐみ」は空き店舗を改修した「まちぐみラボ」を活動拠点（現在は別の場所に移転）に、だれもが気軽にまちづくりに参加できる場と機会が提供されている。2018年11月時点で、八戸市民はもとより北海道から長崎、海外まで、年齢層も小学生から80代まで総勢400名を超える組員が登録しており、視察や出張で八戸を訪れた来訪者や、夏休みに帰省した学生でも、自らができることを選んで気軽に参加できる"適度なゆるさ"が特徴となっている。

「まちぐみ」が手掛ける活動の1つに、営業している商店などのディスプレイを独自の発想で制作・改修するリニューアルプロジェクトがある。その代表例が「時代劇でよくみられる悪代官が腰元の帯を解いていくシーンをかたどり「あ～れぇ～」と題した着物サロンのディスプレイ」で、「まちなか」のユニークな名所となっている。

「まちぐみメンバー」
（提供）八戸市

このほかにも、「まちぐみ」ではプロジェクト参加店舗との話合いを経て制作したユニークなディスプレイや、参加店舗と「まちぐみ」の双方のロゴ入りのオリジナル「日よけ暖簾」なども設置しており、住民や商店主たちの目を引くかたちで次々と店舗の雰囲気を変えていくことで、「まちなか」にこれまでとはまったく異なるイメージを創出している。

▶ 成功の要因

1 デザイン重視の情報発信とその活動を担う若手デザイナーの存在

「はっち」の事業運営にあたって最も重視されているのが自主事業（ソフト事業）であり、「中心市街地の賑わい創出」「文化芸術活動振興」「ものづくり」「観光振興」の４つを中心に、必要に応じてこれらを融合しながら、多様な市民との協働により、地域資源を活かして創出した賑わいを「まちなか」に展開してきている。

「はっち」が当初見込みを大きく上回る成果をあげた要因の１つが、デザインを重視した情報発信手法である。ブログ、メルマガ、Twitter、Facebook等の情報通信技術（ICT）に加えて、自前の放送スタジオを活用した企画番組制作や公開生放送など、あらゆる手法を駆使して自らの活動を発信してきている。その際に用いられる文字・画像・映像等のコンテンツには、八戸市嘱託職員として採用され、「はっち」の事業運営にも参加する若手デザイナーたちの感性がふんだんに盛り込まれている。その代表的な取組みが、「はっち」オープンの半年前、2010年６月に創刊され、年４回発刊される「リレーショナルプレス　はちみつ」である。毎号季節感溢れるデザインの表紙をめくれば、「はっち」を含めた八戸市の関連施設や「まちなか」でのイベント催事情報に加えて、地域で活躍する市民やアーティストの活動が生き生きとした表情まで伝わる写真を満載した内容で紹介されている。

2 アーティストが進めるまちづくり
　　―「アーティスト・イン・レジデンス」＆「八戸のうわさ」プロジェクト―

「はっち」では市民との協働により、地域資源を活かした「まちなか」の賑わいを創出してきており、その拠点となっているのが、「はっち」５階部

分に設けられた、アーティストが滞在しながら創作活動できる「アーティスト・イン・レジデンス」である。作品の完成のみを目的とするのではなく、人と人とがコミュニケーションをとりながら制作していく過程に意味をもたせた創作活動を行うにあたり、「まちなか」の中心にオープンした「はっち」は、さまざまな人同士がコミュニケーションをとりながらアート作品を制作していくのに最高の条件を備えており、利用したアーティストからも好評を博している。

　「アーティスト・イン・レジデンス」から生まれた特徴的なアート作品が、「八戸のうわさ」プロジェクトである。前出の山本耕一郎氏によるアイデアであり、「まちなか」の200店舗を取材してそこで得られたオリジナルのエピソードを、統一されたデザインの吹き出し型シールで店舗のショーウインドーやシャッターなどに貼り出すといった内容で、老舗店舗の隠れた歴史や店主の意外な趣味・人柄等がわかることで、親しみを感じた新規の顧客が入店するきっかけになるなど、「まちなか」に新たな絆を生み出している。

地域への波及効果

1　集客施設の段階的整備による効果

　「はっち」では、開業1年後に当初見込みの65万人を大きく上回る88万8,888人の来館者数を達成し、以降も毎年90万人超の来館者数を持続してきている。

　また、年間を通じて「はっち」が数多くの集客イベントを開催し、施設内外で市民に多様な交流の機会を提供してきたことで、中心市街地の歩行者通行量は開業後3年間で開業前（2010年）と比較して約3割増、新規事業所も80カ所以上開設された（2013年12月末現在）。これによって就業者数も増加するなど「まちなか」は確実にその賑わいを取り戻してきている。

　さらに、その後も八戸市では「はっち」の立地する三日町地区に、2016年には市直営の書店「八戸ブックセンター」、2018年には「八戸まちなか広場マチニワ」を相次いでオープンさせるなど、中心市街地にさまざまな集客施設を備えることで、周辺の空き店舗・空き事務所の解消に貢献しつつある。

八戸まちなか広場マチニワ

2　多様な関係者との連携と「まちなか」への賑わいの広がり

　一般的な行政の施策にみられる「タテ割り」の限界を感じさせないのが、「はっち」を中心としたまちづくり活動の特徴である。自主事業の実施にあたっても、八戸横丁連合協議会や商店街との協働・連携により、「まちなか」の横丁の店舗を小劇場に見立てダンス、芝居等のパフォーマンスが繰り広げられるプロジェクト「酔っ払いに愛を～横丁オンリーユーシアター」など、八戸横丁連合協議会や商店街との協働・連携により、「まちなか」での面的な賑わいの広がりを生み出すとともに、新たな地域文化が開花しつつある。

▶　今後の課題

　全国の地方都市に共通の課題である人口減少と若者の域外流出は、八戸市にとっても深刻な問題である。「まちぐみ」では、地元高校生など若者が活躍できる場と機会を増やすことに力を入れている。一人ひとりが空き時間に少しずつ力を出し合い、さまざまな世代や職業の人たちと一緒に気楽にまちづくりにかかわることで、住民としての一体感や達成感が共有できる。八戸のまちや"ナマの八戸人"に愛着や親近感を抱くことによって、やがては、まちへの誇りや自信につながることが期待されている。「進学や就職で一度は八戸を離れても、帰省の度に子どもたちを連れて地元のまちづくりに参加

まちぐみへの参加を呼び掛けるポ
スター

し、いつかは八戸に帰ってくるＵターン者を増やすことが自分たちの使命」
という山本組長の言葉には、自らがＩターンにより八戸市民となった熱い思
いが込められている。

　「このまち（八戸）がもっと、このまちらしく輝くため」に開設され、市
民のシビックプライドを醸成し続ける「シビックプライドミュージアム」の
「はっち」と、そこから生まれた"志民"集団の「まちぐみ」が新たな地域
文化を生み出しながら、「市民がまちを想い、まちを動かす」プロジェクト
そのものとして、市民とともに進化し続けている。

【参考文献】
　八戸市『八戸ポータルミュージアム施設活用基本計画書』（2009.11）
　日本地域開発センター『地域開発Vol.570シティプロモーション再考』（2012.3）
　日本地域開発センター『地域開発Vol.588まちなかの社交場―市場と屋台村』
　　（2013.9）

2－2

ほんものの暮らしと文化を守る
―江戸優りのまちづくり型観光（千葉県香取市佐原地区）―

ケースのポイント

　江戸時代から利根川の水運拠点として繁栄してきた商都佐原では、住民が暮らしのなかで守り育んできた蔵や商家造りの建物群から構成された小野川沿いの歴史的町並みや、ユネスコ無形文化遺産にも認定された「佐原の大祭」に代表される独自の地域資源が「水郷の小江戸」と称されて当時の雰囲気のまま継承されている。

　佐原地区では、ほんものの暮らしや文化にこだわる"江戸優り"の精神を共有した住民の手によって、まちづくり活動を担う多様な主体が存在しており、その活動も歴史的町並みや大祭の保存から、これらの資源を活かしたまちづくりへと発展し、域外からの知恵や資源を取り入れながら新たな「まちづくり型観光」の確立へと進化を続けている。

千葉県香取市佐原地区

▶ 地域の概要

　佐原地区が属する千葉県香取市（人口7万7,499人、2015年国勢調査）は、県北東部、利根川を挟んで茨城県との県境に位置しており、2006年8月に佐原市、小見川町、山田町、栗源町の1市3町が合併して誕生した。同市のほ

"江戸優り" の象徴「佐原の大祭」
の風景

ぼ中心部に位置する佐原地区は、江戸時代より利根川の水運で栄えた河港商業都市で、当時の繁栄ぶりから「水郷の小江戸」とも称されていた。佐原地区では、現在もその中心部を流れる小野川沿いに蔵や商家造りの建物が建ち並ぶ歴史的町並みが、住民による保存活動を受けて、1996年には国の「重要伝統的建造物群保存地区（以下、重伝建）」指定を受けている。また、毎年2回春と秋に開催され、約300年の歴史を有する「佐原の大祭」では、日本三大囃子の「佐原囃子」の音色を町中に響かせながら生人形を備えた山車が歴史的町並みの軒先をかすめて町内を行き交う姿など、江戸時代の風情が色濃く残されており、2016年12月には全国各地の「山・鉾・屋台行事」33件の一つとして「ユネスコ無形文化遺産」にも認定されている。

 ケースの内容

1 背　景

　現在、佐原地区におけるシンボルとして多くの観光客を魅了しているのが、小野川沿いの歴史的町並みである。その保存活動において、先導的な役割を果たしてきたのが、1991年に住民が中心となり設立された「小野川と佐

原の町並みを考える会（以下、考える会）」である。「考える会」では、歴史的町並みが「重伝建」指定を受けることを目標に掲げて、会の発足以前から住民を対象にした勉強会や全国の先進事例の視察会を開催していた。

　また、会員たちは自主的に町並み保存のための実態調査を手がけ、1992年には保存計画書を取りまとめて旧佐原市に提出している。このような活動が契機となり、その後の同市による「町並み形成基本計画（1993年）」策定や「歴史的景観条例（1994年）」制定につながっている。さらに、「考える会」では、水郷の商都を支えてきた舟運が廃止され、生活排水等の汚染により排水路のようになっていた小野川を自主的に清掃することで、保存対象である小野川沿いの蔵や商家の所有者からの信頼を得ていった。

　その後も、「考える会」では1995年に旧佐原市に設置された町並み保存の窓口である「まちづくり推進室」との協働により、重伝建保存地区決定のために、対象地区の住民合意を得るべく、何度も個別訪問を行うとともに、住民説明会や視察研修等も開催した。その結果、1996年には佐原の歴史的町並みが関東地域で初めて国の重伝建指定を受けることとなった。

2　展　　開

　長年の悲願であった重伝建指定を達成した「考える会」と旧佐原市では、次の活動目標を「地域資源の保存」から、これらを活かしたまちづくりへと発展させていった。2000年に旧佐原市が策定した「中心市街地活性化基本計画」では、「水郷の小江戸・産業観光でにぎわいの再興」が掲げられており、歩道橋撤去や電線地中化など小野川周辺地区の環境整備が行われた。翌2001年には、佐原商工会議所が「TMO構想」に基づいて55件のプロジェクトを設定し、2002年４月には、TMO構想の実践主体として第三セクター「株式会社ぶれきめら」が設立された。同社では、小野川を巡る観光遊覧船のほか、大型バス対応駐車場や蔵造りの高級和食レストランなど各種観光関連施設の運営も担っている。

　他方で、2004年にNPO法人化された「考える会」では、従来の町並み保存活動に加えて、旧三菱銀行佐原支店の建物で、住民主導で結成された町並み観光案内ボランティアの会が活動拠点としていた「佐原町並み交流館」の

指定管理者にもなっている。その後も、毎月第1日曜開催の骨董市などの各種集客イベントの企画・運営から復活したボンネットバスの運行まで、佐原観光の担い手として活動の幅を広げていった。

　このように、佐原地区では住民やNPO、行政（第三セクター）など多様な主体が個々に取り組んでいた「町並み保存」「まちづくり」「観光集客」等の活動が「中心市街地活性化」という共通目標の設定を機に、相互に関連性を見出しながらつながっていった。

　佐原地区での住民主導のまちづくりの重要課題の1つが、活動に関与する住民のすそ野拡大であった。商店街活動等を通じて、すでに交流機会をもっていた男性とは別に、地元商店街の女性たちが女性同士の交流の場づくりを目的に開催した任意の勉強会をきっかけに、2004年に創設されたボランティア組織が「佐原おかみさん会」である。当時の佐原地区は、小野川沿いの歴史的町並みを目的に訪れる観光客は増えていたものの、近隣商店街で買い物をする人はほとんどなく、食事をする場所も少なかったため滞在時間が限られ、来訪者数の割に十分な経済効果が得られていなかった。

　そこで、佐原おかみさん会では、国土交通省の補助事業を活用して、2005年から雛めぐりや五月人形の展示等の季節にちなんだイベントを企画し、まち全体を博物館に見立てることで各商家に受け継がれている家宝、職人の手

江戸情緒の残る佐原地区の町並み

技、伝統の味などの地域独自の伝統や文化を発信する「佐原まちぐるみ博物館」プロジェクトを開始した。当初は28店舗で始まったこの取組み（現在は42店舗まで増加）は、観光施設にしか立ち寄っていなかった観光客を商店街に呼び込むとともに、共通デザインの木製看板を掲げた参加店舗でおかみさんたちや店主自らが"楽芸員"となって、店の由来やまちの見所を解説するなど、来訪者との会話を通じた"おもてなし"を実践した。その結果、回遊エリアの拡大と滞在時間延長が実現し、消費単価アップやリピーター増加などさまざまな波及効果が生まれている。

 成功の要因

1 住民の間で共有された"江戸優り"の精神と民主官従のまちづくり

利根川水運で江戸に物資を供給してきた商都佐原では、"旦那衆"と呼ばれた豪商たちの手によって、ほんものの江戸文化が流入していた。当時流行った小唄の一節に「お江戸みたけりゃ佐原へござれ　佐原本町江戸まさり」と唄われたように、当時の佐原地区の住民はこの江戸文化を守り育て、江戸に勝るとも劣らない佐原独自の文化を醸成していった。その代表例が、小野川沿いの歴史的町並みと佐原の大祭である。先人から受け継がれたほんものを大事にする"江戸優り"の精神を共有した住民は、「中心市街地活性化」や「まちづくり型観光」という新たな目標のもとで、次世代に継承すべき新たな文化・歴史を築き始めている。

また、歴史的町並みの保存活動にみられるように、佐原のまちづくりにおいては、住民が主役となり自ら考え行動する姿を、行政が黒子としてサポートする「民主官従」による協働のかたちが一貫して確立されている。

2 域外人材とのネットワーク構築と外部評価の活用

旧佐原市では、中心市街地活性化基本計画でまちづくりの方向性を明確にした後は、国や県の補助事業に応募して補助金を獲得するだけでなく、各省庁に対して自らの官民協働のまちづくり型観光について積極的にPRしていった。そして、新たな施策や社会実験のモデルケースに採用されることで、全国各地のまちづくり・観光分野の自治体職員、大学等の研究者といっ

た専門家人材の間における知名度と存在感を高めていった。その結果として、まちづくり部門では、2005年に小野川周辺の町並みが国土交通省の「手づくり郷土賞大賞」として大臣表彰され、2006年には「都市景観大賞美しいまちなみ優秀賞」を受賞している。また同年には、観光部門でも当時の社団法人日本観光協会「優秀観光地づくり賞金賞」に選定されている。

　佐原地区のまちづくりに関しては、これまでに東京大学や工学院大学等の複数の大学が、景観保存に関するまちづくりの調査研究から町家を用いた実験店舗の運営まで、さまざまな場面で関与してきている。フィールドワークを担う学生たちとの交流を通じて、住民が新たな発想に触れることができる貴重な機会となっている。また、佐原地区のまちづくりを研究対象として現地を定点観測する大学教授など外部専門家の存在は、住民主導のまちづくりに対して客観的な評価をもたらす点でその品質管理の役割も果たしている。

　その後、香取市では地元千葉県内の2大学、東京情報大学（2012年に「地域連携協定」締結）、千葉工業大学（2016年に「包括的連携協定」締結）との間でもそれぞれ協働事業を進めている。

 ## 地域への波及効果

1　住民の意識の変化—地域への誇りとホスピタリティの醸成—

　佐原地区における住民主導のまちづくり型観光、地域振興のための重要な方策として位置づけた香取市では、ほんものの地域資源に魅力を感じた観光客が通年で訪れるなど、年々その知名度が高まってきている。また、観光客だけでなく、官民協働のまちづくり手法や独自の戦略に基づいた外国人観光客誘致事業などに関心を抱く全国各地の自治体や議会、まちづくり団体などの視察や大学などの専門家・研究者たちが来訪する機会が増えてきている。このように、来訪者によるプラス評価は、まちづくりに参加する住民の意識のなかに自らの地域と暮らしに対する誇り（シビックプライド）を醸成している。

　他方で、来訪者との交流機会は住民のホスピタリティも向上させている。旧佐原市では、日本の玄関口である成田空港との近接性（佐原地区から約15

キロメートル）を活かして、2000年代初めに全国に先駆けて乗り継ぎ（トランジット）客や空港周辺ホテルに短期滞在している外国人乗務員などを対象とした誘致活動を開始した。具体的には、2002年の佐原の大祭ツアー、2003年の商工会議所主催事業等の実績をふまえて、2004年には国の都市再生本部による「全国都市再生モデル調査」事業に採択され、外国人観光客を対象にした半日ツアーを実施した。また、2006年には成田空港と佐原地区の間でマルチリンガル対応路線バス「小江戸佐原お散歩バス」の運行開始を契機に、住民による通訳ガイドボランティアも発足した。バス到着時の出迎えから見送りまで、常駐するボランティアが常に献身的な対応をするなど、来訪者に小江戸佐原の魅力を伝えるだけでなく、誘客パンフレット作成から成田空港へのサービスカウンターへのコンタクトまで、すべてを自主的に実施してきた。これらの活動は、2004年に設立された「佐原市国際交流協会（2008年1市3町合併により、現在は香取市国際交流協会）」に継承されている。

　このように、佐原地区では観光客、専門家、外国人等とのさまざまな交流を通じて、住民一人ひとりが自主的に“おもてなし”を考え実践する素地が形成されている。

2　住民が住民を支える仕組みの構築─認定特定非営利活動法人の設立─

　佐原地区では、もともと町衆のまちとして商家の旦那衆が中心となり自立したまちづくりが行われてきた。その伝統を守り次世代に継承していくためには、時代にあった新たな仕組みの構築が不可欠であった。そこで、2009年に有志が集まり、次世代の佐原のまちづくりを支える仕組みづくりの検討が始まった。

　まず、目標として掲げられたのが「江戸優りの佐原のまちづくりの取組みを、総合的に支援する仕組みを構築し、佐原地区の持続可能な発展に寄与する」ことである。今後も佐原地区が全国各地からの来訪者を受け入れ続けていくためには、まずは地域資源を掘り起こし、磨きをかけ、発信していくことの重要性を、住民の間で共有していく必要がある。

　次に、まちづくりを行うための資金も行政の補助金頼みではなく、住民自らが調達していく必要がある。つまり、住民による自発的、自律的取組みを

継続していくためには、域内外からさまざまなかたちの支援を受けられる仕組みの構築が重要となる。具体的には、域内外からの篤志を募るにあたっては、その使途（寄付が何の目的に使われるのか）を明確にすることが不可欠である。そのため、寄付者へのインセンティブである税制優遇（寄付控除）が可能な組織として「公益財団法人」や「認定特定非営利活動法人」の設立が検討されることとなった。

　その後、具体的な事業内容の検討を経て、2010年3月には「特定非営利活動法人佐原まちづくりフォーラム（以下、まちづくりフォーラム）」が設立され、公益活動の実績を積み重ねた結果、2013年10月に千葉県知事による認定取得に至っている。まちづくりフォーラムでは「佐原のまちづくり支援助成事業」「佐原のまちづくり人材育成事業」「佐原の魅力情報発信事業」の3事業を継続していくことで、佐原のまちを愛する人々の帰属意識の増進と地域の活性化を図っている。

　新たな組織づくりの本来の目的であった「市民活動を支える助成制度の構築」については、佐原のまちづくりを推進する事業を公募し、大学教授3名の委員から構成された第三者機関の審査を経て支援事業を選定している。具体例としては、佐原の大祭を全国にPRするため毎年1月に東京ドームで開催される「ふるさとまつり東京」に出演して佐原のPR活動を行う事業を採択し、複数年度にわたって支援を継続している。

▶ 今後の課題

　江戸時代からの町衆のまちそして天領として「自分のまちは自分でつくる」といった先人の心意気を受け継ぎ、住民が主体的にまちづくりに取り組んできた佐原地区では、住民の間で地域全体の活性化や祭りを生活の中心に据えた連帯のかたちが築かれており、まちづくりの礎として現在まで継承されてきている。なかでも、佐原の大祭にかける住民の思いは、2011年3月11日の東日本大震災で小野川沿いの歴史的街並みが甚大な被害を受けた際にも、「再び祭りができるまちを取り戻す」ための地域ぐるみによる復興の精神的支柱となった。まさに、シビックプライドの継承である。

現在、わが国で急増しているインバウンド（訪日外国人観光客）に関しても、佐原地区では住民の間で20年近い受け入れ経験とノウハウが蓄積されており、加えて、2017年には香取市や地元金融機関に外部資本が参加して整備された「佐原商家町ホテルNIPPONIA」など、歴史ある商家や料亭の建物をリノベーションした宿泊施設も取り入れながら、より高いレベルでのまちづくり型観光の確立が期待される。

【参考文献】

日本地域開発センター『地域開発Vol.616　志民と志金で進める地方創生』2016年10・11月号

株式会社日本政策投資銀行地域企画チーム『実践！　地域再生の経営戦略──全国62のケースに学ぶ“地域経営”』金融財政事情研究会（2004）

株式会社日本政策投資銀行地域企画チーム『実践！　地域再生の経営戦略〔改訂版〕──全国36のケースに学ぶ“地域経営”』金融財政事情研究会（2010）

認定特定非営利活動法人江戸優り佐原まちづくりフォーラムホームページ

千葉県香取市ホームページ

2－3

住民参加型イベントと市民資金による町屋再生

―村上町屋商人会（新潟県村上市）―

ケースのポイント

　歴史ある城下町の新潟県村上市では、旧町人町の近代化計画浮上に危機感を抱いた住民有志が自らの暮らす町屋を貴重な地域資源ととらえた。その内部空間を公開するイベント開催によって、域内外から多くの来訪者を呼び込むことで大きな経済効果をもたらしている。また、イベントによる集客効果を通じて町屋と町並みの価値が再評価されたことで、住民の間でも「まちなか」の景観を保存しようという機運が高まっている。町人町を舞台とした町屋再生を軸に、市民資金を組み入れた町並み再生プロジェクトが、域外からの賛同者も巻き込みながら進行している。

新潟県村上市

▶ 地域の概要

　新潟県村上市（人口6万2,442人、2015年国勢調査）は、県北端の山形県境に位置しており、三面川の河口に出羽街道と北国街道が交わる交通要衝として発達してきた。2008年には、周辺2町2村（荒川町、神林村、旭村、山北町）との合併により、面積は県下最大となり人口もほぼ倍増となった新・村上市が誕生している。村上市の歴史は古く、17世紀に堀氏の城下町として整

備された中心市街地（＝「まちなか」）には、「城下町の4要素」と呼ばれる城跡、武家屋敷、町屋、寺町がそろって残る全国でも希少な都市景観を有している。また、三面川を遡上する鮭を用いた鮭料理や北限の村上茶に加えて、江戸時代から受け継がれる「おしゃぎり」と呼ばれる屋台がまちなかを練り歩く、国の重要無形民俗文化財にも指定された村上大祭や、伝統工芸品の村上堆朱など独自の文化を育んできている。

▶ ケースの内容

1 背　　景

　古くから城下町としての歴史を刻んできた村上市では、町屋を連ねた旧町人町が周辺地域を含めた商業の中心として発展してきた。しかしながら、モータリゼーションの進行から1966年に市内を縦貫していた国道7号線がバイパス化され、大規模商業施設の郊外立地が進むにつれて、旧町人町の商業地としての地位は急速に低下し、空き店舗の増加によって人通りも減少するという悪循環に陥っていた。

　そのような状況下、1961年に都市計画決定されていながら、30年以上も中断されていた道路拡幅を伴う大規模な旧町人町の近代化計画（区画整理事業）が1995年に再浮上し、1997年には地元関係者向けの説明会が開催された。道路拡幅は、旧町人町を形成している伝統的建造物の町屋の取壊しを伴うものであったが、町屋の所有者でもある商店街関係者の多くは、まちの近代化への期待感に沸き立っていた。

　旧町人町において地元特産品でもある鮭の加工食品の製造販売業を営む「味匠喜っ川」の吉川真嗣氏は、百貨店の催事出店のために上京した際に、当時「全国町並み保存連盟」の会長であった五十嵐大祐氏と出会い、懸案の近代化計画について相談した。すると五十嵐氏から「道路拡幅によって成功した商店街は全国に例がない。武家町と町人町の両方が残る村上の素晴らしさを積極的に活用すべき」といったアドバイスを受けた。

　五十嵐氏の言葉に影響を受けた吉川氏は、それを自分の目で確かめるために全国の中心市街地を訪問しながら、五十嵐氏との意見交換を重ね、「近代

化ではなく、村上らしい独自の個性を活かしてこそ村上のまちは元気になる」と確信するようになった。

　地域資源としての町屋の価値を再認識した吉川氏は、まず手始めに近代化計画反対の署名運動を始めたが、まちの近代化を望む商店街関係者や事業主体である行政からの猛反発にあい運動を断念した。この時の経験から、吉川氏は「否定的な反対運動ではなく、建設的にまちづくりの方向性を変えていくために、成功体験を示すことで住民の意識改革を促す必要がある」と実感し、その手段として、かつて来訪者を町屋の内部空間に案内した際にたいへん喜ばれた経験をふまえ、町屋のもつ魅力を発信する活動を開始した。

　まず、町屋の存在を来訪者に意識してもらうために、最初に取り組んだのが「町屋マップ」の作成である。吉川氏は、自ら一軒ずつ旧町人町の町屋を往訪し、町屋の内部空間の公開を呼びかけたところ、伝統工芸品の村上堆朱、北限の村上茶、地酒などを扱う町屋14店舗を含む22軒の協力が得られた。そこで1998年7月には、町屋を活用した取組みに賛同した仲間たちで「村上町屋商人会（以下、商人会）」を結成した。その後、自分たちで作成したマップを新聞折込みチラシとして、村上を中心とした近隣自治体約10万世帯に配布し、来訪者を町屋内部に招き入れる活動を開始した。

江戸時代の町屋風に改装された「味匠喜っ川」

2 展　　開

　商人会が活動を始めて以降、町屋マップを手に旧町人町を散策する来訪者が少しずつ増えていった。この流れを促進させる起爆剤として、2000年3月から始めたイベントが「町屋の人形さま巡り（以下、人形さま巡り）」である。旧町人町一帯の町屋を舞台に、店先ではなく生活空間である茶の間に家伝の人形（雛人形に限らず、武者人形や土人形なども含む）を展示する内容であり、第1回では民家も含めた60軒の茶の間に約3,000体の人形が飾られた。このイベントは、吉川氏が全国各地のまちづくりの現場を訪ね歩いた際に、福岡県吉井町（現うきは市）で行われていた雛祭りイベントからヒントを得たものである。町屋の内部という生活空間を一般公開する大胆な発想と、それぞれの町屋で住民自らが人形の由来を説明することを通じて来訪者と交流する斬新な試みが好評を博したことで、第1回から3万人の集客に成功、来訪者の飲食、宿泊、土産購入等を含めた地域への経済波及効果は地元の新潟大学により約1億円と試算された。

　加えて、商人会の活動に賛同したJR村上駅駅長の尽力もあり、2002年からは「人形さま巡り」の開催期間にあわせて、東日本旅客鉄道の協力によって「SL村上ひな街道号」が運行されるようになり、その翌年には、住民有志がSL到着時に村上大祭で使用される山車である「おしゃぎり」を曳いて来訪者を歓迎している。このように、域内外の多様な主体を巻き込みながら「人形さま巡り」の集客（経済波及効果）は、2年目には5万人（約2億円）、3年目には7万人（約3億円）と徐々に拡大していった。

　その後も商人会では、2001年に「町屋の屏風まつり（9月開催）」と「十輪寺えんま堂の骨董市（3〜10月の第4日曜開催）」、2002年には「宵の竹灯籠まつり（10月第2土・日曜開催）」など、町屋を舞台に次々と地域資源を活かした集客プロジェクト（ソフト事業）を立ち上げて拡大・発展させながら継続してきている。

　一方で、「チーム黒塀プロジェクト」や「町屋の外観再生プロジェクト」といったハード事業（詳細は後述）もあわせて実施することによって、まちの景観自体も変化させている。そのため、来訪者による口コミやマスコミ報

町屋の人形さま巡り

道等によって、村上の知名度は飛躍的に向上し、現在では年間30万人が訪れるようになっている。

 成功の要因

1 住民参加を促したキーパーソンの存在
―村上町屋商人会会長：吉川真嗣氏―

① まちづくりの"3つの壁"を突破する姿勢

吉川氏は、自ら全国各地の中心市街地をみて歩く過程で、旧町人町のあるべき姿を考え、町屋の魅力を域内外に広める活動に自力で取り組んできた。商人会を結成し「町屋の公開」を始めた1998年当時はまだ34歳の若さであり、旧来の慣習が色濃く残る歴史ある城下町で、吉川氏のような若手経営者が自らの信念に基づき、まちづくりのために新たな行動を起こしたことが、村上の「まちなか」に変化をもたらす契機となった。

また、吉川氏は新たな集客イベントを進めるにあたって、賛同者を募る際にハードルとなる「お金は出したくない」「面倒なことはしたくない」「責任はとりたくない」という"3つの壁"のすべてについて、自らが引き受ける意思を表明してきた。具体的には、「人形さま巡り」「屏風まつり」開催費用

の各35万円（各マップ・ポスター作成費用：30万円、雑費：5万円）は、1回目は外部団体の助成金を獲得し、2回目からは両イベントにちなんだ写真集（1冊1,000円）の販売等によって確保するなど、イベントを経済的に自立させている。このような吉川氏の姿勢こそが、周囲から協力を得ることができた最大の要因といえよう。

② **卓越したマスメディア戦略**

　吉川氏は、「いくら価値が高いものであっても、日陰に置かれているままではその真価を発揮できない」といった信念のもとで、限られた財源のなかで最大限の効果をあげるべく、商人会設立当初から積極的にマスメディアを活用してきている。地元である新潟県内のテレビ局や新聞各社、郵便局の情報誌に至るまで担当者とのネットワークづくりを行っている。その結果、県内のマスコミ関係者の間で「町屋のある村上」の評判を確立させるとともに、県外についても、たとえば東京のテレビ局にも企画書を持ち込むなど、積極的な働きかけを行っている。

2　市民資金を活用したハード整備の仕組み

① **「チーム黒塀プロジェクト」**

　村上では、来訪者が劇的に増加したことで、商店街を含めた「まちなか」の住民の意識に変化が生まれており、自分たちのまちをより美しくするための新たな景観整備の取組みが広がりをみせている。2002年2月には、地区住民で組織された「チーム黒塀プロジェクト」が立ち上げられた。プロジェクトの内容は、重要文化財の寺院や木造建築の割烹料亭などが集まる歴史的な面影が残る小路を対象に、所有者の同意を得てブロック塀のうえから黒板塀を張り付けることで修景していくものである。資金調達手法は、熊本県山鹿市の芝居小屋修復活動における「八千代座の瓦一枚運動」を参考としている。具体的には、「黒塀一枚千円運動」と称して、広く市民から黒塀1枚分に相当する一口1,000円の寄付を募り、その資金をもとに板やペンキを購入し市民ボランティアの手で作業を行うもので、簡易的な手法ではあるが短時間かつ少ない経費で大きな変化を起こすことが可能となっている。開始以来16年間で1,700万円を超える寄付を集め、旧町人町において全長460メートル

「チーム黒塀プロジェクト」で修景されたブロック塀

の黒塀が完成している（2018年3月現在）。さらに、2008年からは「緑一口千円運動」を開始し、植栽によって小路の魅力を高め、"城下町のシンボル小路"とするための緑化運動にも発展している。

② 「町屋の外観再生プロジェクト」

黒塀による修景に続いて、商人会では2004年5月に「町屋の外観再生プロジェクト」を立ち上げている。同プロジェクトは、2003年に日本ナショナルトラストがまとめた調査報告書「村上の町屋と町並み景観」で提案された景観保全・形成・整備の構想をふまえて、明治時代から昭和初期の町並みの再現を目指すものである。外部団体の助成金に応募して獲得した150万円に加えて、域内外の賛同者から年間1,000万円の寄付（年会費方式で、個人が一口3,000円、法人が一口10,000円）を集め、これらを原資に原則として旧町人町の大通りに面する町屋を対象に、その外観を修景する町屋所有者に対して1軒80万円を上限に改装費用の60％を補助する仕組みである。1894年に建設された菓子店舗「早撰堂」の外観再生をモデルプロジェクト（第1号案件）に、これまでに総額約5,000万円をかけて41軒の町屋を再生してきている

「町屋の外観再生プロジェクト」第1号の菓子店舗「早撰堂」

（2018年3月現在）。

▶ 地域への波及効果

1　外部評価による住民の町屋への"誇り"の再生

　行政の力を頼らず、住民の力を結集させて推進してきた村上での町屋を活かしたまちづくりの取組みは、域内外から高い評価を得ている。具体的には、町屋の公開と「人形さま巡り」「屏風まつり」が2004年の総務大臣表彰、2008年には日本観光協会「優秀観光地づくり賞」を受賞している。その後も、「黒塀プロジェクト」が2007年の国土交通省「手づくり郷土賞」、2008年には「町屋の外観再生プロジェクト」とともに同省「都市景観大賞　美しいまちなみ大賞」をそれぞれ受賞している。

　キーパーソンである吉川氏自身も10万人を超える集客プロジェクトを創出した功績が評価され、2004年に国土交通省から「光かがやく町屋再興カリスマ」に、2007年には内閣府から「地域活性化伝道師」に認定されている。こ

のように、目にみえるかたちで外部から高い評価を受けることによって、住民は自らがイベントで培った自信を強めるとともに、さらなる一体感や郷土愛（シビックプライド）の醸成にもつながっている。

2　まちづくりを通じた地域外とのネットワークの拡大

商人会の活動を受けて、村上市内の観光関連者やまちづくり団体が中心となって、2005年には「NPO法人村上観光ルネッサンス」を設立している。同団体は観光振興によるまちづくりを目標に、「おもてなし講座」による人材育成や二次交通の整備（例：JR村上駅を拠点とした市内循環バスや同駅と新潟空港を結ぶタクシー運行）を試行している。また、「町屋の外観再生プロジェクト」を支援すべく、「古材バンク」も設立することで資材調達にも寄与している。

また、村上での取組みがモデルとなり、2006年には新潟県下38団体から構成された「新潟県まちなみネットワーク」が発足するなど、県下自治体における、まちづくり団体が連携し、県単位で地域資源を再発見していこうという動きに発展している。

　今後の課題

商人会の活動は、町屋の公開という住民参加型イベントから始まり、「黒塀プロジェクト」や「緑一口千円運動」「町屋の外観再生プロジェクト」など町並み整備においてもおおいに貢献してきている。このような住民主導の動きを受けて、村上市におけるまちづくりも近代化から歴史を活かしたまちづくりへと方向を転換してきている。具体的には、景観法に基づく景観行政団体となった村上市では、2013年3月に「村上市景観計画」を策定し、翌2014年4月には景観形成に関する助成金制度も設けられるなど、住民と行政との協働による景観づくりの取組みが始まっている。

1998年に旧町人町を舞台として、吉川氏を中心とした少人数による「町屋の公開」から始まった村上のまちづくりは、長い年月を経て住民の意識や行政の施策にも影響を及ぼしてきた。2016年にはかつての活動のきっかけとなった近代化計画（道路拡幅を伴う都市計画道路）の廃止に結びついている。

今後は、町屋の歴史的価値だけでなく、住民が主体となったソフト・ハード両面でのまちづくり活動の重要性について、行政と民間が相互理解のもとでより強いパートナーシップを形成することで、まち全体の意思が統一された真の城下町づくりに昇華することが期待される。

【参考文献】

吉川美貴『町屋と人形さまの町おこし』学芸出版社（2004.7）

吉川美貴『心を育てる　地域・観光・人間力の教育』明治図書（2009.2）

吉川美貴『まちづくりの非常識な教科書』主婦の友社（2018.3）

株式会社日本政策投資銀行地域企画チーム『実践！地域再生の経営戦略─全国62のケースに学ぶ"地域経営"─』金融財政事情研究会（2004.12）

株式会社日本政策投資銀行地域企画チーム『実践！地域再生の経営戦略（改訂版）─全国36のケースに学ぶ"地域経営"─』金融財政事情研究会（2010.2）

2－4

まちの付加価値としての特色ある球場づくり
―広島東洋カープ&マツダスタジアム（広島市）―

ケースのポイント

戦後の復興期から、「市民球団」の名のとおり、広島東洋カープと広島市民球場は広島市民の心の拠り所として存在し続けている。2009年にJR広島駅近くに新築された広島市民球場（MAZDA Zoom－Zoomスタジアム広島。以下、「マツダスタジアム」）[1]は、国内では稀有な「3世代で楽しめる球場」なるコンセプトのもと、娯楽性あふれるボールパークとして注目を集めてきた。その建設プロセスは、球団創設以来、度々経営の危機に見舞われながらも官民が決起して乗り越えてきた球団の軌跡と重なる。

広島市

▶ 地域の概要

広島市（人口119万4,034人、2017年国勢調査）は、中国・四国地方で最大の人口を有する政令指定都市である。広島市は人類史上初めて核兵器（原子爆弾）を落とされた都市であり、「国際平和文化都市」として毎年8月6日の原爆投下日をはじめ通年で多くの外国人が訪れている。戦後は重工業や自動

---

1 条例に基づく名称は「広島市民球場」だが、2009年の開場からマツダがネーミングライツを取得。

車産業を中心に復興を遂げた。1949年設立の球団に加え、1992年にはＪリーグ加盟プロサッカークラブ「サンフレッチェ広島」が設立され、地元企業のマツダやエディオン等がバックアップしている。1994年にはサンフレッチェ広島がＪリーグのファーストステージの初優勝を成し遂げ、かつこの年の秋にはアジア競技大会（アジア大会）も開催される等、スポーツにまつわる話題も多い都市である。

▶ ケースの内容

1 背　　景

　広島東洋カープの創設は1949年にさかのぼる。当時、日本野球連盟が1リーグ制から2リーグ制に移行するのにあわせて、地元広島の財界等有力者たちが結集し、原爆により荒廃した町の復興を目的に同年9月「広島野球倶楽部」を設立、市民球団の立ち上げに向けたムーブメントを起こす。9月28日、鯉[2]を意味する「広島カープ」なる球団名でリーグ加盟を申請し、ちょうど2カ月後の11月28日に正式に承認されることとなる。1950年1月15日、西練兵場跡（現・広島県庁）でチーム結成の披露式が行われ、ファン約1万人が押し寄せた。

　初めてのシーズンを最下位でスタートしたのち、たちまち経営難に陥り、リーグ加盟金も選手への給与も未払いが続く状態となった。そのため、当時の監督・石本秀一氏の呼びかけのもと、翌年には後援会が発足し、有名な「樽募金」の浄財が続々と集まった。1952年からは勝敗問わず興行収入の6割が主催球団側に入る「フランチャイズ制」が導入されることとなり、紆余曲折ありつつも徐々に経営安定化[3]が図られることとなった。

2　広島市を流れる太田川が鯉の産地であることと、広島城の愛称が「鯉城」であったことにもちなんで命名されている。

3　ともあれ、経営面の苦労は絶えず、1955年には「広島野球倶楽部」の負債が5,000万円以上にまで達したため、いったん倒産させた後、同年12月に地元経済界13社のバックアップを得るかたちで新会社「株式会社広島カープ」が設立され、球団経営をかじ取りする運びとなった（中沢啓治著『広島カープ誕生物語』汐文社（1994.3）に詳しいいきさつが描写されている）。

球団初のホームタウンとなる旧・広島市民球場は、1955年に渡辺忠雄広島市長が「市民の憩いの場として、ナイター施設のある球場を建設する」と公約に掲げていたことから建設の検討が進められ、地元財界や市民の多額の寄付も集めるかたちで1958年にオープンした。ナイター設備により順調に客足を得ることにつながったうえ、球団に場内店舗の営業権や看板による広告収入の8割程度の取り分が認められたため、経営安定化の基盤にもなっていった。旧球場は半世紀にわたり、原爆ドームとあわせて広島の象徴となった。

　2005年、広島市長が新球場の建設地をJR広島駅近辺に予定しているという旨の声明を発表したが、このプロセスも紆余曲折を経てのものである。さかのぼれば2003年、JR広島駅前のポテンシャルを上げることをもくろんで、駅の東南方向側に広がる貨物列車の操車場跡地における大規模再開発を検討していた。コンペにより、民間企業による企画提案がいったん採択されるも頓挫してしまい、白紙の状態になった。しかしながら、旧球場の老朽化は待ったなしの状態であり、さらに2004年に入ると、近鉄バッファローズとオリックスブルーウェーブの合併による球界再編の動きが浮上した。1リーグ構想の影響もあって「カープが広島からなくなるかもしれない」という危機感に駆られた市民や地元財界において新球場建設の機運が高まっていった。同年、市が事務局となりながら、財界・県・球団を交えるかたちで「新球場建設促進会議」を設置し、翌年にかけて議論をし、基本理念・建設予定地・球場形態・事業主体・建設資金等の方向性が取りまとめられた。

2　展　開

　建設に際しては、2004年から2年間、「平成の樽募金」が行われた結果、単年で1億2,000万円が集まるほどの浄財が寄せられ、広島市が予算化しつつも県や財界も協力[4]するかたちをとった。事業者の選考は再度設計施工コンペ方式を採用し、これにあたり「観客定員約3万人の、天然芝のオープン

4　整備費総額約144.8億円（うち用地取得費約54.8億円／国庫補助金約3.2億円と市債約51.6億円で対応）で、本体整備費90億円の内訳は、市債約35.7億円・市約23.0億円・県約12.0億円・経済界約11.5億円・まちづくり交付金約7.1億円、樽募金約1.3億円。市債については球場使用料で返済中。

型のボールパーク」という構想を掲げた。もともと1980年代から球団関係者が渡米し、米大リーグが使用している球場の視察を行っていたが、野球以外に遊具や憩えるスペースの工夫をしている例がみられ、各世代がまんべんなく楽しめる天然芝のオープン球場[5]が適当という見解に至っていた。市の関係者はコンペを目前に控えるなか、自費で渡米視察をし、市民やファン等の意見もふまえながら仕様に反映させた。その仕様には、①地域の活性化につながる、②野球に興味のある人もない人も世代を超えて気軽に訪れ交流できる広場のような球場、等のコンセプトがうたい込まれた。その結果、米国の球場並みのゆったりとした観客席で、選手を間近[6]に感じられるシートや寝そべって観覧できる席、バーベキューが楽しめる席など、多彩なレイアウトのもと、車いすスペースや多目的トイレ等ユニバーサル性にも配慮された空間が実現した。

運営形態としては、市が指定管理者制度を採用しているが、市と球団はフランチャイズ協定を結んでおり、従前の旧球場と同じく、興業・販売・広告における優先権を球団に認め、球団はこれら利用料収入から維持管理費を差し引いた金額を納付金として市に納めている。市はこの納付金と目的外使用料収入（施設占有料、広告表示料）を合算した分を、30年償還型の6億円分の市債に充当している。

竣工後も、フランチャイズ協定に基づいて、市の承認を受けたうえで球団の経費負担による工作物を認めており、球団は毎年施設の更新を行っている。たとえば、チケットの売れ行きの悪かったレフトスタンドの場所には、食と団らんをコンセプトとした「プレミアムテラス」なるグループ向けのテーブル付きシートを設置している。センター側には遊具付きのイベント広場を開設したり、すべての女性用トイレに温水洗浄便座を導入するなどの工夫も凝らしている。

---

5 米国内では、1990年から2017年にかけて計24の球場が建て替えられており、その7割以上が天然芝のオープン球場という形態を選択している。

6 外野フェンスの高さも考慮されており、国内で最も高い札幌ドーム5.75メートルに対し、マツダスタジアムは2.50メートルと、最も低いほっともっとフィールド神戸から数えて2番目の低さ（楽天生命パーク宮城も同位）となっている。

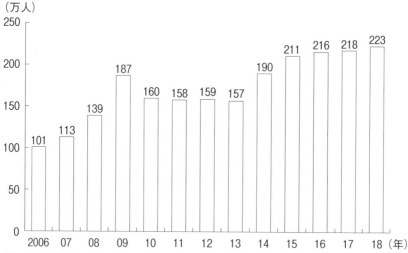

図表１　広島東洋カープのレギュラーシーズン主催試合の観客動員数の推移

（注１）　地方試合（本拠地球場以外で行われる主催試合）を含む。
（注２）　2009年以降がマツダスタジアム。
（出所）　一般社団法人日本野球機構

　ここ数年は、広島東洋カープの好成績も相まって観客動員数は右肩上がりの一途であり、年間予約席も発売時点でたちまち完売となるほどで、2018年は223万人[7]を超えた（図表１）。近年は、女性が来場者の約半数[8]を占めるようになっており、満足度も９割以上となっている。また、世代も40歳代が全体の６割以上を占めてはいるものの、子どもからシニアまでまんべんなく来場している。

　グッズ販売もすこぶる順調であり、新商品を年間100点、デザイン変更も含めると300〜400点を展開するなか、2017年は過去最高であった前年の53億円を超えている[9]。Tシャツについては、広島市の自社社屋内に作製設備を導入し、サヨナラ勝ちや新人投手の初勝利などの都度、高揚したムードがさめやらない１週間以内にはスピーディに供給するという地道な努力もなされ

7　一般社団法人日本野球機構ホームページより。http://npb.jp/statistics/2018/atttime_cl1010.pdf
8　各種報道では「男性：女性＝６：４」が一般的のようである。

ている。親会社をもたない唯一のプロ野球球団でありながら、観客に飽きさせない自助努力をしつつ、入場料・飲食・グッズ販売等の安定的な収益源でもって黒字経営に至っている。

 成功の要因

1 産学官民が心をひとつにできるシンボルとしての球団

戦後の困難な復興期から、長らく「市民球団」としてファンと苦楽をともにしてきたチームに対する市民の愛着心は計り知れない。球団が「産学官民」などといった属性を超えて心を一致できるシンボリックな対象だからこそ、親会社のない状態でありながら、新球場のような大規模計画をはじめ数々のハードルも、"じぶんゴト"として大同団結して乗り越えてこられたものと思われる。日本のプロスポーツチームには稀有な草の根の浄財の収集力にもその精神性が表れている。

2 自助努力が生きるような管理運営形態の工夫

そもそも指定管理者制度自体、利用料収入を指定管理者に認め、独立採算制とすることで公的負担を軽減するというねらいがある。しかし、制度設計とは裏腹に、フタを開ければ利用料収入が思うように伸びず、人件費をはじめとする主たる管理コストが圧迫されている例が少なくない。球団は市から特別に広告表示などの優先的利用を認められている分、毎年の施設更新やグッズ販売等に努めており、こうした双方のパートナーシップに基づく工夫が、集客・売上げ等の数字の好調さにつながっている。

3 森（市全体のグランドデザイン）あってこその木（球場）

市の思惑は、球場の更新とあわせて駅前周辺の活性化という点にもある。2017年3月に広島市が策定した「ひろしま都心活性化プラン」においても、駅前周辺の「広島の陸の玄関ゾーン」とは別に、「ボールパークゾーン」と

---

9 2018年についてはリーグ3連覇の盛り上がりや新井貴浩選手の引退関連のグッズが伸びたことなどから、グッズ販売額は引き続き高水準を維持したと考えられるが、一方でグッズの普及を背景に前年（2017）との比較では同水準とみられている（「2018年の広島東洋カープの経済効果」エネルギア地域経済レポートNo.535、2019.2より）。

一体感を醸し出すマツダスタ
ジアム

して区分されており、両者の回遊性の向上が目下の懸案となっている。あり
がちな球場単体としての開発計画ではなく、これを起爆剤ととらえ周辺地域
への経済面・ハード面での波及効果も視野に入れたものであるため、駅前の
再開発が進めば、市および球団の双方にとってメリットとなるものと思われ
る。

地域への波及効果

　広島東洋カープの県内における経済波及効果は、2018年で356億円[10]となっ
ており、雇用効果は年間約3,210人となっている（図表2）。コンビニ大手・
ローソンの店舗看板も、通常の青ではなく「ご当地カラー」として赤い色に
変える店舗が出てくるなど、"地域の宝"としての存在感が増している。広
島県に関する報道量を広告宣伝費に換算すれば、年間900億円以上（広島県
広報課発表値）ともいわれている。

10　中国電力株式会社ホームページより。http://www.energia.co.jp/press/2018/10839.
html

図表2　広島県におけるカープの経済効果

年	経済効果（億円）	雇用効果（人）	観客動員数（万人）（　）内は1試合当り	カープのリーグ順位
2016年	353	3,180	237 (3.0)	優勝
2017年	351	3,150	233 (3.1)	優勝
2018年	356	3,210	242 (3.1)	優勝
（再掲）レギュラーシーズン	258	2,130	223 (3.2)	
（再掲）クライマックスシリーズ・日本シリーズ	19	160	19 (3.1)	
（再掲）優勝セール	27	290		
（再掲）その他（グッズなど）	52	610		

（注1）　経済効果は「平成22年広島県産業連関表」（広島県）を用いて算定。
（注2）　観客動員数はレギュラーシーズンのカープ主催試合およびマツダスタジアムで開催されたクライマックスシリーズと日本シリーズの試合の合計。
（注3）　1試合当りの観客動員数はマツダスタジアムのみの値。
（注4）　端数処理のため内数の合計値が一致しない場合がある。
（出所）　中国電力株式会社プレスリリース「2018年の広島東洋カープの経済効果について」

　球場新設に対する市のねらいである「駅前周辺の活性化」という点では、来場者の半数が公共交通機関を利用して来場しており、目下、段階的に再開発が進められている駅前周辺[11]への回遊性を高めれば、経済効果も見込めるであろう。

 今後の課題

　球場運営や物販にまつわる球団の創意工夫はおおいに評価されるべきものであるが、昨今の好成績が業績を後押ししている点は否めない。今後も地場の経済界から大口のスポンサードや広告料収入を見込めるわけでもなく、年俸の多寡によって戦力が左右されると考えられるため、いまのうちに将来へ

11　広島市が2016年3月に策定した「ひろしま都心活性化プラン」では、都心部を6つにゾーニングしたうえで、広島駅周辺地区と紙屋町・八丁堀地区を東西の核とする「楕円形の都心」なる将来イメージが打ち出されている。

の投資として選手の育成・強化を図っておくべきことはいうまでもない。た
とえば、福岡ソフトバンクホークスは2011年より3軍制を導入し、2軍が主
に利用している「タマホームスタジアム筑後」に加え、2016年には3軍が使
用する球場として福岡県筑後市にファーム施設「HAWKSベースボール筑
後」を建設した。また、1・2・3軍のほかにリハビリ組があり、3軍は
ゲームに出られる選手の育成を目的に、年間で70～80試合が組まれている。
また、韓国のプロ野球球団との練習試合も行っており、モチベーションを高
める機会にもなっている。同球団がドラフトで育成選手を多めにとっている
のも、この分厚い人材輩出システムがあるゆえんである。

　なお、「ひろしま都心活性化プラン」でも掲げられている広島駅前の活性
化について、駅の南側には戦後以来手つかずのまま倉庫や住宅が多く密集す
るエリアもあり、再開発が必須となっている区画もある。エリアマネジメン
トの点からしても、コーディネーターとしての広島市のリーダーシップが焦
点となるであろう。

2−5 ||||||||||||||||||||||||||||||||||||||||||||||||||||||||||||||||

「自助・互助・公助」のまちづくり
―佐世保市中心商店街（長崎県佐世保市）―

||||||||||||||||||||||||||||||||||||||||||||||||||||||||||||||||

ケースのポイント

　地域を支えてきた基幹産業である造船業の不振、郊外地区への居住人口流出や大型ショッピングセンター進出など、地域を取り巻くさまざまな悪条件にもかかわらず、中心商店街が賑わいを維持している長崎県佐世保市。郊外大型店舗等の進出への危機感を共有した商店街有志が中心となり、モノ売りではなく地域のあらゆる世代が主役となれる住民参加型イベントの企画や、子育て世代から高齢者まで来訪者の多様なニーズを取り入れたサービスの提供、さらには空き家・空き店舗を活用した官民連携によるエリアマネジメントまで、行政に頼らず自らできることから始めたまちづくりが、地域住民の賛同を得ながら「まちなか」に新たな地域文化を創出している。

長崎県佐世保市

▶ 地域の概要

　長崎県佐世保市（人口25万5,439人、2015年国勢調査）は、離島を含む県北地域から佐賀県西部伊万里市に及ぶ九州北西部の中核都市である。県都長崎市からはJRや高速バスで約1時間30分を要するため、独立の都市圏が形成

されている。戦前は海軍基地を擁する軍都として、また戦後は米軍基地や海陸自衛隊が立地する「基地の町」として発展を遂げてきた。他方で、佐世保重工業株式会社を中心とした「造船の町」として、石油ショックや円高不況による環境激変によるリストラも経験しており、同市の人口は終戦直後1944年の28万人をピークに減少し続けている。加えて、2000年時点ですでに高齢化率が２割を超えるなど高齢化の進行も深刻な課題となっている。

　佐世保市の中心商店街は、海と山に囲まれた狭隘な擂り鉢状の地形に、２つの商店街（四ヶ町、三ヶ町）から構成された全長約１キロメートルの日本最長規模の「さるく４〇３アーケード」に、地元百貨店や大手スーパーなど複数大型店が集積しており、商圏人口約50万人の九州北西部における商業核となっていた。また、これらの商業機能やオフィスなどの業務機能の集積に加えて、市役所や複数の大型病院等の広域から集客する公共施設が中心商店街に隣接していたことが、平日・休日ともに同規模の地方都市との比較でも有数の集客力を誇る“日本一元気な商店街”と称される要因にもなっていた。

 ## ケースの内容

1　背　景

　佐世保市中心部に立地する８つの商店街のなかで最大規模を誇るのが、1958年に協同組合を設立した「させぼ四ヶ町商店街（以下、四ヶ町商店街）」である。四ヶ町商店街では、1966年にアーケードを設置し、1972年には当時としては画期的であった180台収容の立体駐車場を行政に頼らず組合自らが設置・経営するなど、行動力と資金力を併せ持っていた。土地の賃借期間満了により現在は手放したものの、この駐車場収入の蓄積が四ヶ町商店街が行政や商工会議所から独立して、イベントの企画・運営など単独で事業を実施することを可能にしており、その後の組合活動を支える自主財源となった。

　地理的な要因（狭隘な地形による都市機能の集積・県都長崎市からの距離など）から九州北西部で確固たる地位を築いていた佐世保市であったが、1997年10月に中心商店街関係者の意識を変える出来事が起こった。JR佐世保駅

から約５キロメートルの西九州自動車道大塔インター周辺へ、郊外型大型ショッピングセンター（SC）が進出したのである。すでに郊外居住が進行していた佐世保市において、郊外から中心市街地への入り口付近に大型SCが出現したことは中心商店街に大きな影響をもたらした。当時"黒船来航"にもたとえられた強力な競合相手の出現により、それまで10万人を超えていた中心商店街の休日歩行者通行量は、2000年には８万人にまで減少した。その結果として、従来はアーケード内にはほとんどみられなかった空き店舗が年々増加するなど、かつての賑わいに陰りがみえ始めていた。

このような状況への危機感から、1996年にモノ売りのためではなく、「まちなか」の賑わい創出を目的に始められたのが、商店街とその近隣の美術館や公園を電球100万個のイルミネーションで飾る「きらきらフェスティバル」であった。従来実施してきた歳末大売出しセールを、いまや佐世保の"冬の風物詩"と呼ばれるイベントにまで発展させたのは、中心商店街の若手経営者有志であった。その後も、商店街がもつ「賑わいが賑わいを呼ぶ"出会いの場"」としての社会的役割に注目して、老若男女を問わず、あらゆる地域住民が気軽に参加できるイベントを数多く盛り込んだことで、商店街の企画でありながら、現在では行政、商工会議所から教育委員会や観光協会

「きらきらチャリティ大パーティ」の光景
（提供）　させぼ四ヶ町商店街

まで巻き込んだ市民行事に発展している。特に、毎年12月の第1水曜日に開催される「きらきらチャリティ大パーティ」では、商店街のシンボルであるアーケードを最大限活用することで、約1キロメートルに及ぶ"会場"にテーブルをつなぎ合わせて、約5,000人が参加できる"市民忘年会"として地域に根づいている。現在では、九州域内をはじめ全国からの視察者・観光客なども呼び込む地域を代表する集客イベントとなっている。

　また、「きらきらフェスティバル」から2年遅れで始まった「YOSAKOIさせぼ祭り」も、前出の商店街有志が開催する定期的な朝食会「若者、馬鹿者、よそ者夢会議」から生まれた企画である。会議メンバーが札幌の「YOSAKOIソーラン祭り」のビデオに感動し、30数名が手弁当で札幌まで視察を行ったことがきっかけとなった。1997年11月には有志による2チームが佐世保で初の演舞を行い、「だれもが主役になれる、観るより踊ったほうが楽しい」新たな祭りのかたちを披露した。その翌年には、商工会議所青年部を中心に6チームが参加する第1回ダンスバトルが開催された。このように、手探り状態でのスタートではあったが、2002年の市制100周年記念第5回大会では、北は北海道から南は沖縄まで全国各地から100を超える「踊り連（チーム）」が参加する一大イベントに成長した。その後は、参加チーム数、参加人数ともに順調に増えてきており、直近2019年の第22回では、参加

「YOSAKOIさせぼ祭り」の光景

170チーム、参加者約7,000人（数値はいずれも主催者の実行委員会が発表）にまで発展している。なお、踊りの会場を広場やホールだけでなく、中心商店街のアーケードも含めた市内全域としたことで、地域住民が中心となった踊り手たちの熱気と活力が、観衆を含めた地域そのものの雰囲気を高揚させ、まちなかに賑わいをもたらしている。

2　展　開

　住民参加型イベントの実施を通じて、中心商店街に賑わいをもたらすとともに、佐世保の新たな文化ともいえる祭り（「YOSAKOIさせぼ祭り」）を生み出した四ヶ町商店街が次に取り組んだのが、商店街の本来の役割である「人と人との出会いの場」としての"地域密着"機能の強化であった。アーケードに面した店舗が売りに出たことを契機に新たにビルを購入し、1階部分をテナントに賃貸して、上層部分に組合事務所を移転するとともに、地域密着型商店街に求められる地元住民および地元商業者のための2つの機能を導入した。

①　親子広場「よんぶらこ」開設─中心商店街の「親子」居場所づくり─

　2007年4月に四ヶ町商店街が所有する事務所ビルの3階部分に開設されたのが、「親子広場よんぶらこ」である。ここでは、これまでにも商店街での子ども連れ買物客からのニーズの強かった買い物途中の授乳、おむつ替え、休憩・食事場所としての機能や、情報ボードによる地域の子育て情報の提供に加えて、子育てを経験した専任スタッフを置くことで、利用者同士の交流の場をつくったり、地域の栄養士・助産士など専門家との相談の機会も設けている。利用は初回のみ登録料200円（家族単位）が必要であるが、1日平均10〜20組の親子に利用されるなど、地域における子育て支援の拠点となっている。施設の運営は、NPO法人子どもと女性のエンパワメント佐世保が行っており、週4日（火・水・金・土曜日）、11時〜15時まで開放されている。

②　コミュニティFM局「はっぴぃ！FM」開設─地域の情報発信拠点─

　2007年7月に商店街関係者、地元企業や地域住民などの出資により設立されたのが、地域限定かつ地元密着型放送局であるコミュニティFM局の株式会社FMさせぼである。通称「はっぴぃ！FM」は、四ヶ町商店街事務所ビ

ルの2階部分に放送スタジオを設置し、新たに採用された若手スタッフがスタジオでのDJや市内各所での現場レポートを通じて生番組で佐世保の地域密着情報を発信するとともに、災害時には防災情報の提供も担っている。

　「はっぴい！FM」の主要な収入源はコマーシャル収入であり、なかでも500円で20秒のCM放送が可能な「ワンコインCM」や、無料オフィシャル情報誌「季刊はぴマガ」でも月額1万円で加盟店情報を掲載するなど、商店街の小規模店でもわずかな負担で市内全域に広告宣伝することのできる貴重な媒体として認知されつつある。

 ## 成功の要因

1　市民を巻き込んだ自立の仕組みづくり─市民協賛金が支えるまちづくり─

　一般的に、商店街がイベントを実施する場合に、その原資のほとんどを国や地方自治体の補助金や組合員からの負担金に頼るケースが多い。これに対して、四ヶ町商店街では「商人のイベントは、補助金にあわせて予算を削るのではなく、自ら金のとれる仕組みを工夫すべき」といった考えから、「市民参加」を前面に押し出すことで、企業や団体も含めた「市民協賛金」を最大限活用している。「きらきらフェスティバル」では、市民忘年会への参加料に加えて、イルミネーション用電球の購入資金を「きらきら応援団」と名づけた1口1,000円の募金でまかない、寄付口数に応じてオリジナルピンバッジを配布することで、子どもも含めた市民の手づくりイベントとして成功させている。また、「YOSAKOIさせぼ祭り」でも、Tシャツや帽子、タオル等のオリジナル商品に加えて、踊りへの参加料、有料観覧席も設置している。このほかにも、他地域では通常無料で配布されている公式ガイドブックも有料として、演舞会場のみならず商店街の協力店舗等を通じて販売することで、イベントの経済的自立に向けて自主財源確保に工夫を凝らしている。

2　プロデューサーの存在
─させぼ四ヶ町商店街協同組合前理事長　竹本慶三氏─

　「まちづくりに必要なのは、若者、馬鹿者、よそ者である」。商店街有志の

中心であり住民参加型イベントの企画から運営まで深く関与してきた四ヶ町商店街前理事長の竹本慶三氏の言葉が表すように、まちづくり、特に集客イベントなど多くの人間の参加を必要とする活動を始めるに際しては、自らがその牽引役として活動に心血を注ぐとともに、幅広い賛同者を束ねるプロデューサーの存在が不可欠である。竹本前理事長は四ヶ町商店街で鞄店を経営しながら、組合活動以外にも各種イベントの実行委員長を務めてきている。これらの経験に加えて、行政、金融機関から地元観光業者、不動産業者まで、青年会議所時代に培われた地域におけるさまざまな人脈を駆使することで、「郊外型SCにはできない文化的なまちづくりによる商店街の復権」を目標に、イベントを通じた自らの後継者の育成も行いつつ、常に新たなアイデアを模索してきている。

地域への波及効果

1　民主官従による「まちなか再生」―まちなか関係者の自立意識の醸成―

　佐世保市の中心商店街では、住民参加型イベントを通じて、民間セクターである商店街関係者が中心となって企画した事業を地域住民が受け入れ、これらを市役所など公共セクターが後方支援する「民主官従」の仕組みが確立されている。かつてのように賑わいある商店街を核として、まちなかを再生するためには、地域住民に商店街そのものに関心を抱いてもらうことが肝要である。そのためには、商店街が本来有していた「人と人との出会いの場」としての社会的役割を、イベントへの参加を通じてあらゆる年齢層の地域住民に浸透させていくことが正攻法である。また、行政に頼らず自ら多くの地域住民が参加するイベント運営を行うことで、商店街の若手経営者の自立意識を醸成するとともに、商店街の枠組みを超えた地域経営の一端を担う民間セクターの人材育成にもつながっている。

2　地域における新たな文化価値の創出―"させぼブランド"構築―

　佐世保市中心商店街においては、商店街発のイベントが「市民行事」に発展していく過程で、新たな市民の文化である"祭り"が生まれ、その祭りが域内外からの集客を実現することで地域コミュニティを再生しつつある。つ

まり、商店街関係者の活動が地域の新たな文化価値（地域ブランド）を創造しているととらえることができる。

　地域が生んだイベントを地域住民が中心となり企画・運営・参加することで、興奮や楽しさを共有するといった世代や立場を超えた地域住民の一体感を醸成する一方で、地域住民が自らの誇り（シビックプライド）を実現する場として、商店街を中心とした「まちなか」が活用されている。佐世保市中心商店街での取組みは、地域独自の文化を育んだ「まちなか」の存在こそが地域の自立的な発展のために不可欠な要素であることを証明している。

▶ 今後の課題

　佐世保市では、商店街等まちなか関係者の自助努力による住民参加型イベントやさまざまな都市機能の導入を通じて、商店街の存在が地域住民の生活に浸透してきている。そして、そのことが主要産業衰退や人口減少等の悪条件を克服し、他の地方都市ではみられない中心商店街の賑わいを維持している。しかしながら、近年は郊外部のみならず、中心市街地においてもアーケードから約500メートルの距離にあるJR佐世保駅に隣接した埋立地に大型複合商業店舗「させぼ5番街」が開業するなど（2013年11月）、新たな競争にさらされている。他方で、前述のように海と山に挟まれた斜面市街地等に密集して建てられた民家を含め、佐世保市内には約5,000件の空き家（2015年市都市政策課調べ）が生じており、人口減少や高齢化と並んで同市にとっての大きな課題の1つとなっていた。

　このようななかで、2013年のさせぼ5番街開業を契機に中心商店街との連携により「まちなか」の集客効果を高めるべく設立されたのが「SASEBOまち元気協議会」である。同協議会では、中心市街地の魅力や回遊性の向上を図るために、約90もの事業案を盛り込んだ「SASEBOまち元気計画」を策定した。その後、同計画の実現を目指して、2017年に商店街関係者や自治体職員を含む有志によって設立された「一般社団法人させぼラボ（以下、させぼラボ）」が中心となり、まちづくり人材の育成、空き店舗のリノベーション、ならびに公共空間の利活用など、官民連携によるエリアマネジメントに

取り組んでいる。具体的には、佐世保市の中心商店街の顔ともいえる「三ヶ町・四ヶ町商店街」と「させぼ5番街」とを結ぶ導線上にある、築70年を超える漬物工場をリノベーションした商業施設「BRICK MALL SASEBO」を中心に、カフェや雑貨店等が新規出店している「万津（よろず）6区」や、周辺の空き家を活かしたまちづくりである「島地7区」構想など、「まちなか」をつなぐ「サークルリノベーション」が展開され始めている。

　このように、商店街関係者と地域住民や学生たちが協働作業を通じてお互いを高め合う「人を育てるまち；佐世保」が生み出す"処方箋"に、全国のまちづくりの現場から再び注目が集まっている。

【参考文献】

　一般社団法人させぼラボ・プレゼンテーション資料「まちなか空家リノベーション」（2019）

　大西達也「『地方創生』を担う学びと実践の創発型人材ネットワーク」『日経研月報』2019年8月号（2019）

　大西達也「地方創生の実現に求められる地域人材"志民"の育成」『日経研月報』2018年8月号（2018）

　大西達也「まちなかの集客プロジェクト「YOSAKOIさせぼ祭り」」『地域開発』2014年2月号（2014）

　株式会社日本政策投資銀行地域企画チーム編著『実践！　地域再生の経営戦略〔改訂版〕──全国36のケースに学ぶ地域経営』金融財政事情研究会（2010）

　樋口明彦「商店街と地元大学生の協働による「させぼ港まちづくりスタジオ」事始め」『地域開発』2008年1月号（2008）

　公益財団法人佐世保観光コンベンション協会『させぼ港まちづくりスタジオ　させぼデザインズ・カフェ・ブック』（2007.3）

　日本政策投資銀行・公益財団法人九州経済調査協会『地域における自立的発展に向けて〜九州発15事例の戦略を読む〜』（2003.5）

　日本政策投資銀行九州支店『地方都市におけるまちなか再構築に向けて』（2002.6）

地域コミュニティの
再生と醸成
〜民民交流・民民連携・
官民連携・民主官従〜

3－1

乾燥野菜の小商いで地域まるごと防災備蓄庫に

―澄川乾燥野菜推進協議会（札幌市澄川地区）―

ケースのポイント

　女性の間でブームとなっているドライフード。乾燥することで美容と健康によい栄養成分が醸成され、かつ時短料理の食材としても一挙両得ということで、その品目も野菜・きのこ等多様化している。札幌市南区の澄川地区では、市・商工会・自治会・NPOがタッグを組んだ澄川乾燥野菜推進協議会が、コミュニティビジネス創出・女性の社会参加・防災推進・余剰食材活用という4つの目的を掲げ、乾燥野菜の生産・販売を行っている。

札幌市澄川地区

▶ 地域の概要

　札幌市（人口195万2,356人、2015年国勢調査）の中心部から南へ7キロメートル程に位置する南区澄川地区は、約1万5,000世帯・2万9,000人からなり、高齢夫婦世帯と高齢単身世帯の割合が市平均を上回るエリアである。札幌市営地下鉄南北線の澄川駅近辺には、飲食店、スーパーマーケット、クリニック、金融機関の支店等が並び、いわゆる郊外によくみられる町並みが形成されている。2004年には、澄川商工会（前身は澄川商店街振興組合。以下、

商工会）が結成され、近隣の地縁組織「澄川地区連合会」および澄川乾燥野菜推進協議会と連携したまちなか回遊型の「ちょい飲み」イベントなど、市民参加型の活動も活発に行われている。

 ## ケースの内容

1 背 景

　澄川地区連合会は、1995年の阪神淡路大震災で当時の会長が現地にボランティアに行って以来、全国に先駆けて自主総合防災訓練を定期開催している（2017年時点で20回目）。2004年度には自主防災組織を中心とした地域ぐるみでの防災の取組みが「消防科学総合センター理事長賞」として表彰された。このほかにも、祭りなどの地域行事でテント設営が必要な場面では、多くのテントをスピーディに設営することを目的とした訓練も兼ねて取り組んでいる。澄川地区は近隣に自衛隊基地があるため自衛隊出身者も複数住んでおり、時に倒壊家屋のなかに残された人を探す高度な想定訓練にもチャレンジしている。

　そのようななか、2006年には中間支援組織であるNPO法人北海道NPOサポートセンターが「商店街NPO活性化事業」を札幌市から受託し、商店街とNPOをマッチングするという名目で商工会と接点をもつに至った。そこで、商工会は高齢化する澄川地区の祭りを若者の参加を得て活性化させたい旨を同センターに相談した。同センターは、環境問題にまつわる地域課題を若い世代に伝えアクションを起こす支援を行うため、NPO法人ezorock（事務局：札幌市。以下、NPO）と連合会とをマッチングした。以降、毎年の祭りの都度、NPOは参加者向けのゴミ分別の案内やリユース可能な食器の貸与・洗浄などのサポートを行い、厚い信頼関係が築かれている。

　2015年のある日、商工会メンバーとNPO関係者が話していた際、「地域の若者や子育て世代が、防災やまちづくりの取組みにかかわれていない」という話題に及んだ。その際、NPO関係者が大学の研究者から乾燥野菜について、「非常食として備蓄も可能」という旨の話を聞いていたことから、澄川地区で乾燥野菜をコミュニティビジネスとして生産・流通させ、日常的に活

用する環境を生み出すことで、おのずと若い世代にも広がりが出るのではと提案した。かたや、商工会には商店街活性化のための「地域商店街支援事業」なる札幌市の新規補助事業の情報提供がなされていたタイミングであった。商工会に掛け合ったところGOサインが出され、NPOとともに準備に着手した。

2　展　　開

　商工会および連合会は、それぞれから独立したかたちで「澄川乾燥野菜推進協議会」を立ち上げ、「女性の活躍の場を創り、地域を備蓄庫にする」を合言葉に始動した。2015年度より向こう3カ年にわたり商工会が事務局となるかたちで札幌市から補助金を受け、初年度はこれを原資として食材乾燥機（1台約7万円）を5世帯に設置した。

　それぞれの世帯は、地元業者からまとめて仕入れた野菜類を、皮むきやカット等の作業を行ったうえで、野菜の重さが当初の10分の1となるまで12時間以上乾燥させる。そして、オリジナルのラベルを貼ったチャック式ビニール袋に入れるパッケージ作業を行う。これらの過程を経た乾燥野菜は、商品として近隣の小さなスーパーマーケットや地区の行事等において販売されている。スープ用・豚汁用の2種類を、それぞれ1袋300円の単価で販売し始めたところ、すでに皮むきなどの作業がすんだ状態であるため、「忙し

澄川乾燥野菜推進協議会の商品

い時に助かる」「乾燥したほうがむしろ美味しく感じられる」といった声が寄せられた。

　2年目に入ると、お祭り・防災訓練等の地区の行事における食事提供時にも注文を受けるようになり、炊き出し担当の女性たちからは「とても楽になった」と好評であった。また、作業協力者である地区の女性たちへの報酬も発生するようになり、年間売上げ80万～90万円程度となっている。2016年春の熊本地震の際は、NPOが避難生活で野菜が不足する被災地に持参し、大変喜ばれた。

▶ 成功の要因

1　潜在化しているニッチなニーズへの対応

　どの地域でも総じて、地縁組織等による地域活動は高齢化と担い手不足の一途にあり、とりわけ通年で度々行われている肉体労働が伴う行事（例：餅つき）や食事提供の負担軽減が懸案である。食事提供については、仕出しの弁当に切り替えたり、さらには食事の提供自体を取りやめたりするケースも散見されるが、高齢の女性有志が無理を押して継続しているケースも多い。無論、食事をともにする時間ほど高い交流効果を見込めるものはなく、多世代の集客を図れる目玉企画でもある。しかし、地縁組織の役員による会議で

屋外での防災訓練の炊き出しの様子

は構成メンバーの大半が男性ということもあってか話題にのぼりにくい。

そういったなかで、澄川地区のように、乾燥野菜を随所に活用することで炊き出しの負担軽減につながっている事例は、「住民間の相互交流」という地域活動の最たる目的を果たす有効策として注目される。

2 身の丈を見極めたうえでのスパイラルアップ

コミュニティビジネスによる地区の元気な女性たちの生きがいと雇用創出という点も見込んだプロジェクトだが、当の女性たちのなかには子育て中の母親も含まれている。彼女たちは仕事や家事の合間に作業しているため、ビジネスに主眼を置けば、たちまち生産サイドに無理を強いて、供給ペースの乱れ等のリスクにもつながりかねない。そのため、需給調整と広報方法には留意している。

広報については、回覧板や近隣小学校での全校生徒へのチラシ配布および一部WEBでのオンラインショッピングに限っており、大々的な宣伝は控えている。そもそも、乾燥野菜自体「防災のための啓発ツール」と見立てている。その結果、地域行事で話題になったり、食事が伴うイベントの活性化につながったりする等のプラスアルファの効果が出ている。販路自体も口コミで広がりをみせており、かつ「賞味期限6カ月」という節目もあるため、在庫を抱えることなく順調に稼働させることができている。

3 経験豊富な異種・異質・異世代間のコラボ

協議会のコアメンバーは、NPOおよび連合会・商工会等に参画している地域関係者であり、地域の課題、人材、事業設計、企画立案、販路開拓などのそれぞれに専門性や経験を有する面々である。実施体制についても、既存組織ではなく新たな組織を形成したことは、各人のこれまでの経験をふまえてのものであり、初動の段階からいわば「スタートダッシュ」が可能であった。

また、地区内での販路開拓を優先させることで、公的な補助事業によくあるような、補助期間の終焉とともに事業終了とならないよう留意されている。その一方で、広報範囲を限定している割には地元メディア（テレビ、新聞等）でも度々取り上げられるに至っている。

地域への波及効果

　澄川地区連合会との共催で月１回「わくわく広場」が開催されており、こちらでも乾燥野菜を活かしたメニューを提供するとともに、乾燥野菜の製造体験イベントも行っている。多世代交流という側面に加え、地域活動に疎遠な住民も参加するようになっている。

　また、商工会が主催して毎年10月に、平日２日間の夜間に行われている飲食店回遊イベント「ちょい飲み」では、指定されている２店舗とフリーチョイスの１店舗、および本部での飲食をパッケージとしたチケットを販売している。本部では、試食用に乾燥野菜を材料とした「すみカレー」を提供している。そのうえで、地域の居酒屋を回ってもらう仕掛けにしており、こちらも地域活動に疎遠な住民（特に男性）が顔を出すようになっている。

　地区の祭りなどの行事の都度、出張販売するチャンスも増え、NPOがコーディネートする若者たちが販売スタッフとして活動するなかで高齢者と交流する場面も増えており、行事全体に活気が伴うようになっている。若者のなかには１人暮らしの学生もおり、実家から多くの野菜が送られてきても腐らせてしまうケースが多いことから乾燥野菜づくりの支援も行っている。

イベント「わくわく広場」の様子

▶ 今後の課題

　乾燥野菜の製造・販売のノウハウが3年間で蓄積されたため、今後は澄川地区だけではなく、他の地域での展開も期待される。乾燥野菜の特性上、野菜をカットし長期保存が可能となるため、規格外品の活用や鮮度を保てる期間が短い野菜の保存に対して効果が高い。野菜や果物の生産現場により近い場所での展開が可能になれば、本来廃棄されていた食品の有効活用に役立てることができる。

　一方、澄川地区では、今後も商工会と連携しながら、月1回実施している「わくわく広場」や月1回の「ちょい飲み」に加えて、地域のお祭りなどで乾燥野菜を提供する機会を継続的に確保していく予定である。乾燥野菜の販売についても、乾燥野菜を製造する地区の女性たちの負担をみながら、販路を限定して実施する予定である。いずれにせよ、関係者に無理を強いることなくバランスを保ちながら、事業を継続していくことこそが課題といえる。

3－2

IIIIIIIIIIIIIIIIIIIIIIIIIIIIIIIIIIIIIIIIIIIIIIIIIIIIIIIIIIIIIIIIIII

にぎわいと安全・安心空間を創出する
―歌舞伎町タウン・マネージメント（東京都新宿区）―

IIIIIIIIIIIIIIIIIIIIIIIIIIIIIIIIIIIIIIIIIIIIIIIIIIIIIIIIIIIIIIIIIIIIIIIII

ケースのポイント

新宿・歌舞伎町はわが国有数の繁華街である。しかしながら、1990年代後半から2000年代にかけては、暗い・汚い・怖い・危険の「4Kのまち」と恐れられていた。しかし現在、歌舞伎町では再生に向けて、警察や消防までも取り込んだ緩やかな連携のもとで、イメージアップを軸にした集客イベントなどさまざまな取組みが行われている。これらの多くは地域関係者の手による地に足のついた活動であり、確実に歌舞伎町のイメージを向上させつつある。とりわけ、公共空間を活用した取組みはまちづくりの新しい手法としても注目される。

東京都新宿区

▶ 地域の概要

　東京都新宿区（人口33万3,560人、2015年国勢調査）の歌舞伎町は1丁目と2丁目あわせて600メートル四方、約36万平方メートル、東京ドーム約7個分の狭隘な地域である。JR新宿駅東口からは約200メートル、3分ほどの距離にある。

　そもそも歌舞伎町は、角筈1丁目と東大久保3丁目の各一部から生まれた

町である。歌舞伎町の地名の由来は、戦後に鈴木喜兵衛が旗振り役となった復興構想にある。この構想は、角筈1丁目と東大久保3丁目の各一部からなる地域に、歌舞伎劇場を中心に大劇場2、映画館4、子ども劇場1に加え、大総合娯楽館、ダンスホール、大宴会場、ホテルを建設し、周辺に商店街を配置するという壮大なものであった。この構想の実現に向けて区画整理が進み出し、「歌舞伎劇場建設を目的とするのであれば歌舞伎町が新町名にふさわしい」ということで、1943年に町名が変更されたのである。

　しかし、歌舞伎劇場の建設はできず、1950年には建設予定地で東京産業文化博覧会を開催し、その後は、博覧会用に建設されたパビリオンを映画館に転用するなどの苦肉の策を講じる状況であった。そして、これを契機として映画館が次々と建設され、1960年には41館を数えるまでになった。また、時代は前後するが、1956年には座席数2,000を超え、当時都内最大級で歌舞伎町の中核施設となる新宿コマ劇場が完成したことで、歌舞伎町はわが国でも有数の繁華街となったのである。

　現在、歌舞伎町には約660棟のビルが乱立し、深夜飲食店・風俗営業許可・届出約2,800店を含む約7,000店舗がひしめいている。

ケースの内容

1　背　景

　わが国有数の繁華街と称される歌舞伎町は、その歴史的経緯もあって、他の一般的な繁華街とは異なる性格を有している。歌舞伎町では、1958年に売春防止法が全面施行され赤線が廃止となって以降、キャバレーやバーが次々と誕生した。1980年以降にはノーパン喫茶、のぞき劇場など、時代の最先端となる風俗店が次々とオープンする。当時のマスコミは、歌舞伎町を風俗最前線と位置づける報道をするようになり、次第に人々の間でマイナスのイメージが定着していくことになる。

　そして2000年代になると、歌舞伎町は悪質な客引きの横行、犯罪の多発などによって、「日本の治安問題の象徴」とまでいわれるようになる。もちろん、それ以前から警視庁は数々の対策を講じており、1994年には歌舞伎町に

特化した環境浄化対策を実施し、一定の成果をあげている。しかしながら、当時はまちづくりと連動するような取組みはほとんどなかった。

　結果的に、警視庁の環境浄化対策とまちづくりが連動する契機になったのは、2001年9月に発生した歌舞伎町の雑居ビル「明星ビル」の火災であった。この火災は44人の犠牲者を出す大惨事となり、歌舞伎町の多くの関係者に強烈な危機感を与えることになった。そのため、その年に地域関係者の間で「よくしよう委員会」が立ち上がり、翌2002年には「安全まちづくり宣言」が発表される。そして、ついに2005年1月には「歌舞伎町ルネッサンス推進協議会」が発足するのである。

　歌舞伎町ルネッサンス推進協議会とは、「安全・安心の確保と環境美化の推進」「健全で魅力あふれるまちづくり」「新たな文化を創造・発信すること

図表1　歌舞伎町に係る主な出来事

年	出来事
1945年	鈴木喜兵衛「復興計画趣意書」発送
1946年	区画整理事業完成
1947年	新宿区歌舞伎町誕生
1956年	新宿コマ劇場開館
1963年	「歌舞伎町商店街振興組合」設立
1980年	歌舞伎町流動人口最大1日50万人
2001年	明星ビルで火災発生（犠牲者44人）
2002年	警視庁、歌舞伎町内にセキュリティカメラ設置
2005年	「歌舞伎ルネッサンス推進協議会」発足 小泉首相（当時）、歌舞伎町視察
2008年	「歌舞伎町タウン・マネージメント」発足 新宿コマ劇場閉館
2015年	新セントラルロード（街路灯・シンボル灯ほか）完成 コマ劇場跡地に「新宿東宝ビル」オープン

（出所）　歌舞伎町商店街振興組合『歌舞伎町60年　歌舞伎町商店街振興組合の歩み』および歌舞伎町タウン・マネージメントホームページより筆者作成

により誰もが安心して楽しめる街への再生」を目的に、東京都、新宿区、警察署、消防署、東京入管、商店街、事業者、有識者から構成された組織である。

　なお、歌舞伎町ルネッサンス推進協議会の発足の前年、2004年に当時の小泉首相が施政方針演説で「新宿歌舞伎町など犯罪の頻発する繁華街を安全で楽しめる街に再生します」と宣言している。つまり、歌舞伎町ルネッサンス推進協議会の発足は、国をあげての取組みでもあったのである。実際、小泉首相は2005年５月に歌舞伎町の視察を行って、身をもって歌舞伎町を体感することで治安向上のアピール行っている。

2　展　　開

　歌舞伎町ルネッサンス推進協議会では、その目的実現に向けて、まずは３つのプロジェクトを立ち上げた。「クリーン作戦プロジェクト（環境浄化・環

図表2　歌舞伎町タウン・マネージメントの方向

歌舞伎町のイメージアップを軸に活動を展開			
外部へ発信　来街のきっかけづくり			
安全・安心への取り組み		エンターテイメントのまち	
情報発信	公共空間活用	安全・安心	まちづくり
歌舞伎町ルネッサンスの発信	賑わいと安全・安心空間の創出	安全・安心の発信	事業者誘致・まちづくりの検討
・ホームページオフィシャルサイトの開設 ・タウン情報紙発行 ・インフォメーションコーナー設置	・公共空間活用の社会実験 ・ルネッサンス・シンボルイベント	・活動団体のネットワーク化 ・一斉パトロールの実施 ・一斉路上清掃の実施	・事業者誘致 ・まちづくりの検討

（出所）　歌舞伎町タウン・マネージメントホームページ（https://www.d-kabukicho.com/tmo/）

境美化)」「地域活性化プロジェクト（新たな文化の創造と発信）」「まちづくりプロジェクト（魅力あふれるまちづくり）」である。そして、これらのプロジェクト推進のための実働部隊として、2008年に「歌舞伎町タウン・マネージメント（以下、TMO)」を設立した。

　TMOは、歌舞伎町商店街振興組合や町会など地域の8団体と9企業、ならびに新宿区と地域を管轄する2警察署と2消防署を会員として運営されている。これだけ多様な担い手が緩やかな連携によって、まちづくりを進めているケースは例がないことから注目される。それだけ関係者の危機感が強かった証左でもある。

　TMOの特徴は、歌舞伎町のイメージアップを軸に活動を展開していることである。そして、イメージアップの中核となっているのが、地域活性化プロジェクトである。現在、地域活性化プロジェクトでは、新たな文化の創造と発信〜賑わいの場と安全・安心な空間の創出のために、歌舞伎町地区全体でのイベント開催や公共空間を活用した社会実験などを実施している。なかでも、まちづくりの新たな手法として注目されるのが公共空間の活用である。

ランドマークとなった新宿東宝ビルのゴジラとセントラルロード

歌舞伎町における公共空間の活用例として真っ先にあげられるのは、道路を活用したレッドカーペットの実施である。2015年4月にコマ劇場跡地にオープンした「新宿東宝ビル」は外観にゴジラが施されたことで、歌舞伎町の新たなランドマークとなった。これに加えて、新宿東宝ビルの完成にあわせて整備されたセントラルロード（通称：ゴジラロード）で、映画の封切などにあわせてレッドカーペットが実施されたのである。この取組みによるイメージアップはきわめて大きいといえる。

　公園等の公共空間の活用としては、大久保公園での取組みが特筆される。従来、大久保公園はホームレスが昼間から酒盛りをするなど一般の人々が利用しづらい状況にあり、深夜に騒ぐ者も多いため、夜間は閉鎖せざるをえなくなっていた。この大久保公園で、社会実験として2007年6月に大規模な仮設テントを設置した「大久保公園テント劇場」を実施したのである。この取組みは結局4年間続き、地域関係者の間で大久保公園のポテンシャルが認識されることになった。

　そこで新宿区は、大久保公園を「スポーツができ、憩いの空間として通常の公園利用もでき、さらにはテント劇場等にも利用できること」をコンセプトに、2010年に大規模な改修工事を行って現在の大久保公園が完成した。

　現在の大久保公園は、1,500平方メートルの多目的広場と1,200平方メートルのスポーツ広場を備え、イベント時にはこれらが一体利用できる公園となっている。また、園内のアスファルト舗装は明るいイメージのカラーリングが施されている。そして、電気供給および給排水に対応するため、園内にキュービクル高圧受電設備および上下水道成備が設置されており、さまざまなイベント活用に対応できるようになっている。

　新宿区では、歌舞伎町ルネッサンスの一環として、大久保公園のイベント公園としての運営をTMOに委託している。TMOは公園で開催される飲食や演劇等のイベントに主催または共催として関与することで、公園占用料が免除されるという仕組みが設けられた。そのため、TMOはイベント主催者と共催する場合には共催料を徴収し、それをTMOの活動費用に充てることができるのである。

多目的広場とスポーツ広場を備えた「大久保公園」

　この仕組みを活用して、TMOではさまざまなイベントにかかわってきている。その１つが「新宿オクトーバーフェスト」である。ドイツの伝統的なビール祭りを模したこのイベントは、園内に設置したユニットハウスでさまざまなビールと料理を提供し、来場者は中央の大型テントに設けられた客席で、ステージで演奏される音楽を楽しみながら飲食できる本場さながらのイベントとなっている。新宿オクトーバーフェストは2012年まで計５回開催され、イベント事業者や広告代理店へのPRとなるなど、効果的な情報発信に成功している。その結果、2013年からは現在では恒例となった２大飲食イベントの「激辛グルメ祭り」や「大つけ麺博」が始まった。これらのイベントはTVをはじめマスコミでも多く取り上げられたため、知名度が低かった大久保公園の存在を全国に知らしめることになったのである。

　大久保公園とともに、その活用が期待されている公共空間がシネシティ広場である。シネシティ広場もかつてはホームレスが占拠し、酒盛りをするなど悲惨な状況が続いていた。2004年に新宿区が条例を整備したことを受けて、翌年からTMOがクレープ販売施設を誘致し、テイクアウト式のオープンカフェを実施。定期的に音楽ライブなども行って、賑わいづくりと環境改善に努めてきた。しかしながら、目にみえるかたちでは成果は上がらず、

国家戦略特区の認定を受けた「シネシティ広場」

2008年末の旧コマ劇場の閉館によって、状況はさらに悪化することとなった。

　その後、旧コマ劇場跡地活用計画の公表を機に、新宿区と地域関係者による広場再整備についての検討が始まった。そして、座り込んだり寝そべったりできないようにフルフラットとして、オープンカフェやイベントに対応できる構造とすることが決定した。そして、2016年4月のリニューアルオープン後は、大久保公園と同様にTMOに運営が委託されている。

　なお、シネシティ広場の再整備にあたっては、警察と協議を重ねた結果、車両通行規制を行うことで事実上の歩行者専用道路化が実現したものの、道路法の規制からテーブル等の占用はできなかった。そこで、あらためて警察と新宿区が協議し、都市再生特区の認定を受けるための社会実験としてオープンカフェを実施した。その結果、現在ではビール祭りやパクチーフェスといったさまざまな国の食文化や舞踊などを紹介するイベントが実施されるようになっている。そして2018年12月には、当初目指していた都市再生特区ではなく、国家戦略特区の認定を受けることとなった。

▶ 成功の要因

　これまでに紹介した地域活性化プロジェクトの取組みによって、歌舞伎町は賑わいを取り戻しつつある。たとえば、2012年に6万人余りだったイベントによる集客は2016年には60万人を超え、現在も増加しているとみられる。また、1日の来街者数も旧コマ劇場が閉鎖した2008年には17万人程度まで減少したとされるが、現在は25万人を上回るまでに回復しているといわれている。

　このように再生しつつある要因の第一は、警察や消防が徹底した安全・安心に係る取組みを行ったことがあげられる。特に、歌舞伎町の場合は警察の存在なくしての再生はなかったといえる。

　第二は、国策的な取組みとして進められたことで、多様な主体による緩やかな連携が実現したことで、歌舞伎町のイメージアップを軸に活動を展開できたことがあげられる。イメージアップを軸にしたことは、ある意味で歌舞伎町の再ブランド化の取組みでもある。新宿東宝ビルをはじめ2010年代になって少なからずの新規投資が実現しているのは、イメージアップが奏功しているからだといえよう。

　そして第三は、歌舞伎町の民間事業者等が十分に危機感を共有し、タウン・マネジメントに積極的にかかわったことがあげられる。いくら国策的な後押しがあるとはいえ、結局、まちづくりは現場の民間事業者や住民がどれだけ"じぶんゴト"としてかかわっていくかが重要である。そういった意味で、歌舞伎町の場合は、TMOが発足するまでに、まちづくりの現場の意識が変革され、地域コミュニティが醸成されていたといえる。また、そこでの歌舞伎町商店街振興組合の存在は注目に値する。同組合は、個人事業主から新宿プリンスホテル、新宿東宝ビル、株式会社東急レクリエーションなどの大手企業の組合員で組織されている。そのため、組合のなかである程度の民間事業者間での調整、具体的には個別のプロジェクトの推進に向けた地ならしができるのである。この点は、民間における中間組織の重要性を再認識させるものといえる。

▶ 今後の課題

　繰り返しになるが、歌舞伎町はわが国有数の繁華街である。それゆえに、次々と新しいタイプの店舗が誕生するまちでもある。新しいタイプの店舗が出現しても、よそ者扱いするのではなく、歌舞伎町商店街振興組合など既存組織に包摂していくとともに、まちのルールのもとで適正化を求めていく必要がある。これらのことは、言うはやさしいが実行するのはきわめてむずかしいことである。しかし、さまざまな苦境を乗り越えてきた歌舞伎町であれば、これを実行できる可能性が十分にあると思われる。

　実は、現在の歌舞伎町で最も増えている店舗はホストクラブであり、すでに、歌舞伎町には700〜800のホストクラブがあるといわれるほどである。このこと自体は、女性が歌舞伎町を訪れやすくなった証左でもあるが、まだTMOなどとのかかわりがあるわけではない。しかし、一部のオーナーは歌舞伎町商店街振興組合とかかわりを持ち始め、地域コミュニティの一員となっている。これによって、まちのルールのもとで営業の適正化、経営の適正化を図っていくことは可能であろう。わが国有数の繁華街である歌舞伎町は、今後も持続可能な風俗のまちとしての可能性も秘めているのである。

【参考文献】

稲葉佳子・青池憲司『台湾人の歌舞伎町—新宿、もうひとつの戦後史』紀伊國屋書店（2017）

柏木直行「公共空間を活用したまちの賑わいづくり〜都市公園と道路でのイベント実施によるエリアマネージメント」『地域開発』Vol.629 2019.春号（2019）

歌舞伎町商店街振興組合『歌舞伎町60年　歌舞伎町商店街振興組合の歩み』（2009）

3 − 3 ||||||||||||||||||||||||||||||||||||||||||||||||||||||||||||||||||||

ボトムアップ型の合意形成が起こした奇跡
―西成特区構想（大阪市西成区）―

||||||||||||||||||||||||||||||||||||||||||||||||||||||||||||||||||||

ケースのポイント

　社会問題のデパート・地域衰退のトップランナーと揶揄される、あいりん地区の改革を主目的とした西成特区構想は一定の成果をあげている。その背景には、構想以前から、まちづくり関係者が地道に行ってきた取組みがある。その取組みがあったからこそ、西成特区構想は実行されたといえる。また同時に、西成特区構想におけるコーディネート役の存在も特筆される。徹底した情報公開やface to faceを基本としたコミュニケーションによって、さまざまな関係者を巻き込みながらボトムアップ型の合意形成を実現させたからである。今後のわが国の地域づくりの現場は、これまで以上に多様な問題・課題が絡まっていき、さまざまな立場の人々がかかわっていくことが求められる。それゆえに、西成特区構想における多くの人々を巻き込んだボトムアップ型のまちづくりの手法が注目される。

大阪市西成区

▶ **地域の概要**

　大阪市西成区（人口11万1,883人、2015年国勢調査）は、上町台地の西側か

ら木津川に至る間に位置しており、北に浪速区、東に阿倍野区、南に住之江区、木津川を挟んで西に大正区が隣接している。人口は1960年の約21万5,000人をピークに減少を続けている。また、2015年の高齢化率は38.7%で、大阪市の高齢化率25.3%より13.4ポイントも高く、大阪市24区のなかで最も高齢化が進んでいる。

　西成区の北東部には"日雇い労働者の街"として有名な「あいりん地区」が存在する。あいりん地区では、長年にわたって日雇い労働者等を対象にした治安、労働、福祉、医療などの各種対策が講じられてきた。しかし、バブル経済崩壊後の長引く景気低迷や日雇い労働者の高齢化によって、近年は"福祉の街"としての様相も生じている。その一方で、あいりん地区は大阪の中心地である梅田や心斎橋にも近く、交通の利便性も優れていることから、その地理的ポテンシャルの活かし方も模索されている。

 ## ケースの内容

1　背　景

　あいりん地区は、1966年に大阪市・大阪府・大阪府警本部からなる「愛隣対策三者連絡協議会」によって指定された地区である。1960年代に度重なる労働争議からの暴動がその背景にある。そもそも1960年代は高度経済成長の真っ只中であり、そのうえ大阪では1970年の大阪万博が控えていたため、労働力需要が高まり、あいりん地区は"日雇い労働者の集積地"となっていた。その一方、それまであいりん地区に居住していた人々の一部は、度重なる暴動や社会運動への不安から転出が相次いだ。そのため、あいりん地区は単身男性が集住する特殊なコミュニティとなった。

　高度経済成長期からバブル景気の1990年前後までは、あいりん地区は日雇い労働者の供給地としての役目を果たす。とりわけ、1980年代後半はバブル景気の影響を受け、関西圏には関西文化学術研究都市、関西国際空港、明石海峡大橋といったビッグプロジェクトが目白押しであったことから、あいりん地区は活況を呈し、日雇い労働者の収入も増加した。同時に、簡易宿泊所などの住環境の整備も進んだ。

しかし、バブル経済が崩壊し、労働需要が急激に冷え込むと、日雇い労働者の仕事は激減した。そのため、あいりん地区でも仕事にありつけない人々の一部は、簡易宿泊所の代金を工面できずに、野宿者、いわゆるホームレスとなっていった。大阪市では1998年に初めて野宿者の統計をとっているが、その数は8,660人にのぼっている。そのため、2000年代に入ると、あいりん地区でもホームレス支援が本格化していく。その1つが居住支援である。具体的には、あいりん地区に暮らす住所不安定者への生活保護の適用である。その結果、大阪市の野宿者は、2015年には約1,500人まで減少した。その一方で、生活保護受給者は増加した。2000年〜2016年にかけて被保護世帯数は5万425世帯から11万6,158世帯に増加し、保護率は2.55％から5.35％に増加している。なお、西成区は大阪市24区のなかで最も保護率が高く、2018年3月現在で23.7％となっている。ちなみに、あいりん地区は住民の約40％が生活保護を受けているという。これらのことが"福祉の街"と称されるゆえんである。

2 展 開

あいりん地区は"日雇い労働者の街"から"福祉の街"に変容していったが、治安やホームレスに係る社会問題が終息したわけではなかった。その後は、高齢化や孤独死の問題などが発生し、さまざまな問題・課題が集約される地区になっていた。そのようななか、2012年1月に大阪市長に就任したばかりの橋下徹氏は、高齢化率と生活保護受給率が著しく高い西成区の改革のために「西成特区構想」計画を提示した。

なお、西成特区という名称になっているものの、改革の具体案の大半は、あいりん地区を対象とするものである。つまり、西成特区構想は、日雇い労働者や生活保護受給者が集中する大阪市西成区のあいりん地区を中心とした地域の社会的課題を解決するために、教育・子育て支援・環境改善・治安・住宅などの分野で、各種の支援や優遇措置などの施策を実施・推進するものである。

市長の計画提示を受けるかたちで、2012年に2月に西成区長を中心とする西成特区構想プロジェクトチーム（大阪市職員による分野横断的な組織）が立

ち上げられ、その後、プロジェクトを推進するための西成特区構想有識者座談会（アドバイザー的役割を担う会議体）が組織された。そして、紆余曲折はあったものの、実質的な計画の内容の検討については、西成特区構想有識者座談会が担うこととなった。西成特区構想有識者座談会の座長には、学習院大学経済学部教授で、当時大阪市特別顧問（西成特区構想担当）であった鈴木亘氏が就任した。また、有識者委員はすべて鈴木氏が人選を行って、あいりん地区に精通する各分野の専門家7名が就任した。

　西成特区構想有識者座談会の特徴は、徹底的な情報公開を行ったことである。傍聴者の参加は自由であり、マスコミにも完全オープンとした。座談会で活用した発表スライド、配布資料、議事録もすべて西成区役所のホームページで公開された。この徹底した情報公開の理由として、鈴木氏は著書『経済学者　日本の最貧困地域に挑む』で「第1に、徹底的な情報公開によって有識者座談会の議論がマスコミや区民・市民の間に広まれば広まるほど、本庁各局の既定路線を覆すことができる。第2に、行政不信に凝り固まった地域の人々に受け入れてもらうためには、これまで同様の「閉鎖的な密室会議」のイメージをもたれることは、絶対に避けなければならない」としている。

　座談会は、2012年6月〜9月の約4カ月間に12回ほど開催され、9月末に「西成特区構想有識者座談会報告書」として答申された。この報告書こそが西成特区構想の実質的な計画であり、今後進めていくべき各種事業を8分野56項目にわたって打ち出したものであった。そして、西成特区構想は2013年からの5カ年計画としてスタートを切ったのである（実質的なスタートは前年の2012年）。

　当初、西成特区構想の成果についてはこれを危ぶむ声もあったが、短期集中対策としての不法投棄対策、防犯対策、結核対策、中長期対策としてのプレーパーク事業や簡易宿所設備改善助成事業などで確実な成果をあげている（図表1）。そして、あいりん地区で長年懸案となっていたあいりん総合センターの建替え事業についても合意に漕ぎ着けている。そして、2019年現在、西成特区構想は新たな5カ年計画に引き継がれている。

図表 1　西成特区構想 5 年間（2012〜2017年度）の主な取組みと成果

分　類	主な取組み	概要・成果
短期集中的対策	不法投棄対策	徹底した清掃・収集、ごみの不法投棄抑制に向けた巡回などを実施。さらに警察と連携した不法投棄抑制により、不法投棄ごみ収集量が大幅に減少した。［一般廃棄物収集量：2013年度1,631トン→2016年度1,003トン］
	落書き対策	あいりん地域内における落書きの消去および再発防止策を実施し、再落書きの被害もほぼなくなった。［落書き消去実績：2015年度15カ所約516㎡、2016年度56カ所約816㎡］
	迷惑駐輪対策	自転車置場整備、迷惑駐輪自転車撤去等を実施し、迷惑駐輪台数が減少した。自転車置場の利用も好調である。［迷惑駐輪台数：2014年度（着手前）4,500台→2017年 3 月2,560台］
	防犯対策	あいりん地域を中心に、防犯カメラ設置、安心安全活動拠点整備、道路照明灯LED化に取り組んできた。また、警察との連携により、覚せい剤の路上売買・違法露天等の取締りが強化され、ほぼ解消された。 西成区全体として、青パトによる巡視等を実施し、該当犯罪発生件数が大幅に減少した。
	結核対策	結核健診の拡充による患者の早期発見・早期治療の推進と長期間にわたる服薬に対する支援（DOTSなど）を充実したことにより、結核新登録患者数が着実に減少してきた。［西成区の新登録者数の推移（2009年 = 100）：2013年75.2、2015年69.3］
中長期的対策	プレーパーク事業	子どもの生きる力を育む居場所として実施。2014年度適地調査、2015年度モデル実施を経て、2016年度からトライアルを実施し、3 つの場（遊び場・学び場・たまり場）を展開。 毎年来場者数が増加し、2017年度は区外来場者が約 3 割。課題を抱える子どもの生きる力に寄与。保護者の交流の場にもなっている。［日数・来場者数の推移：2014年度 5 日485名、

		2015年度58日2,866名、2016年度60日5,525名、2017年度（4～6月）21日3,935名]
	簡易宿所設備改善助成事業	大阪の外国人観光客等の増加に対応するため、西成区内の簡易宿所の事業者に対して、設備改善工事費の一部助成を実施することで、観光客等の受け入れ環境の整備を促し、地域のにぎわいを創出。[2015年度7施設、2016年度12施設]
将来のための投資プロジェクト・大規模事業	あいりん総合センター建替え	あいりん総合センターは、耐震化について早急な対策が求められていたが、国・府・市が所管する施設が合築した建物であること、地域の行政への不信感などから、なかなか議論が進まなかった。しかし、「あいりん地域まちづくり会議」で地域の関係者をはじめ国・府・市も同じテーブルに着いて議論を重ねた結果、市営萩之茶屋住宅および大阪社会医療センターの移転、労働施設の仮移転について合意が得られた。

（出所）　大阪市西成区役所「今後の西成特区構想について（平成30年度～平成34年度）」を基に筆者作成

▶ **学ぶべき事項**

　社会問題のデパート・地域衰退のトップランナーとまで揶揄される、あいりん地区を主対象とした西成特区構想が曲がりなりにも進展し、一定の成果をあげている背景には、当時の市長である橋下氏のリーダーシップや、西成特区構想有識者座談会の座長を務め、西成特区構想を取りまとめた鈴木氏のコーディネート力がある。とりわけ、鈴木氏の存在は大きい。鈴木氏は先に触れた著書で、「私が行なったことはなんなのかといえば、①まちの人々や行政部局間をミドルマンとしてつなぎ、②さまざまなアイディアを事業案として理論化・具体化し、③組織や人々を動かして事業化・予算化したということである。要するに、コーディネートやプロデュースを行なったということだ」と記している。ここで記されているコーディネートこそが、あいりん地区で最も求められていたのである。そして、鈴木氏のコーディネート力の真髄は「巻き込み力」にあったといえる。

前述したように、鈴木氏は徹底的な情報公開にこだわった。これによって、否が応でも多くの関係者に情報が流通することになり、西成特区構想の議論に多くの関係者が巻き込まれていく。もちろん、そのなかには西成特区

図表2　鈴木氏がまちの人々の信用を得るために常に心がけていたこと

①	ウソをつかない、ごまかさない（都合が悪いことも、すべてオープンに正直に話す）
②	約束を破らない（一度やると約束したことは「評判」を保つために死守する）
③	頼まれごとは極力断らない（人々に対する「貸し」を貯め、それを元手に裁定取引（arbitrage）するためには、はじめはどうしても無理して貯蓄をしなければならない）
④	異なる利害関係にある人々や行政の間に立った場合には、完全中立を保ち、そのバランスに細心の注意を払う
⑤	なるべく多くの人々に直接会って、face to faceでコミュニケーションする機会を増やす（落選した市議会議員のごとく、厚かましくどこにでも顔を出す）
⑥	コアとなる人々（ブレーンとなってくれた有識者たち、西成区役所の事務局、人々のハブとなっている地域のリーダーたち）とは、とにかく情報交換を密にして、お互いに考えがツーカーになるようにする
⑦	人々への説明や演説は極力わかりやすく、子どもでもわかる表現で話す
⑧	極力長く、同じポジションに居続ける（すぐに交代する腰掛リーダーを信用する人はいない）
⑨	改革にコミットする（退路を断つ。改革を止めると自分自身が大損をするという状況証拠をつくる）
⑩	まちの歴史、人々のバックグランドを前もってよく調べて勉強しておく（人々や地域へのリスペクトを忘れない）
⑪	改革から自己利益を得ようとしない（要するに、タダ働きをする。研究にも利用しない。自分の利益のためになっているとみなされると、とたんに人心が離れるからである）
⑫	人をよく褒め、功績や栄誉を他人に譲る

（出所）　鈴木亘『経済学者　日本の最貧困地域に挑む』（p.452〜453）より作成

構想に否定的な人々も存在するため、合意形成が難航する可能性は高くなる。しかし、関係者の合意形成が十分でない政策・施策はおのずと限界がある。とりわけ、社会問題が山積し、多様な関係者が入り乱れている、あいりん地区ではなおさらである。逆説的ではあるが、だからこそ巻き込まなければならないのである。図表2は、鈴木氏があいりん地区のまちの人々の信用を得るために常に心がけていたことであるが、これらの心がけによってまちの人々のみならず、行政やマスコミも含めて多くの人々を西成特区構想に巻き込んでいったことが推察される。

鈴木氏の巻き込み力については、彼のもともとの資質や立場に加え、あいりん地区が特殊な状況であったからこそ発揮できたという見方もできないわけではない。しかし、わが国の多くの地域が高齢化・人口減少・地域産業の弱体化等に直面し、関係者の意識が一様でない現実を考えれば、いずれの地域においても地域づくりのコーディネーターには合意形成に向けた巻き込み力が求められるはずである。ゆえに、鈴木氏から学ぶべきことは多い。

 ## 成功の要因

これまで記述してきたことをふまえると、西成特区構想が一定の成果をあげている要因は、鈴木氏のコーディネート力および巻き込み力や、橋下氏のリーダーシップにあるように思われる。もちろん、それらは要因の1つではあるが、最大の要因としては、西成特区構想が打ち出される前から、民間主導のまちづくりの地道な活動があげられる。具体的には、1999年に始動した釜ヶ崎のまち再生フォーラム（現在は定例まちづくり広場として活動中）、2003年に発足した萩之茶屋小・今宮中学周辺まちづくり研究会、そして、同研究会から発展し、2008年から開催されている（仮称）萩之茶屋まちづくり拡大会議の存在である。

釜ヶ崎のまち再生フォーラムと萩之茶屋小・今宮中学周辺まちづくり研究会は、まちづくりに係る人々や関心を寄せる人々が個人の資格で意見交換を重ねる場である。一方、（仮称）萩之茶屋まちづくり拡大会議は、賛同団体が組織を背負って参画し、意見や考え方を摺り合わせる場である。つまり、

あいりん地区では個人の資格で自由にまちづくりについて意見交換・交流をする場があって、そこで議論されたことをアクションにつなげるため、組織間の調整を行う場も設定されていたのである。そのため、西成特区構想以前に、約10年をかけてある程度は民間ベースでまちづくりの考え方やアイデアは整理されていたのである。よって、これらをどのように行政に伝え、具体的な事業案として政策・施策としていくかが課題だったのである。

実際、鈴木氏は前述の著書で「西成特区構想で実現したアイディアの多くは、釜ヶ崎のまち再生フォーラムや（仮称）萩之茶屋まちづくり拡大会議で温められてきたものが元種となっている」と記している。つまり、西成特区構想は、民間主導で「民民交流」を経て「民民調整」されてきたまちづくりの考え方やアイデアをベースに、「官民調整」および「官官調整」を行って政策・施策を立案したものととらえられるのである。

ところで、西成特区構想に向けて、フォーラムの場[1]となった釜ヶ崎のまち再生フォーラムの定例まちづくり広場は、2019年4月までに217回を数えており、約20年が経過しようとしている。この取組みが長期にわたって継続していることの素晴らしさもさることながら、この取組みもあいりん地区の関係者を巻き込む原動力になったことは特筆される。2000年前後、野宿者（ホームレス）問題でさまざまな意見がぶつかりあっていたあいりん地区で、まずは個人としてそれぞれの意見・考えを自由奔放に語り合うために設置した場は、意見が違ってもそれぞれを認め合うことを促した。だからこそ、アリーナの場[2]である（仮称）萩之茶屋まちづくり拡大会議や西成特区構想有識者座談会につながり、さらに多くの人々を巻き込んでいったのである。

なお、釜ヶ崎のまち再生フォーラムの事務局長を務めるありむら潜氏は、西成労働福祉センターの元職員であり、日雇い労働者を主人公にした漫画「カマやん」の作者（漫画家）である。ありむら氏はあいりん地区のさまざまな情報に精通し、さまざまな人とのネットワークを形成している類稀な

1　フォーラムの場とは情報交流の場であり、集会形式で自由度の高い説明会や公聴会、ワークショップなどの意見交換はするが意思決定には至らない場である。
2　アリーナの場とは意思決定の場であり、何らかの代表者による検討の場である。

3　地域コミュニティの再生と醸成～民民交流・民民連携・官民連携・民主官従～　171

「巻き込み力」をもった人物であり、西成特区構想有識者座談会の有識者メンバーの１人でもある。よって、西成特区構想では、ありむら氏と鈴木氏の連携にとって、巻き込み力の相乗効果が起こったともとらえられる。

 今後の課題

　西成特区構想は、あいりん地区において民間での地道な活動をベースにしたボトムアップ型のまちづくりが有効であることを示した。そして、西成特区構想以降、確実にあいりん地区のイメージは変化している。インバウンドの増加に伴うかたちで、最近は「外国人バックパッカーの街」としても報道

あいりん地区に近接するインバウンド向け案内所

あいりん地区に近接するカラオケ居酒屋

されているうえに、JR新今宮駅の北側に星野リゾートが進出を表明するなどの動きもある。これまでのイメージを払拭した点でその意義は大きい。

　ただ、これらが真にあいりん地区のまちづくりの起爆剤になるかは未知数である。なぜなら、高齢化率と生活保護受給率の問題を直接的に改善するわけではないからである。また、変化の大きい時代であるがゆえに、新たな課題も生じている。その代表例が大阪華商会の打ち出した「中華街構想」である。想定している場所はあいりん地区東側で、すでに中国人経営のカラオケ居酒屋が数多く立地している。今後このような動きにどのように対処していくのか、さらなるまちづくりの巻き込み力が問われている。

【参考文献】

城戸宏史「政策としての「地方創生」への展望〜矛盾点と可能性〜」『日経研月報』2018年8月号vol.482（2018）
白波瀬達也『貧困と地域』中公新書（2017）
鈴木亘編『脱・貧困のまちづくり「西成特区構想」の挑戦』明石書店（2013）
鈴木亘『経済学者　日本の最貧困地域に挑む』東洋経済新報社（2016）
原科幸彦編『市民参加と合意形成』学芸出版社（2005）

3 − 4 ||||||||||||||||||||||||||||||||||||||||||||||||||||||||||||

100年先を見据えた再開発によるまちの再生
―高松丸亀町商店街振興組合（香川県高松市）―

||||||||||||||||||||||||||||||||||||||||||||||||||||||||||||

ケースのポイント

　江戸時代から400年以上の歴史をもち四国有数の規模を誇る高松丸亀町商店街では、商店街関係者を中心に独自に策定されたグランドデザインと、地権者の協力のもとで「丸亀町方式」とも称される定期借地権を活用した「不動産の所有と経営の分離」による市街地再開発事業によって、地方都市再生の成功モデルとして全国にその名が知られている。住宅整備とテナントミックスを車の両輪に、「医・食・住」をキーワードとした多様な都市機能を備えた都心居住の提案とともに、モノ消費型から時間消費型のまちへの転換を目指す取組みを紹介する。

香川県高松市

▶ 地域の概要

　香川県高松市（人口42万748人、2015年国勢調査）は、讃岐平野の中央部に位置しており、高松藩の城下町として発展し、明治以降は国の出先機関や民間企業の支店等が集積する四国の行政・業務機能中心都市として位置づけられている。市内には屋島や栗林公園など数多くの観光資源も擁しているほか、瀬戸内の島々との航路を擁する高松港は、2010年から3年ごとに開催さ

れている「瀬戸内国際芸術祭」の玄関口の役割も果たしている。

　また、近年は通勤・通学を通じて密接な関係を有している周辺7市町村（さぬき市、東かがわ市、土庄町、小豆島町、三木町、直島町、綾川町）とともに、広域での生活機能を確立すべく2009年12月より「瀬戸・高松広域定住自立圏（2015年9月には「瀬戸・高松連携中枢都市圏」に移行)」を形成し、その中心都市となっている。

ケースの内容

1　背　景

　高松市の中心市街地は、居住・業務機能に加えて、開町以来400年以上の歴史を有する高松丸亀町商店街を中心とした商業機能が集積したコンパクトシティとして栄えてきた。しかし、1988年の瀬戸大橋（児島・坂出ルート）の開通を契機に、本州からの大手流通企業の進出が一気に加速したことで、商店街を構成する中小店舗は大きな打撃を被ることとなった。また、市町村合併以前の旧高松市周辺自治体が「線引き制度（市街化区域と市街化調整区域の区分)」を実施していなかったことから、同市の市街化調整区域を超えた周辺自治体への都市機能の移転が進行していった。2004年には全国で初めて線引き制度を廃止し、その後は、2005年の塩江町、2006年の牟礼町、庵治町、香川町、香南町、国分寺町との合併を経て、田園地帯であった市郊外部の宅地化が急速に進んだ。その結果、大型商業施設の進出が相次いだことにより、厳しい競争にさらされた中心商店街は急速に衰退していった。

　慶長15年（1610年）に丸亀（現在の香川県丸亀市）の商人を当地に移したことがその名の由来とされる高松丸亀町商店街では、1988年に「生誕400年祭」が開催された頃には、現在の倍近い歩行者通行量を誇っていた。しかし、この頃の全国各地の中心市街地では、従来の中心商店街に対して新たに駅前再開発や郊外型ショッピングセンター建設が次々と表面化しており、高松市においても地元スーパーによる郊外大型店舗の出店が始まっていた。

　高松丸亀町商店街では、当時の振興組合理事長の鹿庭氏による「次の500年祭を目指した、100年先を見据えたまちづくり」への問題提起がきっかけ

となり、将来についての危機感を感じ取っていた商店街関係者自らが全国各地の再開発事業の失敗事例調査を実施した。その結果、「再開発事業が巨大なハコモノ投資となっており、核テナントを大手百貨店などに完全に依存するほか、事業計画自体も行政やデベロッパー、コンサルタントに丸投げになっている」等の共通点を見出した。さらに、商店街関係者の主導により、建築、都市開発、金融、経済等さまざまな分野の専門家、まちづくり実務家、組合幹部で構成された「タウンマネージメント委員会」を設置し、同委員会で提案された前例にとらわれない斬新な再開発スキームをふまえて、「行政ではなく、自らの土地に責任を持つ地権者主導による身の丈に合った再生」を新たなまちづくりの方向性と定めた。これらの動きがきっかけとなり、後に「丸亀町モデル」として全国から多くの視察者を集める再開発事業がスタートした。

2 展　　開

「人が住み、人が集うまち」を目指した再開発事業を行うにあたって、高松丸亀町商店街では商店街を7街区（A街区～G街区）に分けて順番に建て替えていくこととし、1998年に高松市の出資を得た第3セクターの事業主体「高松丸亀町まちづくり株式会社」を設立した。2006年12月には初期の再開発構想から16年を経て、最初のA街区で2棟の再開発ビルからなる「高松丸亀町壱番街」が開業した。その後もB・C街区（2009年～2010年度竣工）、G街区（2012年度竣工）と段階的に事業が進展している。

通常、大規模な再開発事業の実施にあたって、全街区の地権者同意が同時に得られることはありえない。そのため、高松丸亀町商店街ではあらかじめ7街区全体の「グランドデザイン」を策定し、街区ごとの業種特性、建物規模等の「デザインコード（街並み形成のための自主規制ルール）」を取り決めている。これらを共有し順守することによって、地権者合意が得られた街区から部分的に再開発が進んだ場合でも、最終的に首尾一貫した外観・内容の街区が形成される仕組みが構築されている。

図表1　商店街全体のイメージ

（提供）　高松丸亀町商店街

A街区　　　　G街区

▶ 成功の要因

1 カギとなる３つの事業スキーム

① 中層建物連鎖型再開発—容積率至上主義からの脱却化—

　新たな再開発事業では「時間消費型のまちづくり」を目指して、これまでのハード整備事業では提供できなかった諸機能（市民広場、飲食店、生鮮市場、居住施設等）を導入していく必要があった。そこで高松丸亀町商店街が選択したのは、独立した高層ビル建設による特定区画の開発ではなく、街路を挟み向かい合う街区を中層建物で連鎖させることで、将来的に総延長470メートルの丸亀町商店街全体を１つのショッピングセンターのように一体化させるものであった。つまり、容積率に固執するあまり高層ビル建設に走った全国各地の中心市街地の再開発事業とは一線を画した発想であった。

② 不動産の所有と経営の分離

　中層建物連鎖型の再開発事業を進めるにあたり導入された手法が「不動産の所有と経営の分離」である。従来のように、各地権者が自らの土地・店舗での経営に固執して個々の利益の最大化を図る発想では、街区全体として得られる地代には限界があり、利用者が求める魅力的なテナントミックスは不可能となる。そのため、土地所有権、建物所有権および土地建物利用権をそれぞれ分離し、土地所有権以外の２つの権利を共同化する手法が採用された。具体的には、地権者は土地の権利を保有したまま、新設されるまちづくり会社と期間60年（期間満了後の協議で30年延長オプション付き）の定期借地契約を結び、まちづくり会社が建設された再開発ビル保留床を一括購入したうえで、住居部分を定期借地権付分譲マンションとして一般に売却する。また、権利床についても区分所有ではなく共有持ち分とし、まちづくり会社にすべての建物の利用権を一括して帰属させることで、まちづくり会社が再開発事業全体のマネジメントを受託し、その収益で外部より専門家人材を雇用する、といった仕組みである。他方で、地権者側は、権利床を店舗利用する場合はまちづくり会社の指定部分を賃貸して営業し、住居利用する場合にはマンションの分譲を受けることになる。いずれの場合でも、店舗賃料や分譲

代金は土地賃料、権利床賃料等と相殺されるため、地権者が得られるキャッシュフローは通常の区分所有に比較して遜色のない仕組みが構築されている。

③ **定期借地権活用**

　再開発事業の実施にあたって、定期借地権を活用することで事業費（＝借入金）を低減したことも成功要因の1つである。具体的には、A街区の再開発では分譲マンション部分を含めて9階建となっており、地方中枢都市の中心商業地の再開発事業としては異例なほどの小規模事業となっている。特に、商業床は1〜4階（うち物販1〜3階の主要部分のみ）に抑えられており、保留床価格も同種の都心型再開発事業の相場の半分程度の水準に設定し

図表2　再開発事業のスキーム

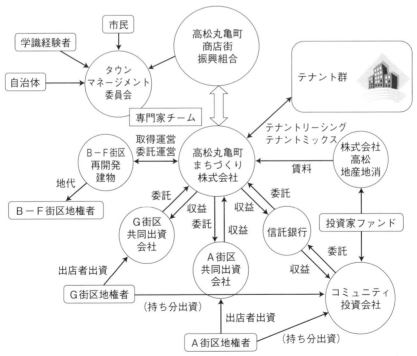

（出所）　日本政策投資銀行地域企画チーム編『実践！　地域再生の経営戦略〜全国36事例
　　　　　に学ぶ地域経営』金融財政事情研究会、2010年

図表3　定期借地を利用した再開発の仕組み

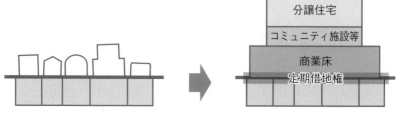

【再開発前】
・細分化された土地利用
・不合理な店舗配置
・老朽化した建物
・居住人口の減少

【再開発後】
・定期借地により土地の所有と利用を分離
・まちづくり会社が商業床を一体的にマネージメント
・地権者がリスクを負う変動地代

（出所）　高松丸亀町商店街

た。これらの工夫によって、数多くの入居希望テナント候補を集められたことで、高松丸亀町商店街では競争力のあるテナントを十分に吟味したうえで選択できたのである。

　また、A街区の建物本体は、定期借地期間にオプションを加えた90年間は持続しうる堅牢な仕様としているものの、中層規模にしたことで建設コストは低く抑えられている。さらに、定期借地権の活用により土地代負担がないことから、A街区再開発（ビル2棟、駐車場棟）に係る総事業費は70億円程度にとどまっている。

　資金調達についても、先進的な再開発事業として通常の法定再開発補助金のほか、リノベーション補助金、中心市街地の活性化に関する法律に基づく市街地活性化戦略補助金等も活用することで、総事業費の半分を超える34億円の補助金を得ている。残りの32億円についても、マンション部分の売却（9億円）、権利者の増床分購入（7億円）、入居者敷金（3億円）、高度化資金（無利子9億円）等によりまかなった結果、金融機関からの有利子借入は総事業費の1割程度の3億円以下に抑えることが可能となっている。

2 地権者の当事者意識の醸成

① 地権者全員合意による再開発

　高松丸亀町商店街で、前述のような画期的な再開発スキームが成立した背景としては「地権者の全員合意（A街区）」があげられる。同街区の底地は20区画から構成され、権利者（土地所有者、地上権者、賃借権者、抵当権者を含む）は79名であった。再開発構想から十数年間に全員の同意を得られたのは、駐車場やホール等の過去のハード事業を成功させてきた商店街組合執行部への信頼感に加え、事業主体が「先祖伝来のまちの価値をさらに高めて子孫に残したいという意識」と「土地売却より再開発への参加（＝地代収入）が有利であること」を具体的な数字を伴った事業計画により提示したことが、400年続いた商店街の地権者たちのプライドを動かしたのである。

② 収益連動型地代制の導入

　高松丸亀町商店街では、地権者の地代収入をテナント売上げと連動させた「収益連動型地代」を導入することで、事業収入の下振れリスクを地代の水準で吸収できる仕組みを構築している。仮に、収益が上振れした場合には、地権者収入は想定を上回る水準となるため、この仕組みを取り入れることで地権者にも再開発事業リスクを分担させ、自らもテナント売上げに協力することで街区全体の付加価値を向上させようという当事者意識を喚起する結果につながっている。

 ## 地域への波及効果

1 3つのメリット

　本件再開発事業では、地権者のみならずさまざまな権利者（借地権者、借家権者、抵当権者等を含む）全員の合意が得られなければ実現できないという難問を抱えていた。しかし、一度合意を得たことで、以下のとおり3つのメリットを享受している。まず第一に、専門家を擁するまちづくり会社により建物全体の合理的なエリアマネジメントが可能となったこと、第二に土地買収の回避により床賃料を低減することでテナント誘致・選別の自由度が増したこと、第三に中低層建物を選択することで空室リスクを低減できたこと、

である。これらのメリットは、事業主体である第3セクターの高松丸亀町まちづくり株式会社だけでなく、地権者に対しても周辺相場に比較して相対的に高い土地賃料や低い投資リスクといったかたちで還元されている。

2　固定資産税の増収

再開発事業の実施により、A街区における固定資産税年税額は400万円から3,600万円へと増加したほか、再開発事業に先行して設置した直営駐車場などのハード事業により、高松丸亀町まちづくり株式会社が黒字経営の事業体に成長したことで、毎年2,500万円を超える納税（固定資産税、事業税および法人所得税）が可能となっている。

3　地域コミュニティの再生

都心部における居住機能を備えた再開発事業は、住民にとって快適で魅力的な空間を創出するだけではなく、地域コミュニティの再生にも寄与している。具体的には、再開発事業により創出された都心居住空間（分譲マンション）に郊外から移り住んできた住民たちが清掃やイベント等に積極的に参加している。かつて、バブル期の地価高騰により100人を切るまで減少していた都心居住者が再び増加し始めたことで「まちなか」に新たなコミュニティが生まれている。さらに、商店街組合直営駐車場の管理運営、商店街の清掃、託児業務等は都心に居住する高齢者たちにとって貴重な雇用機会にもなっている。

▶　今後の課題—新たな都心居住スタイルの提案—

全国初となるさまざまな事業スキームを駆使した再開発事業の実施により、「まちなか」の賑わいを再生しつつある高松丸亀町商店街では、「医・食・住」をキーワードとした新たな都心居住のライフスタイル提案を目指している。その特徴的なプロジェクトが、「自宅こそが世界最高の（病院の）特別室」をコンセプトとした「商店街への病院誘致」である。2010年10月にC街区三番街の再開発ビルの4、5階にオープンした「医療法人社団美術館北通り診療所」は、商店街組合が床を取得、内装を整備して診療所に賃貸するかたちで運営されている。開業時には、自治医科大学出身の瀬尾憲正院長

医療法人社団美術館北通り診療所
（提供）　高松丸亀町商店街

を含めた３名の医師が常駐し、内科、循環器内科、眼科、ペインクリニック
整形外科等の診療科目に、定期健康診断、人間ドック等の検査機能まで備え
た充実した「まちなか」の医療拠点となっている。

　また、「在宅療養支援診療所」として再開発ビルの分譲マンション居住者
をはじめ、「まちなか」居住者への往診も行う"まちのかかりつけ医"にも
なっている。同診療所では、市内に立地する複数の大型病院との提携による
医師派遣や入院・専門的治療の紹介等に加えて、訪問看護ステーションや介
護施設とのネットワークも構築している。このほか、新たな試みとして病院
の管理下にある「健康レストラン」や予防医療のための「ボディバンク」等
を含めた「地域包括ケアシステム」の構築により、「まちなか」居住者の安
全・安心な暮らしをサポートしている。

　このように、高松丸亀町商店街では「居住者を戻すことで商業は自然と再
生する」という信念のもとで、高松市郊外や周辺自治体にまで拡散した居住
者を再び「まちなか」に呼び戻すために、さまざまな都市機能を取り入れる
ことで中心商店街を快適で安全・安心な暮らしの場に変えつつある。

【参考文献】
　一般財団法人日本地域開発センター『地域開発Vol.516　再挑戦―中心市街地活

性化対策』2007年 9 月号

日本百貨店協会『事例集』(2007)

株式会社日本政策投資銀行地域企画チーム『実践！　地域再生の経営戦略～全
　国36事例に学ぶ地域経営』金融財政事情研究会 (2010)

公益財団法人九州経済調査協会『2015年版九州経済白書「都市再構築と地方創
　生のデザイン」』(2015. 2)

高松丸亀町商店街振興組合ホームページ

医療法人社団美術館北通り診療所ホームページ

3－5

志民がつくるタウンドシップのまちづくり

―副都心黒崎開発推進会議＆タウンドシップスクール（北九州市黒崎地区）―

ケースのポイント

企業城下町として発展してきた北九州市の副都心・黒崎地区では、企業のリストラによる就業者の減少や郊外への大型商業施設の進出等により百貨店や大型スーパーの閉店が相次いだことで、中心商店街が衰退を余儀なくされている。このような状況下、閉鎖されていた駅前再開発ビル「コムシティ」が区役所等も入居する人づくり拠点として再生されたことをきっかけに、利用者である若者世代の間で学校や学年を超えた独自のコミュニティ活動が生まれている。また、黒崎地区では子どもたちの活動に刺激を受けた大人世代からも、既存組織にとらわれない"緩やかで自由なつながり"による「タウンドシップスクール（大人の部活）」が始まっている。「まちなか」を舞台に、かつての中心商店街から脱却し交流や人材育成機能に重点を置いた住民主導のまちづくりの輪が、域内外の多様な関係者を巻き込みながら広がりつつある。

北九州市黒崎地区

▶ 地域の概要

北九州市八幡西区（市人口96万1,286人、八幡西区人口25万6,117人、2015年国

勢調査）の中心である黒崎地区は、江戸時代には長崎街道の宿場町であり、大坂へ向かう渡海船の湊を擁する交通の要衝として繁栄した。現在もJR鹿児島本線、国道3号線の2つの幹線交通に加えて、西鉄バスや筑豊電鉄により同市の南部に広がる筑豊地方からの交通結節点として機能している。また、戦後復興期から高度成長期には、臨海部を中心に多くの大企業の工場が立地し、黒崎地区の周縁部に従業員社宅を建設したことから企業城下町として発展してきた。なお、1963年に旧5市（門司、小倉、八幡、戸畑、若松）が合併して誕生した政令指定都市の北九州市において、黒崎地区は小倉都心地区に次ぐ「副都心」と位置づけられ、同市の西部から遠賀・直方地方までを含む広域経済生活圏の拠点として繁栄していた。

　JR黒崎駅南一帯に商業・業務等の都市機能が集積した黒崎地区においては、放射状に形成された中心商店街が筑豊地方も含めた広範な商圏を形成していた。しかし1980年代以降には、景気後退に伴う企業のリストラから、就業者の減少や社宅等の売却により居住人口が減少、1990年代半ば以降は、郊外地区への大型店舗の進出が相次いだこともあり、中心商店街の吸引力は年を追うごとに低下していった。さらに2000年代に入ると、2000年12月にJR黒崎駅前の黒崎そごうが閉店（2001年10月には井筒屋黒崎店が移転入居）、2002年2月には中心商店街に立地していた大型スーパー長崎屋が閉店するなど、相次いで大型商業施設を失った中心商店街は急速に衰退していった。

 ## ケースの内容

1　背　景

　黒崎地区が北九州市の副都心として位置づけられたのが、1988年に政令指定都市移行25周年を機に策定された「ルネッサンス構想」であった。その後、1992年に出された「黒崎副都心構想」のリーディングプロジェクトとして実施されたのが「黒崎駅西地区市街地再開発事業：コムシティ（事業期間：1997〜2001年、事業費：315億円）」であった。2001年11月に北九州市の第三セクターである黒崎ターミナルビル株式会社を運営（持床）会社として、地下2階・地上12階建の再開発ビルに、商業床（約3万㎡）、ビジネスホテル、

筑豊鉄道と西鉄バスのターミナルに加えて、公益施設の「子どもの館」を備えた複合商業施設コムシティがオープンした。しかしながら、急速に商業環境が悪化するなかで開業したこともあり、当初予定していた商業テナントを集められず、さらには、収入が不安定な変動家賃制を導入したことで運営会社は低収益を余儀なくされた。その結果、開業からわずか1年半後の2003年6月に運営会社が破産し、一部施設を除いて商業施設部分は閉鎖されることとなった。

破綻から4年後の2007年9月には、株式会社沖創建設（沖縄県那覇市）が破産管財人から商業床を購入したものの、折からの不況によりテナントが集まらず、また年間数億円の固定資産税等の維持費もネックとなり自力再生を断念した。2010年12月には、沖創建設が北九州市に再開発ビル購入を要請した。その後は、副都心黒崎の駅前一等地に"幽霊ビル"が存在することの悪影響を懸念していた地元商工会議所等4団体からも床取得を要請されたことから、2011年2月に北九州市が市民意見の聴取をふまえて商業床の購入方針を決定した。さらに同年3月末には、学識経験者や地元団体に市民代表を加えた「コムシティ再生のあり方検討会（座長：九州国際大学特任教授 齋藤貞之氏）」が設置され、6回の会議を経て同年8月に最終報告をふまえた「コムシティ再生計画（骨子案）」が策定された。

以上のような経緯で、2011年7月に北九州市が3億円で商業床等を購入し、同年12月策定の「コムシティ再生計画」に基づき、新たな核施設として八幡西区役所等の公共施設の移転を決定した。その後、2012年1月には「人づくり支援・広域行政サービス拠点」を基本コンセプトに、コムシティを「公共公益的施設」として再生すべく設計に着手。翌2013年4月には、施設改修費に35億円を投じた新生コムシティが再オープンした（八幡西区役所等の公共施設は、同年5月7日移転開庁）。

新生コムシティでは、前述の「コムシティ再生のあり方検討会」で提案された新たな施設整備の基本コンセプトである「人づくりによる街づくり」をふまえて、人づくり支援機能を重視した複合施設「ひとみらいプレイス」が設置されている。旧コムシティから継承された「子どもの館」や、新設の

公共公益的施設として再生された新生コムシティ

「九州国際大学地域連携センター（サテライトキャンパス）」を含めた10施設から構成される「ひとみらいプレイス」では、「NPO法人などの市民団体や個人など市民活動の支援」「青少年・成年から高齢者、外国人や障がい者を含めた市民交流の促進」「八幡西生涯学習センターの移転拡充による学びの充実」「ハローワークとの連携を強化した就業支援を含む若者の成長応援」の４つの機能を柱に、「にぎわいづくり」を加えた５つの事業を推進してきている。

　人づくり支援を前面に出した新生コムシティに設けられた最も特徴的な施設が、地下１階に新設された「北九州市立ユースステーション」である。市からの専任スタッフが常駐し、地元の中高生をはじめとする若者世代が学習や体験、スポーツ・文化活動を通じて、社会性や自立性を身につける場の役割を果たしている。ターミナル駅であるJR黒崎駅隣接の好立地と放課後や休日も利用可能な開館時間（平日：13〜21時、土日祝日：10〜21時）に加えて、友人と一緒に宿題をしたり自習したりできるフリースペースや、中高生でも負担可能な料金設定のキッチン・ダイニング、工芸室、音楽スタジオやダンス練習が可能な多目的ホール等を備えている。施設利用者数は平常時で１日平均100人以上、学校の定期試験直前には300人を超える人気施設となっ

北九州市立ユースステーションの様子
（提供）　北九州市立ユースステーション

ている。運営に関しては、利用者である中高生と大学生から構成されたボラ
ンティアサークル「みつばち」が受付業務の補助から、文化祭、ライブ等の
自主企画の準備・サポートまで担っており、ここでの活動を通じて年齢・学
年・学校を超えた仲間づくりが実現している。

　2　展　　開

　コムシティ再生と機を同じくして、ユースステーションでの子どもたちの
活動に刺激を受けた大人世代のコミュニティ活動として2012年に誕生したの
が「タウンドシップスクール」である。前出「コムシティ再生のあり方検討
会」の市民代表であった池本綾女氏が自ら“公長（現在は「公長代行」）”と
なり、「まちづくりを通じて育む友情＝タウンドシップ」のスローガンを掲
げた。“大人の部活（まち活）”として「黒崎マップ部」「黒崎まちの合唱部」
の2つの部活からスタートしている。

　「黒崎マップ部」は、店舗構成が飲食店中心になって昼より夜の人出が多
くなっている黒崎の「まちなか」において、ランチマップ作成を通じて黒崎
の街の情報や魅力を発信することで、日中の賑わい創出に貢献してきてい
る。「黒崎nanoniらいぶらり♪マップ」の名前には、「黒崎地区に新設された
図書館（ライブラリー）に来た（らい）際にぶらっ（ぶらり）と街を歩いても
らいたい」といった思いが込められている。部員たちの独自取材に基づい

「黒崎マップ部」が作成したランチマップ「黒崎ごはん」

て、現在までに４種類（最新号は2018年３月発行の「黒崎ごはん」）のマップを作成・配布している。なお、部活であるため調査費用（ランチの飲食代等）はすべて部員の自腹であり、マップの印刷費用も黒崎地区内における賛同者からの思いのこもった"志金"でまかなっている。

「歌って異業種交流、歌でまちをひとつに」を合言葉に、黒崎地区での各種イベントステージに出演する「黒崎まちの合唱部」には、老若男女を問わずだれもが気軽に参加できるのが特徴であり、定期的に開催される練習には住民だけでなく立地企業に勤める異業種の企業人も参加しており、貴重な交流機会となっている。

▶ 成功の要因

1　ソーシャル・キャピタルとしての「副都心黒崎開発推進会議」の存在

　1988年に黒崎地区が副都心として位置づけられて以降、同地区のまちづくりに重要な役割を果たしてきたのが、民間団体の「副都心黒崎開発推進会議（以下、推進会議）」である。1992年7月に地場企業、進出企業を含む民間事業者、商業連合会や自治区連合会等のまちづくり団体から有志個人まで約250名で設立された推進会議では、副都心黒崎の都市機能の充実と魅力あるまちづくりの推進を目標に、黒崎にかつての活気を取り戻すべくさまざまな提言やイベント企画を行ってきている。

　なかでも特筆すべきプロジェクトが、2012年から現在まで継続している「地域づくりマネージャー養成塾（以下、養成塾）」である。前出コムシティの再生方針が固まった後に、「北九州市中心市街地活性化基本計画（黒崎地区）（以下、中活計画）」（2008年7月～2014年3月）終了後のまちづくりを考えて、「まちづくりができる地元人材の育成」を目的にスタートしている。養成塾では、黒崎地区の住民や企業人、市職員に加えて、警察官や宮司を含めた多彩な塾生たちが、八幡西区役所や北九州市立大学等の協力により構築された独自のカリキュラムのもとで、毎年10回程度、各回2～3時間の講義・ディスカッション・ワークショップを重ねている。

　以上のように、黒崎地区において推進会議が果たしてきた役割について、本書の執筆メンバーでもあり、養成塾の開始当初から密接に関与している北九州市立大学大学院教授の城戸宏史氏は、推進会議のメンバー間にみられる信頼関係や平等的かつ水平的な人間関係の存在から「推進会議は地域の社会関係資本（ソーシャル・キャピタル）の苗床になりつつある」と評価している。

2　「タウンドシップスクール」の巻き込み力

　養成塾に続いて、2012年のほぼ同時期に発足した「タウンドシップスクール」では、ランチマップ作成を通じて昼間のまちの賑わい創出に貢献する「黒崎マップ部」、黒崎地区での各種イベントステージに出演する「黒崎まち

の合唱部」の２つの部活を通じて、これまで地域にかかわったことがなかった主婦がまちづくり活動の最前線で大活躍したり、中心商店街とは縁が薄かった黒崎地区の企業人が所属企業のしがらみを乗り越えて、部活という"緩やかで自由なつながり"を通じて、まちづくりに参加するきっかけが生まれている。

このほかにも、タウンドシップスクールでは2016年６月から「まちづくり・ひとづくり・コミュニティづくりの講座」として「黒崎Dakaraまちごと寺子屋」も開催している。「まちなか」全体を学びの場ととらえ、まちにかかわる多才な人々を講師として迎え、地域資源を掘り起こし互いに学び高めあいながら、まちへの愛着も深めることを目指している。具体的な活動としては、第１回では地元浄土真宗本願寺派正覚寺の住職から「これって仏教？」と題して、仏教に関するさまざまな疑問についての解説を、また、第３回では黒崎地区に新設された文化ホールのバックヤードツアーを実施している。さらに、第７回では中心商店街に隣接する岡田神社等の協力による「神武天皇東征の宮で雅楽にふれる体験型音楽会」を開催し、この取組みは後にタウンドシップスクールの３番目の部活である「黒崎まちの雅楽部」の創設（2017年４月）にもつながっている。

 ## 地域への波及効果

1 民間の手によるまちづくりビジョン策定
―「新・黒崎まちづくり戦略"黒崎タウンドシップ宣言"」―

養成塾では、３年目の最終講にあたる2015年３月７日に、日本学術会議会長（当時）で日本の都市工学の第一人者である大西隆先生を迎えて、これまでの塾での議論をもとに策定した「新・黒崎まちづくり戦略」をテーマに公開討論会を開催。同年７月には推進会議から「新・黒崎まちづくり戦略"黒崎タウンドシップ宣言"（以下、タウンドシップ宣言）」を発表した。

タウンドシップ宣言では養成塾の３年間の蓄積をふまえて、①まちづくりにおける黒崎の範囲拡大とこれに伴う広域的なまちづくりの推進、②都心機能としての商業への過度の依存からの脱却、③副都心としての役割の発展的

新・黒崎まちづくり戦略「黒崎タウンドシップ宣言」

継続とコミュニティ機能の拡充といった3つの共通認識を提示している。また、新たなコンセプトとして、「多世代かつ多様な人々が「出会い」「つながり」「高めあう」副都心を目指す」ことを宣言（黒崎タウンドシップ宣言）している。さらには、今後の黒崎地区のまちづくりにおいては、「まちづくりを通じて育む友情」すなわち「タウンドシップ（Towndship＝Town＋friendshipからの造語）」の構築に努めることが確認され、その実現のための具体的な戦略プロジェクトも掲げている。たとえば、多くの企業が立地する企業城下町としての特徴をふまえて、黒崎地区に立地する企業や店舗の創立・開業記念日を"オール黒崎"で祝おうというもので、その第一歩として、各社の創立・開業記念日をまとめて掲載した「黒崎お祝いカレンダー」を作成・発

行している。

　さらに、タウンドシップ宣言は、「北九州市まち・ひと・しごと総合戦略（平成27年10月）」においても「市民の「まち」に対する思いや自発的な取組みを育むことを支援し、シビックプライドの顕在化を図る」事例として明記されるなど行政からも評価されており、結果的に民間団体がポスト中活計画のビジョンを提言した全国的にも稀有な事例となっている。

2　志民と志金による「黒崎96（くろ）の日」の復活

　タウンドシップスクールの活動がきっかけとなり、推進会議メンバーを中心に結成された実行委員会によって再生されたイベントが2016年9月6日に開催された街の記念日を祝う「黒崎96の日」である。かつて中活計画の一事業として2008年、2009年の2年度にわたり実施された後、人手と資金不足から2回で終了していたイベントを「黒崎に住む人、働く人がオール黒崎でまちを盛り上げていくみんなの記念日」として民間主体で復活させた。その原動力となったのが、前出のタウンドシップスクール池本綾女公長代行をはじめとした現場力の高い部員たちである。「9月6日の19時6分に960人で黒崎の街に乾杯」を最終目標に、予算ゼロの状態から準備がスタートしたのが開催日の3カ月前であり、そこからは持ち前の「巻き込む力」を最大限発揮し

「黒崎96の日」の乾杯風景
（提供）「黒崎96の日」実行委員会

ながら、協力先や協賛企業を募り、プログラムや同時開催イベントなどを組み立てていった。

　9月6日当日は、会場となった中心商店街の一角、黒崎カムズ名店街のアーケードに、最盛期の賑わいを彷彿とさせる約1,500名の参加者が集まり一斉に乾杯の声をあげるなど、初開催にもかかわらず大盛況の盛り上がりとなった。短期間で結果を出せたのは、推進会議やタウンドシップスクールを通じて育んできた人と人とのつながりに加えて、黒崎のまちを思う市民（志民）の存在とその思いに賛同した企業からの協賛（志金）を最高のかたちで融合できたからにほかならない。

 ## 今後の課題
　—求められる連携の深化と街への思い（志）の継承—

　黒崎地区では、推進会議（養成塾を含む）やタウンドシップスクールが、ポスト中活計画を見据えた取組みとして、「補助金などの予算に縛られず、もっと楽しく自主的なまちづくり活動ができないか」「価値観の異なる若者世代をまちづくりに巻き込み引き継いでいけないか」「商店街等の既存組織の枠にとらわれないまちづくりができないか」といったメンバーからのさまざまな思いを受けて、少しずつ活動の範囲を広げている。

　参加者についても、地元黒崎地区の住民だけでなく、就職や転勤・進学等で転入してきた人たちや、通勤・通学で黒崎地区との接点はあるものの、地域社会とのかかわり方がわからないという企業人を含め、多くの人々が市民活動に参加する入口としての機能も果たしている。実際に、タウンドシップスクールへの参加者からは、活動を通じて地域の人々の信頼を獲得し、自ら「まちづくり会社」を起業したり、中心商店街で飲食店を創業したりするメンバーも出始めている。

　今後も地域を取り巻く環境が変化するなかで、立場や世代間での感覚の違いを乗り越えつつ、まちづくり活動を通じて、地域関係者間での交流を深め、まちへの思い（志）を共有しながら連携を強化するとともに、柔軟な参画を促していくことが求められる。そのためには、黒崎地区で実践されてい

る社会関係資本（ソーシャルキャピタル）と"緩やかで自由なつながり"の
双方の存在が必須となる。

【参考文献】
　　コムシティ再生のあり方検討会『コムシティ再生のあり方報告書』（2011. 8 ）
　　北九州市『コムシティ再生計画』（2011.12）
　　北九州市『北九州市中心市街地活性化基本計画の概要（黒崎地区）』（2013. 4 ）
　　北九州ひとみらいプレイス事務局『ひとみらいプレイスNEWS』各号
　　北九州市立ユースステーション『ユースステーションだより』各号
　　一般財団法人日本地域開発センター『地域開発Vol.616 志民と志金で進める地
　　　　方創生』2016年10・11月号（2016.11）
　　北九州市『北九州市まち・ひと・しごと総合戦略』（2015.10）

3 − 6 ||||||||||||||||||||||||||||||||||||||||||||||||||||||||||||||||||||||||||||

中学生がリードする防災のまちづくり

―浦添市立森の子児童センター&まちづくりNPOうらそえ（沖縄県浦添市）―

||||||||||||||||||||||||||||||||||||||||||||||||||||||||||||||||||||||||||||||

ケースのポイント

浦添市立森の子児童センター[1]では、心の葛藤を抱える中学生たちを対象に、地域で活躍する機会をつくることで各人のエンパワーメントを図ることで独自の防災のまちづくりを実現している。中学生たちをコアメンバーに据えて、マップ制作や戸別訪問に加え、防災訓練の新規立ち上げに企画段階から参画を図った結果、市役所や自治会のほか、社会福祉協議会・事業所・学校・保育園等の多様なステークホルダーを巻き込むかたちで防災訓練の定例開催に至っている。

沖縄県浦添市

▶ 地域の概要

沖縄県浦添市（人口11万4,232人、2015年国勢調査）は、隣接する那覇市とともに人口は増加傾向にある。浦添市は那覇市への通勤エリアでもあるた

1 　浦添市では「児童センター」なる施設名が用いられているが、一般的には「児童館」と称され、0〜18歳未満を対象に遊び等の豊かな体験活動を通じた健全育成を主目的とする児童厚生施設。児童福祉法第40条を根拠法としているが、設置数・運営形態は地域によってまちまちである。なお、主たる関係機関は一般財団法人児童健全育成推進財団であり、職員の資質向上を目的とした「児童厚生員」なる資格認定制度も設けている。

め、子育て世帯が多く居住しており、2015年の高齢化率は17％にとどまっている（参考：那覇市20％）。市内には大規模文化施設「国立劇場おきなわ」が立地し、本島では中枢都市としての存在感がある。西側の国道58号沿線に位置するキャンプキンザー（アメリカ海兵隊の牧港補給地区）は部分返還の予定で、かつ西海岸の埋め立て地にはすでに地場大手小売店のサンエーおよびパルコの合弁による大型ショッピング施設の建設が決定しており、県内でも屈指の商業ゾーンとしての発展が見込まれている。

　本稿のフィールドである勢理客地区には、1つの小学校（浦添市立神森小学校）があり、浦添市立森の子児童センター（以下、児童センター）は同校に隣接している。

▶ ケースの内容

1 背　景

　児童センターには、日ごろから部活や塾にも属さない、心の葛藤を抱える中学生たちがたびたび顔を出していた。なかには、学校の授業時間中でありながら来館する中学生もいたため、職員たちは「このまま放置しておけば進学もせず落ちこぼれてしまうのでは」との懸念から、地域のなかで子どもたちがいくらかでも活躍できる機会をつくり、なんとか改心させられないかと思案していた。そのメンバーの中心人物が、児童センターの大城喜江子館長である。大城館長は、指定管理者となっている「まちづくりNPOうらそえ」の代表者であり、前職では、那覇市においていち早く外部委託制度を導入した市立公民館の初動期[2]にかじ取りをした経験をもっていた。当時の経験から、中学生が地域課題を解決する主体として、多様な大人とかかわりながら活躍できるのではないかという発想をもっていたのである。

　児童センターとして地区が抱える地域課題を模索していたなか、日本各地

2　那覇市立繁多川公民館の「あたいぐゎープロジェクト」は、地区の古くからの在来種である大豆を活かした豆腐制作の再興／地域住民の居場所づくりと孤立化予防／スモールビジネス創出／次世代育成などをもくろんだ取組みとして、平成22年（2010年）度には「第63回優良公民館」も受賞しており、公民館等社会教育関係者の間では定評がある。

では災害が相次いでいた。児童センターの施設は市の福祉避難所の指定を受けており、職員たちはいざというときの備えが必要であることをあらためて感じ始めていた。勢理客地区は河川があり海抜3メートル未満にもかかわらず、地区としての防災の取組みが皆無であることに気づいた。そこで、「防災」を地域課題としてとらえ、中学生がリードするかたちで、福祉の側面も加味しながら地域ぐるみでの防災の取組みを展開することを着想し、2014年度から「子どものための児童館とNPOの協働事業（通称：NPOどんどこプロジェクト）³」の助成を得ながら、3年がかりのプロジェクトに着手した。

2 展 開

1年目（2014年度）は、主力となる中学生たちを意識づけるべく「ティーンズクラブ」として組織化し、市内の車いすバスケットボールチーム等の福祉団体との交流機会を設けたうえで、外部講師を招いて地区内のフィールドワークを実施した。先んじて、福祉的な学習機会を楽しい活動を通じて得たことで、中学生たちが「支援が必要な人たちは、災害が起きたら避難するにも大変だ」「○丁目の○○さんが気になる」などと気遣うようになった。そして、中学生たち自らで福祉を第一義とする避難経路マップづくりを発案した。

中学生たちは、自治会メンバーや民生委員に情報をもらいながら作成に着手したが、成果物の質の担保も必要であったため、大学の協力を得て、障がい当事者を含む大学生たちにも意見をもらった。中学生たちは、執行部会と実行委員会の双方に全回参加し、地域の大人たちと侃々諤々議論する場面もあった。中学生たちにとっては、大人たちや大学生たちとの密な接触は大きな刺激になっていた。児童センターは、中学生たちのモチベーションの高揚と持続のために、頑張った時にはかつ丼の弁当を用意してお腹を満たすサポートも行った。

3　一般財団法人住友生命福祉文化財団（住友生命保険相互会社が1960年に旧・財団法人住友生命社会福祉事業団として設立）が、「次世代育成」のためのNPO等との協働を要件とする助成事業として2007年度に創設。助成対象は全国各地の児童館で、児童館側の企画提案力も試される。

避難訓練の様子

　２年目（2015年度）は、前年度の「勢理客避難マップ」の完成を経て、自治会と連携して防災訓練の企画に着手した。事前告知と個別世帯の状況チェックかたがた、中学生たちが手分けして、手渡しないしポスティングするかたちで、要援護者名簿で把握しきれていない世帯も対象とした戸別訪問を行った。訪問対象は、市社会福祉協議会が有する要援護者リスト掲載世帯とし、チャイムを鳴らして応答のある在宅者に対しては、チラシを手渡ししながら訓練のPRをし、その際に目視で要援護者の状況をチェックした。懸案があればリストの備考欄に記載するようにした。

　中学生たちは実働８名で、１人当り１日100軒程度を回り、１週間で計2,000軒を対象に広報活動を行った。このことが奏功して、社会福祉協議会のソーシャルワーカーに対して新たに計６軒の見守りを要する世帯について情報提供もできた。

　訓練では多くの住民が参加し、地区内を流れる河川沿いにある事業所や保育園も参加したことで、災害発生時は保育園の避難を事業所が支援する方向での相互連携も促すことができた。加えて、障がい当事者の学生（白杖利用

の視覚障がい者、車いす利用の身体障がい者）も交え、夜間の歩行点検も行った。

　３年目（2016年度）は、当初の計画どおりに自治会が防災訓練の実施主体となり、児童センターはティーンズクラブの子どもたちが行う参画促進のフォロー役としてかかわるかたちをとった。はたして、当日は1,300名が参加するに至った。ティーンズクラブの子どもたちは、３年目ともなると進学などで入れ替わりが生じてきたため、学年を超えたつながりづくりも意識したところ、幸い、小学生からも「入りたい！」という声が聞かれるに至った。まさに、全国的にみても稀有な市役所・自治会・社会福祉協議会・大学・事業所等を巻き込んだマルチステークホルダー型の地域防災の取組みが実現したのである。

 ## 成功の要因

1　明確な出口戦略

　心に葛藤を抱える中学生たちをコアメンバーに据えた取組みであるだけに無理は禁物であった。そのため、何より「防災」の取組みは本来的には自治会が主体であり、中学生たちは「共助」の取組みとして行うとのスタンスに立った。つまり、初年度の段階から、地域を巻き込むストーリーで、ひいては地域が主体になるという出口戦略を明確にしていたのである。

2　青少年健全育成のプロの側面支援

　中学生といえば多感な時期であり、大人に背くこともしばしばである。なかでも、この取組みではさらに扱いが至難な子どもたちが対象であるだけに、初動期での意識づけこそ肝要であった。児童センタースタッフの創意工夫で、遊び（例：車いすバスケットボールチームとの交流、頑張った時のご褒美弁当タイム）から学び（例：福祉的視点に重きを置いた危険箇所確認のためのフィールドワーク）のステップに進めることができたのである。

3　「大人たち」のヨコ連携の触媒役としての中学生の存在

　意思決定の場には、年長者に交じって中学生たちも参加した。年長者は中学生たちとも対等に接したため、中学生たちにとっては提案や意見のしやすさにつながった。実際、訓練の企画に際しては、中学生たちの提案に基づ

き、大人が行政（市）を動かした場面もあった。

　全国各地の青少年の健全育成にかかわる関係者からは、異口同音に「子ど
もが動けば地域が動く」「子どもをまん中とした地域づくりを」といった考
え方が聞かれる。それを具現しているのがこのプロジェクトであり、地域活
動に疎遠な住民の参加と多様なステークホルダー間の連携を中学生たちが創
出したといえる。

4　世代間役割分担

　発案者の児童センターや中学生に任せきりになるのではなく、消防などへ
の公的な手続も含め、年長者だからこそできることは年長者が動くという暗
黙の了解が生まれたことの意義は大きい。加えて、「ティーンズクラブ」自
体も小学生を含む学年を超えたつながりが生まれており、中学生たちに憧れ
のイメージを抱く年少者も出てきている。まさに、世代間で役割分担ができ
ている。

保育園児を引率するティーンズクラブの面々

▶ 地域への波及効果

　地域に不足していた「防災」の取組みを創出したうえ、児童センター側の本来のねらいである、心に葛藤のある中学生のエンパワーメントにおいても効果がみられた。たとえば、従前はまったく考えていなかった高校への進学を果たした中学生や、将来の夢と進路を明確にした中学生など、複数の中学生が未来志向の目線をもてるようになった。また、防災に関するさまざまな取組みの場面でも、中学生たちの積極性が大人たちの共感と協力を誘い、支援を要しつつも地域活動に疎遠だったマイノリティ（障がい者、保育園乳幼児）の参画など、前述のようなマルチステークホルダーの主体的参加や連携のきっかけづくり、といった地域づくりの観点においても稀有な効果が得られた。

▶ 今後の課題

　「ティーンズクラブ」の当初メンバーは卒業・進学をしているが、幸いにしてOB・OGから小学校高学年にわたるまでの「タテのつながり」を基に継続して活動ができている。このため、地域関係者とティーンズクラブとが連携しながら、防災訓練に参画することが可能となっている。

　他方、これまでの3年間の取組みを経て、保護者をはじめ地域活動にかかわりが薄いサイレントマジョリティへのアプローチが必要となっている。幸い、児童センターでは、子ども向けの習字教室や将棋教室の講師ボランティアや食事提供ボランティア、掃除ボランティアなどのかたちで地域住民が楽しく活動する環境ができており、孤立化予防にもつながっている。そこで、4年目からは、児童センターに日々出入りするこれらの地域住民と連携しながら、サイレントマジョリティを対象とした企画づくりに力を入れている。「人間は根源的にだれかの役に立ちたいという欲求があるはず」との考えに立って、児童センターがそれをかたちにする黒子役となり、参加者が減少傾向にある自治会への加入促進にも貢献できるようなコーディネートが求められる。

地域ブランド戦略や自立型ビジネスモデル構築
～地域経営戦略の積極的活用～

4 - 1 ⅠⅠⅠ

連携によりブランドを確立した
秋田の蔵元チーム
—NEXT 5（秋田県）—

ⅠⅠⅠ

ケースのポイント

　NEXT 5 は2010年に結成された秋田の 5 つの清酒蔵元の連携組織である。同じタイミングで"脱杜氏"を果たした 5 人の若旦那が集まり、相互批評や共同生産を通じて、ノウハウの共有と切磋琢磨によるブランド化を進めた。その結果、個々の酒の品質が向上したことはもちろん、その連携組織であるNEXT 5 自体がブランドとして注目されるに至っている。世界に誇る清酒を目指した蔵元の志を、ライバルとの連携、地域との共生というかたちで世間に示すことによって、強烈な印象を残すことに成功している。

秋田県

▶ 地域の概要

　日本海側の本州北部に位置する秋田県（人口102万2,839人、2015年国勢調査）は、寒冷積雪の冬が長いという特徴をもっている。また、かねてから交通利便性に恵まれていない地域とされてきた。しかし、1997年 3 月に秋田新幹線の開通により、現在では東京とは 3 時間40分程度、東北の中枢都市である仙台市とは 2 時間10分程度で結ばれるなど、交通アクセスは向上している。

秋田県の人口は2017年には100万人を割っており（推計人口による）、その後も減少傾向が続いている。また、2018年には全国の都道府県のなかで出生率、死亡率、社会増減率がいずれもワーストとなるなど、厳しい状況に置かれている。

秋田県は従来から全国有数の米どころとして有名であり、ふんだんな雪解け水が淡麗な酒を生み出す軟水をつくりだすことから「美酒王国」としても知られた地域である。秋田県の酒造りの歴史は古く、蔵元の多くが創業100年を超えている。もっとも、若者の清酒離れ等によって、近年の秋田県の清酒業界は必ずしも順調に推移してきたわけではない。

▶ ケースの内容

1 背　景

わが国の清酒の消費は1970年代中盤をピークに急減し、いまではその3分の1にまで落ち込んでいる。しかし、出荷額が大きく減少したのは比較的最近のことである。その要因は、主原料である米の価格が高騰し、清酒価格も上がったためである。清酒出荷額と米価はほぼ連動している（図表1）。

清酒出荷額と米価に乖離がみられたのは、過去50年で3回だけである。最初は、高度成長期末期の需要が多かった時期で、米価動向を上回る規模で清酒出荷額が増えている。2回目は、2000年代に小売自由化の影響に伴う市場の混乱の影響を受けた時期で、清酒出荷額のトレンドが米価を下回った。3回目は、2011年の東日本大震災以降である。米価は下方トレンドにあったが、清酒出荷額は上昇に転じていることから、2011年以降は新しい局面に入った可能性が高い。

東日本大震災における被災地支援購買の対象に清酒が該当したことが、消費者の清酒品質に対するイメージを一変させ、高級な清酒ほど売れる状態に転じている（図表2）。ただ、それまでの清酒業界の長い低迷は、杜氏生産によるアウトソーシングコストをまかうことを困難にし、蔵元のオーナーが直接現場に出ることを余儀なくされるケースが増えた。これによって、ある意味で素人による酒造りが清酒業界に新たな光を注ぐことになる。

図表1　清酒出荷金額と米価

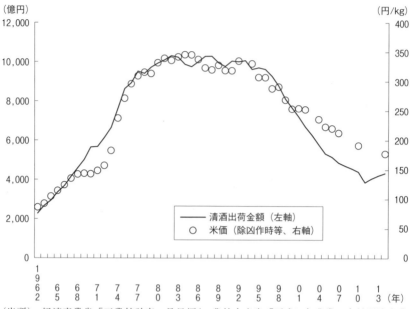

（出所）　経済産業省「工業統計表　品目編」、農林水産省「平成27年農業・食料関連産業の経済計算」「作物統計」

　清酒はワイン等に比べると味の組成が複雑である。醸造酒における風味の多くは、リンゴ酸、乳酸、コハク酸による。白ワインにはリンゴ酸、赤ワインには乳酸が多く単純であるのに対し、清酒にはこれらが万遍なく含まれ複雑な風味を形成している。そのため、風味のバランスをとることが簡単ではないことから、これまでは味を薄くすることが多かった。アルコールを添加したり、米を磨いたりしたのはそのためである。このような傾向を象徴するのが、かつては主力であった本醸造酒や吟醸酒である。

　近年、雑味の排除を目的としたいわばネガティブチェックの酒造りに対し、米の旨味や複雑さを積極的に活かす方向の新たな酒造りが始まっている。アルコールを添加しない純米系が重視され、さらには米をあまり磨かなかったり、伝統的な製法（生酛、山廃）に回帰する方向性が表れてきた。これらは、ポジティブチェックの酒造りといえる。味があるぶん差別化もしや

図表2　高級酒生産と輸出

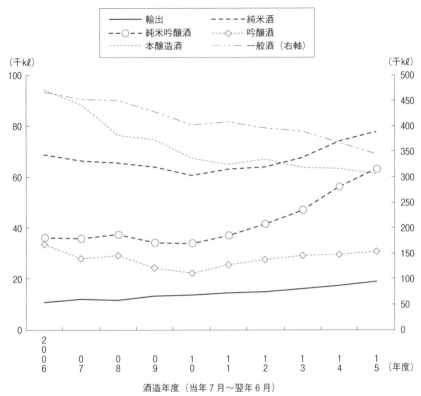

(出所)　国税庁「清酒の製造状況等について」各年版、財務省「貿易統計」のデータをもとに筆者作成

　すいのである。

　20世紀のプロ集団であった杜氏には、ネガティブチェックの傾向が強かった。これは当時の酒造環境や受託者としてリスクをとりがたいという杜氏のポジションが反映されている。一方、蔵元のオーナーが自ら手掛ける場合は、リスクがとりやすいし、それまでの常識にとらわれない発想をする傾向がある。それはワインを意識した酒造りであったり、昭和期に大きく変わった酒造りを、それ以前の伝統製法に戻そうとする動きである。そのような時代背景のもとで、NEXT 5は結成された。まさに、機は熟しつつあったので

ある。

2　展　　開

　NEXT 5とは秋田の5つの清酒蔵元の連携組織である。秋田には43の酒造免許蔵がある。そのうち5つの蔵元（新政酒造、秋田醸造、栗林酒造店、山本合名、福禄寿酒造）が技術交流や共同生産を目的に連携し、2010年4月にNEXT 5が結成された。

　NEXT 5結成の契機は、2009年に月刊誌の日本酒特集に「山本合名」が掲載されたことにある。そこには広島の「魂志会」も紹介されていた。それの内容は酒蔵の経営者6人がそれぞれの酒を持ち寄って、お互いに酒質を批評し合って品質を確認しているものであった。杜氏制を廃止し自ら酒造りを手掛け始めていた「山本合名」の山本氏は、秋田において自ら酒造りを手掛ける仲間と情報交換することが、酒造りにプラスになるのではないかと考えて、「秋田醸造」の小林氏に相談したのである。それから間もなく、「新政酒造」の佐藤祐輔氏や「栗林酒造店」の栗林氏、「福禄寿酒造」の渡邉氏がほぼ同じタイミングで自ら酒造りを手掛けているという情報が入り、彼らに呼びかけたところ二つ返事でNEXT 5の結成が決まったのである。

　NEXT 5には排除のルールはなく、県内酒蔵の後継者が志をもって酒造りを始めても行き詰まっていたら仲間に入れる方針がある。主な活動は、定例利き酒会、共同醸造プロジェクト、消費者イベント等である。定例利き酒会では、その時期に発売している自社商品と、首都圏で売れている商品につき、ブラインドで利き酒をして酒質を批評し合う。利き酒能力の向上と、自社商品がどのぐらいのレベルにあるのかを確認する場となっている。共同醸造プロジェクトは年に1回、ホスト蔵を決めてその酒蔵に5人が集まり、作業工程を分担して1本の酒をつくりあげるものである。

　連携することによってノウハウの共有が進み、酒質が上昇したことはもちろん、その連携に注目が集まり、NEXT 5自体が一種のブランドとして機能したのである。全国には星の数よりは少ないものの、1,600以上の酒造免許蔵があるが、そのうちの秋田の5つの若手蔵元たちが星座のように連携することで輝きを増したのである。

連携の効果は各蔵の商品を超えたブランド化であり、単独の商品力（コンテンツ）を超えて注目が集まっている。それは連携そのものに物語性（コンテクスト）があったために、各蔵の商品力を消費者が発見する契機となったのである。

　そもそも近年になって全国的に高級清酒の消費が拡大したのは、東日本大震災時における被災地支援購買によって、その品質が見直されたためである。それと似たような効果がNEXT５にもみられることから、実際には両者のタイミングが重なり、相乗的な効果が生まれたのである。

 ## 成功の要因

　NEXT５が示唆しているのは、新しい地域デザインの方向性である。注目すべきは、商品よりも連携が有名になったことである。地域の酒のあり方を考える志の高い蔵のネットワークが物語性をもって受け止められたからである。

　個々の蔵元は夜空に浮かぶ星のような存在であり、個別に認識されるにはシリウスや金星のように輝く必要がある。しかし、単独でそこまで輝かなくとも星座として認識される可能性がある。NEXT５はいわば星座として機能したと考えられる。

　今後進むであろう地域との連携は、商品力の向上や差別化ともリンクして

図表3　地域の構成要素（縦軸）とコンテクスト転換からみたNEXT５の現状と将来

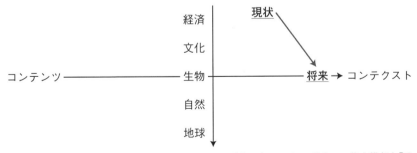

（出所）　原田保「地域デザインにおけるアクターズネットワークデザインの基本構想」『地域デザイン』第10号（2017）を参考に筆者作成

いる。NEXT 5は米の旨みを活かす方向の酒造りを指向しているが、これは米に含まれるタンパク質やミネラル分を活かす方向性であり、地域の土壌や水を反映した酒質となることを意味する。地域の土壌や水は、その地域独特のものであり、まねのできるものではない。さらに進めると、地域性を反映した蔵独自の酵母や麹の活用となり、ワインのテロワールを超えるブランド戦略が実現されるのである。

　このことは、フランスをまねたものではなく、戦前や江戸時代の酒造りへの回帰である。わが国は西洋をまねたキャッチアップの時代が終了し、独創が求められる時代となっている。辺境の島国として他国からの文明の影響を強く受けてきた日本でも、鎖国によってものまねができなかった江戸時代には、各地において多くの独創が生まれている。

　これからの地域デザインには、可能であれば江戸期の独創を応用し、それがなければコンテンツ（モノ・商品）よりコンテクスト（こと・背景）を重視することが有効と考えられる。なぜなら、コンテクストは模倣することがむずかしく、独創の時代にふさわしいからである。

▶ 今後の課題

　NEXT 5の各社は、地域や農業との連携を強めている。「山本合名」の山本氏は酒蔵のすぐ近くに自ら田んぼを確保して有機栽培も試みている。「福禄寿酒造」の渡邉氏は五城目町酒米研究会というグループをつくって、農家を募り、作付面積を増やすとともに、五城目町の地域振興ベンチャーとの連携も深めつつある。「新政酒造」の佐藤氏は県内の限界集落に近い鵜養地域の水田を借り受け、同地域との連携を深めている。将来は村の中心に酒蔵を置き、周辺の田んぼで酒米をつくり、地元の若者たちを雇用して、村ごとデザインしようと考えている。いずれは100％無農薬化も目論んでいる。

　地域を構成する要素を図表4に示す。地域の構成要素は最も表層から経済、文化、生物、自然、地球に分類される。深層ほどまねがしづらく差別化しやすい。わが国はものまねから始まった西洋へのキャッチアップを終えて独創が必要な段階に入っている。地域における差別化や独創には、構成要素

図表4　地域の構成要素とNEXT5

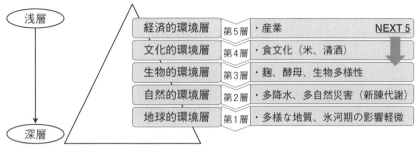

（出所）　原田保「地域デザインにおけるアクターズネットワークデザインの基本構想」『地域デザイン』第10号、地域デザイン学会（2017）、p.26〜27を参考に筆者作成

の深層に依拠するほうが有利である。

　現時点のNEXT5は清酒の製造ノウハウに優れるという意味で、経済的な環境層に属する。農業等との地域内連携は文化的環境層への深化を導くだろう。さらに、無農薬栽培米や地域独自の麹、酵母の活用まで進むと生物の影響が大きい生物的環境層に進む。そこまでいけば、フランスワインのテロワールを超えるだろう。今後のNEXT5の深化が楽しみである。

各蔵の概要（出典：『美酒王国秋田』より筆者作成）

山本合名会社（秋田県八峰町）
　山本合名は秋田県北西部の八峰町にある。1901年の創業で高度成長期にかけて量的に拡大を続けたが、平成に入ってから後継者や代表が相次いで死去する悲運に見舞われる。急遽2002年に現代表に就任した6代目の山本友文は前職の音楽プロデューサーとして学んだマーケティングを応用して商品を開発、2007年には杜氏制を廃止、2010年以降は全量純米仕込みとするなど改革も進めている。

福禄寿酒造株式会社（秋田県五城目町）
　福禄寿酒造は1688年創業の老舗である。事務所・住宅は全国登録有形文化財に指定されている。蔵のある秋田市から30キロメートル離れた五城目町は、天然秋田杉の産地として知られる緑深い山々と田園に囲まれた豊かな町であり、朝市は500年の歴史があるという。酒造りは伝統を守りつつ、特定名称酒をすべて冷蔵貯蔵するなど、最新の配慮がなされている。

新政酒造（秋田県秋田市）

　　新政酒造は1852年の創業で1930年に採取され現在でも全国で使われている「きょうかい6号酵母」の蔵元として知られる。新政酒造の酒造りは、同酵母が発見された時代への回帰を意識したものである。焼酎用の白麹を使うなどの新しい試みもその基盤の上にある。将来的には無農薬栽培など原料にもこだわる。それは味だけで評価される時代はいずれ終わるといった考えのもと、コンテンツからコンテクストへの価値転換を見据えているようにもみえる。

秋田醸造株式会社（秋田県秋田市）

　　秋田醸造株式会社は1919年に同族ではなく株式法人として創業された。戦前には経営難に陥ったこともあったが、新政酒造の杜氏を務めた経験のある小林幸一氏に経営を一任することにより切り抜け、戦後は業容を拡大した。2000年以降は高級酒を中心とした設備環境に転じ、純米系の高級酒のみを手間暇を惜しまず製造している。きれいな甘味と酸味が特徴である。

合名会社栗林酒造店（秋田県美郷町）

　　栗林酒造店は1874年の創業で現当主は7代目となる。蔵のある美郷町六郷は、名水の里と呼ばれ町中の至るところに湧水がある。酒造りは美郷町のやわらかな天然地下水や契約栽培の美郷錦、最近では蔵独自の酵母を活用するなど、地域の構成要素を十分に活用したものである。

【参考文献】

「美酒王国秋田」編集委員会『美酒王国秋田』無朋堂（2015）

原田保「地域デザインにおけるアクターズネットワークデザインの基本構想」『地域デザイン』第10号、地域デザイン学会（2017）

「NEXT 5（ネクスト・ファイブ）「次世代の秋田の日本酒を担おう」秋田の造る蔵元集団」（http://jimoto-b.com/1、2017年11月22日取得）

「新政酒造・佐藤祐輔が描く10年、100年先を見据えた日本酒の未来」（https://www.mugendai-web.jp/archives/7033、2017年11月22日取得）

4－2

自然へのこだわりが創出する地域デザイン
—発酵の里こうざき（千葉県神崎町）—

ケースのポイント

　千葉県神崎町は「発酵の里」を称している。このような価値を創造したのは酒蔵の「寺田本家」で自然酒づくりに取り組んだ故寺田啓佐氏であり、いまでは地域全体に浸透し発酵をキーワードに地域をデザインするまでに進化した。酒蔵や麹店など伝統発酵食品に加え、地域酵母を用いたパン店や地域大豆の豆腐店、さらには神崎を中心に全国の発酵食品を集めた「道の駅　発酵の里こうざき」までオープンしている。神崎では発酵や自然回帰を求心力にその魅力を発信する事業者の集積が始まっており、地域デザインの新しいかたちとして注目される。

千葉県神崎町

▶ 地域の概要

　千葉県神崎町（人口6,133人、2015年国勢調査）は、東京の東約60キロメートル、千葉県の北端中央部に位置する。東は香取市、西と南は成田市に接し、北は利根川を挟んで茨城県稲敷市に接している。2016年6月に圏央道の神崎IC（インターチェンジ）～大栄JCT（ジャンクション）間が開通し、東京都心からも車で2時間弱の時間距離となっている。

1　背　景

　日本は発酵王国と呼ばれるほど発酵食品が多い（図表1）。河野、柴田（2010）によれば、日本において発酵食品が重宝されたのは、「主食の米は、たんぱく質含量が少なく、大量に食する必要があったうえ、味が淡白であるため、おいしく食するにはうま味がリッチな多様な発酵食品が好まれた」ためで、「嗜好と健康の両面を満足させた米と大豆などの発酵食品の組合せが、日本人の食生活を支えてきた」のである。

　そのなかでも、麹カビがかかわる発酵食品が非常に多く、日本の食文化は麹カビなくしては語れない。それは、温暖多湿な日本の気候風土に由来している。カビを発酵に利用するケースはチーズのように西洋でもみられるが、カビを穀物に加えて繁殖させる麹はアジア独特のものだ。昔は天然に存在する麹菌を採種して活用していたが、現在では人工的に培養されたものがほとんどである。日本には北方系の黄麹と南方系の黒麹があり、国菌とも称され

図表1　発酵食品マップ

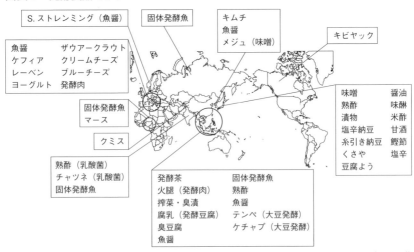

（出所）　河野一世、柴田英之「日本食からみる発酵食品の多様性と日本人の健康―肥満を中心に」『日本調理科学会誌Vol.43 No.2』（2010）p.132

る。

麹は伝統的な発酵食品に用いられるだけでなく、その用途を広げている。たとえば、肉類と一緒に調理すると肉が柔らかくなったり、健康へのプラス効果が期待できたりすることから、そのまま調味料として利用されるようになってきている。

発酵食品は全国各地における郷土食の特徴にもなっている。今日では、食は観光コンテンツや移出商材の1つとして注目されており、全国各地でも発酵食品による地域振興の試みが始まっている。たとえば、「全国発酵のまちづくりネットワーク協議会」である。これは、小泉武夫東京農業大学名誉教授を会長に全国の自治体等をネットワーク化したもので、自治体としては、木曽町、喜多方市、横手市、大崎市、高畠町、富士宮市、山梨県、北九州市、郡山市、熊本県、小野町（福島県）、大田原市、石垣市が、自治体関連団体として、こうざき発酵の里協議会（神崎町）等が加盟している。

全国発酵のまちづくりネットワーク協議会のメンバーのなかでひときわユニークな存在が、神崎町の「こうざき発酵の里協議会」である。ここでは、発酵食品に限定されず、自然を大切にした農業など発酵の原点をみつめた考え方が浸透しつつある点が特徴的である。

発酵はもともとその土地の微生物の手によるものである。人工物をなるべく排除し、自然そのものの食品を大切にすることと文脈を同じにする。このような考え方は、経済性を犠牲にするものと受け止められることが多い。確かに、大量生産にはあまり向かない。しかし、人口減少期に入った日本では、大量生産の必要性が薄くなりつつある。自然に任せる安心安全感や機能性の向上はブランド価値を生み出しており、人口減少期には自然の活用による経済性上昇（ブランド化）が期待される。そして、神崎町にはそのような流れを先取りした動きがみられるのである。

神崎町が独特の様相を示すきっかけとなったのは、酒蔵の「寺田本家」の先代・故寺田啓佐氏が自然酒づくりに転じたことである（1985年）。当時はまだ1級酒等の級別制度が残っていて、醸造アルコールや糖類を添加する日本酒が多かった時代である。

同じ頃、埼玉県の「神亀酒造」が故小川原専務のもと、すべてを純米酒に転換している。このことによって、「神亀酒造」は全国各地の蔵が純米酒を志向する際の指導的な地位を得た。一方、「寺田本家」の影響は神崎の農業等、地域の他業種に及んでいる。故寺田啓佐氏と、故小川原良征氏、日本酒業界と地域に大きな影響を与えた本物志向の人物が、ほぼ同時期に首都近郊で生まれたのは偶然なのだろうか。

　いま、純米酒はブームとなりつつある。故小川原氏は時代を30年ほど先取りしていたのである。自然酒はどうだろうか。それは純米酒の先に位置すると考えられる。いま、日本酒は辛口の本醸造や吟醸から、味が濃い純米酒にシフトしている。その先には、より味が詰まった自然酒となる可能性は低くない。なぜかというと、フランスのワインと同様にその土地の個性を活かした差別化がしやすいためである。故寺田氏は時代を半世紀ほど先取りしていたのではないか。その意味では、一種のビジョナリーであった故寺田氏の影響が、いまじわじわと神崎に広がっている途上にあるといえよう。

2　展　　開

①　発酵文化をキーワードに

　発展途上ではあるものの、神崎町には現在でも相応の賑わいがみられるようになっている。その代表例が「酒蔵まつり」である。町内の二つの酒蔵である「寺田本家」と「鍋店」はかつて別々にイベントを開いていたが、2009年より「酒蔵まつり」として、2蔵が同時に一般開放を行っており、5万人が集まる一大イベントとなっている（図表2）。

　2009年から統一した「酒蔵まつり」の成功をきっかけに、発酵文化をキー

図表2　道の駅および酒蔵まつり入込客数

（万人）	2009	2010	2011	2012	2013	2014	2015	2016
道の駅 （2015/4～）	－	－	－	－	－	－	44	58
酒蔵まつり （2009/3～）	2	3	－	4	5	5	5	5

（出所）　千葉県「千葉県観光入込調査報告書」、神崎町広報『こうざき』

ワードにした官民一体のまちおこしが始まった。2011年は東日本大震災の影響により祭りは中止されたが、被災地支援購買の対象として日本酒人気はいっそう高まった。そのため、発酵食品や循環型農法をテーマに集まった酒蔵や農家に、町外から新規就農、新規出店してきた移住者も加わり、まちおこしの機運が高まることとなった。

また、神崎町も町のイメージアップと活性化を見込み、「発酵の里こうざき」としてのまちづくりを進めるようになった。2012年1月には「全国発酵食品サミット」を開催し、「発酵の里こうざき」を全国に発信した。さらに、2013年には「発酵の里こうざき」の名称を商標登録し、町のキャラクター「なんじゃもん」を制作した。酒蔵まつりには、発酵食品や地元産品、オーガニック食品などを扱う約200店舗が出店し、町の人口の8倍近くとなる約5万人が来場している。こうして千葉県一小さな町の酒蔵まつりは、関東一の規模に発展を遂げたのである。

② 道の駅から広がる発酵の里

2004年4月には、町を南北に貫く首都圏中央連絡自動車道（圏央道）の茨城県稲敷IC（インターチェンジ）～神崎IC間が開通。これにあわせるかたちで、2015年4月に「道の駅 発酵の里こうざき」が開業、東京から直通高速バスが乗り入れている。

「道の駅 発酵の里こうざき」は町の発酵文化発信拠点として、町内はもちろん、多方面から多くの期待が寄せられている。ここでいう多方面とは、全国の発酵食品という意味である。地元の商品にこだわる道の駅が多いなかで、「道の駅 発酵の里こうざき」は全国から発酵食品を集めるという異色の戦略をとったのである。この常識破りの品揃えで年間60万人を集客し、売上げは約6億円に達している。

「道の駅 発酵の里こうざき」では、神崎町を中心に全国の優れた発酵食品を購入できるほか、麹等を使った各種料理を堪能できる。また、レンタサイクルを借りてまちなかに向かうこともできる。まちの入口には「こうざき自然塾」の事務所がある。ここは文字どおり「自然を愛し、自然に学ぶ。地球にやさしい米づくり」を目指している農業法人であり、地場産の特徴的な大

豆も手掛けている。

　まちなかの豆腐屋「月のとうふ」では、国産の大豆が自給率５％というなか、こうざき自然塾の特産品の１つ「千葉の地大豆」と天然にがりだけでつくった豆腐を販売している。

　月のとうふと通りを挟んだ神社の杜のふもとには、酒蔵の「寺田本家」がある。生産量は約800石と少ないものの、全工程手づくりの昔ながらの酒づくりが実践されている。江戸時代の伝統的な酒づくりを続ける酒蔵は全国的にもまれである。2010年からは原料米をすべて無農薬米に切り替え、2016年からは麹も天然のものを利用するなど進化を続けている。

　数百メートル離れて、酒蔵「鍋店」がある。社長は道の駅の駅長でもある。「鍋店」は生産量4,500石と大きいながら、高級酒（特定名称酒）のウエイトが７〜８割と高く、数多くのコンテストで入賞実績を有する優良蔵である。「寺田本家」は「過去＆未来」を、「鍋店」は日本酒の「今」を象徴する蔵といえるだろう。不調と報じられることが多い日本酒だが、不調なのは安価な普通酒であり、高級酒（特定名称酒）はプチブームともいわれる。

　さらに、駅に向かうと「福ちゃんのパン」が現れる。自分で育てた農産物を加工・販売する仕事をしたいと考え、神崎町で農業研修を受けた福士さんの店である。福士さんがパンづくりに最適な酒粕酵母と出合って2009年にパン屋を開業。「寺田本家」の玄米酒粕等で発酵させたパンは体に優しい安心な味である。

 ## 学ぶべき事項─セオリーに適った地域デザイン戦略─

　神崎町の発酵まちづくりの特色は、自然そのものへのこだわりが随所にみられる点である。それは原料から製品の生産まで随所に及んでいる。自然の力を活用することは、先進国の成熟産業としては重要な戦略となる。人手をかけずに差別化が可能となるためだ。その嚆矢は、故寺田啓佐氏だと思われる。ほぼ同時期に、全量純米蔵に転換した埼玉県の「神亀酒造」が全国に門下生を広げたのに対して、「寺田本家」は原料農家をはじめとする地域との共生を目指した点が特徴であり、その姿勢が「発酵の里こうざき」の魅力と

地域独自の麹菌、酵母菌がすみつく蔵「寺田本家」

なっている。

　それは商品（コンテンツ）ではなく、コンテクスト（背景、物語）に焦点を
あてた戦略ともとらえることができる。神崎には酒蔵以外に豆腐屋やパン
屋、喫茶店など必ずしも伝統食品に属さないものを含めて、自然を大切にす
るという同じ物語がある。このように、個別に点在する拠点が同じストー
リーを有して連携し、その連携がさらに行政等を巻き込んで独自の地域性を
帯びることは、地域ブランド戦略においてきわめて重要と考えられる。

▶ 今後の課題

　町制60周年の2015年につくられた神崎町のパンフレットには、石橋町長の
言葉として発酵の里がうたわれている。「神崎町は（略）「発酵の里」として
着実に発展してまいりました。（略）今年は、道の駅「発酵の里こうざき」
がオープンし、新たな神崎町としてスタートすることになります。大きな可
能性を持つ施設を町の活性化の拠点として、町民皆様の参画により、夢と希
望が持てる、次世代に誇れるまちづくりに取り組んでまいります」。

　故寺田啓佐氏が播いた種は、共感する人々のネットワークを超えて、行政
や住民を巻き込んだ地域アイデンティティへと進化しつつあるようにみえ
る。それはある意味、江戸時代への回帰である。わが国は西洋をまねた

キャッチアップが終了し、独創が求められる時代となっている。辺境の島国として他国からの文明の影響を強く受けてきた日本でも、鎖国によってものまねができなかった江戸時代には、各地において多くの独創が生まれている。神崎町は21世紀における地域デザイン戦略のお手本として、これからも注目を集めるだろう。

4 － 3 ‖‖‖‖‖‖‖‖‖‖‖‖‖‖‖‖‖‖‖‖‖‖‖‖‖‖‖‖‖‖‖‖‖‖‖‖‖‖‖

清酒を柱とした地域デザインの拠り所
―新潟大学日本酒学（新潟県）―

‖‖

ケースのポイント

　新潟県では国立大学法人新潟大学が「日本酒学」の創設という日本酒に関するユニークな取組みを始めた。その内容は酒米の開発、醸造学、（日本酒の製造流通にかかわる）経営学、文化、歴史など多岐にわたる。バラバラにみえる要素をうまくつなぎ合わせて、かつての淡麗辛口に勝るとも劣らない新たな価値観や関係者のネットワークを構築することができれば、清酒を柱とした大学起点の地域デザインとして注目を集めるだろう。

新潟県

▶ 地域の概要

　新潟県（人口230万4,264人、2015年国勢調査）は、本州の日本海沿岸のほぼ中央部に位置している。信濃川や阿賀野川などの数多くの河川が日本海に注いでおり、それらの下流には越後平野などの肥沃な平坦地が広がっている。そのため、全国有数の米どころであり、酒どころでもある。つまり、清酒産業の集積に優れた地域である。

▶ ケースの内容

1 背 景

　新潟県は清酒出荷額全国第3位を誇る（2014年出荷額482億円、同シェア11.1%）。最大の集積地の兵庫県（2014年出荷額1,152億円、同シェア26.6%）、第2位の京都府（2014年出荷額576億円、同シェア13.3%）とともに日本酒の三大産地とされている。

　新潟県の清酒出荷は、東日本大震災以前は低迷していたが、震災後は純米吟醸酒等の高級清酒に限定すれば好調である。三大産地では兵庫と京都は大衆酒に、新潟は高級酒に特化していたため、震災後は新潟県にとって好機となっている。

　実際、三大産地の出荷動向を東日本大震災の前後で比較すると、兵庫、京都が出荷数量を減らすなか、新潟県は数量が増え、さらに平均単価も大きく上昇している（図表1）。この傾向は今後ますます強まる可能性があり、新

図表1　清酒主要産地の出荷動向

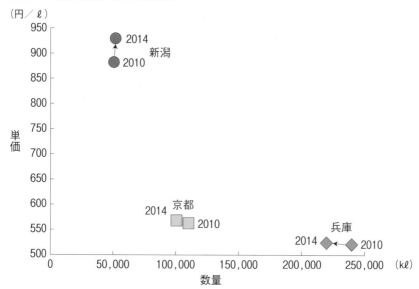

（出所）　経済産業省「工業統計表　品目編」

潟県は兵庫（灘）・京都（伏見）にかわって日本No.1の産地として認識されることも将来的には十分にありうる。

　新潟の清酒はかつて県内出荷が中心であった。そのため県内消費の減少とともに製成数量は減少を続けてきたが、震災後は高級酒の消費地である東京等への出荷が増えており、その結果、県内消費は減少を続ける一方で製成数量は増加に転じた（図表2）。今後は、ますます東京や海外等の重要性が増してくるとみられる。

　よって、期待されるのは地域をあげてのブランディングである。かつて、新潟は「淡麗辛口」のブランドを確立し高い評価を得た。しかし、酒質は絶えず進化を続けていることから、新しいキャッチフレーズが必要な時期にきている。日本酒学に求められるのは、端的には淡麗辛口にかわる地域ブランドの確立である。そのためには、酒米や醸造学、経営学、文化、歴史等のコンテンツとしての日本酒学を超えて、それらを統合し地域との接点を探ることが重要なプロセスとなる。

図表2　新潟県の清酒製成数量・消費量

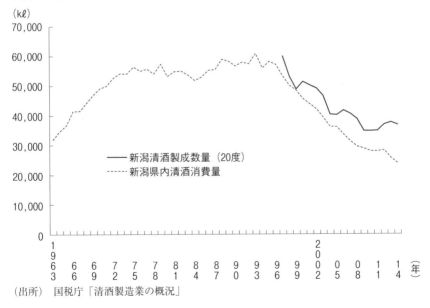

（出所）　国税庁「清酒製造業の概況」

2　展　　開

　そのようななか、2017年5月9日に新潟県酒造組合、新潟県、新潟大学は「日本酒学」の国際的な拠点形成を目的とした連携協定を締結した。産学官3者間で定期的に協議を重ね、新潟大学で日本酒にかかわる学問全般を総合的に学べる環境を目指すものである。その後2018年4月には、この協定に基づき新潟大学日本酒学センターが設置されている。

　日本の大学にはいくつかの酒類関係の学びの拠点がある。清酒の東京農業大学、ワインの山梨大学、焼酎の鹿児島大学である。いずれも地場食品工業界を支える人材を輩出するなど、その貢献は大きい。ただし、3大学に共通するウィークポイントがある。工業に関する工程（発酵や醸造、蒸留）の技術・知識・ノウハウのストックには優れているが、原料（農業）関係が弱いのである。また、経済・経営的な視点も欠けている。新潟の日本酒学はこれらの欠点を補い統合された学問・実学の実現を目指している。

　そもそもの契機は偶然にみえがちである。日本酒学が生まれたのも、岸保行准教授（経済学部）が新潟大学に赴任し、日本酒に興味を抱いたことから研究助成の対象となり、県内の酒類関係者と関係をもったことが契機である。しかし、偶然にみえる契機も裏にはなんらかの必然がある。今回の場合は、東日本大震災以降、高級清酒が伸長し、蔵元が農業を手掛けるケースも多くなるなど、新潟が灘・伏見にかわる展望を得られつつあった。にもかかわらず、むしろ他県のつくり手が脚光を浴びるケースが少なくなく、淡麗辛口ではないブランディングが求められていた。つまり、チャンスなのにそれを生かせず歯痒い状態にあったのである。さらにいえば、業界関係者も危機感に近いものを抱いていたのである。好調な高級清酒出荷とは裏腹に、東日本大震災以降、清酒消費を最も減らしていたのは新潟県だったからである。

　一方、日本酒学に経済学部の岸准教授がかかわったことは、他大学との差別化や、オール新潟大学での体制を構築するうえでは幸運であった。学生が単位を取得できる学内の講座に加えて、市民を対象とした公開講座も含めると、ほぼ全学部の教員計数十名が日本酒学に関与する予定である。これにより、原料関連のみならず、流通や消費者を視野に入れた領域まで総合的な視

野をもちうる。そして、総合が統合に進化すれば、それはおのずと淡麗辛口にかわる地域ブランドの指標となるだろう。

学ぶべき事項

　先に触れたとおり、新潟県の清酒産業は淡麗辛口によって知られている。淡麗辛口によるブランド化はなぜ成功したのだろうか。それは、単に商品が美味しかっただけではなく、淡麗辛口というキーワードに新潟の物語が内在されていたためである。その大きな背景としては時代性がある。戦中・戦後において大きく変質した清酒製造は、水に近いものが上等とされる状況を招いていた。新潟の食文化と酒質はその期待に適っていたのである。

　そして、各蔵元から全国をリードする銘酒が提供されるに至る。1つの蔵元だけであれば、夜空の星の1つにすぎないが、星座になれば認知度は大きく上がる。新潟の淡麗辛口はいわば星座として認識されていたのである。

　しかし、好調だった新潟清酒は1996年をピークに出荷が減少に転ずる。回復には、東日本大震災の被災地支援購買が清酒の認識を一変させるまで時間がかかった。しかもその間に、評価される酒質が必ずしも淡麗辛口とは限らなくなった。

　つまり、新潟清酒は新しい時代にあわせたブランディングが必要な時期を迎えているのである。そこに日本酒学が登場したのである。その内容は、1つの講座を超えた総合・統合的なものであり、時代が求める地域ブランドの構成要素をその深層まで満たす。日本酒学は新しい新潟清酒ブランドを検討するうえで、またとない材料を提供することになる。

　日本酒学が新潟清酒の新たなブランド価値を創出することができれば、日本酒学は大学起点の地域デザインとして新たなモデルケースとなるだろう。

今後の課題

　地域を構成する要素を図表3に示す。地域の構成要素は経済、文化、生物、自然、地球に分類される。深層ほどまねがしづらく差別化しやすい。わが国はものまねから始まった西洋へのキャッチアップを終えて独創が必要な

図表3　地域の構成要素と日本酒学

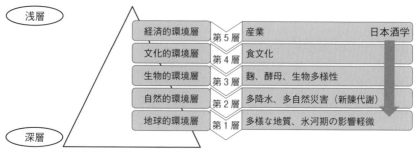

（出所）　原田保「地域デザインにおけるアクターズネットワークデザインの基本構想」『地域デザイン第10号』地域デザイン学会（2017）p.26～27を参考に筆者作成

　段階に入っている。地域における差別化や独創には、構成要素の深層に依拠するほうが有利である。

　日本酒学の契機は、先に記したように経済的環境層であるが、文化・生物的環境層まではすでに範疇となっている。将来的には理学部がメインとなる自然・地球的環境層まで広げることも可能である。これは他の大学の酒類関係講座が経済的環境層である醸造／蒸留工程にとどまっているのとは大きく異なる。日本酒学は清酒を中心とした地域ブランディングの試みといえるかもしれない。

　日本酒学が地域に実装されるためには、大学以外の関係者の動きがカギとなる。期待されるのは、原料農家や蔵元、流通関係者や地元消費者である。定住人口は減少していることから、交流人口も含めて考えるべきであろう。

　日本酒学の目標の1つは、新潟をフランスのボルドーのようにすることにある。ボルドーでは、ワインツーリズム、オークション、展示会、大学・学会、マラソン等、多種多様なイベントやこれらの運営を担う機関があり、それらのネットワークがボルドーの色彩を豊かにしている。

　これらの主体としては、消費者に近い流通関係者がふさわしいのではないだろうか。流通で成功している取組みとしては、酒造組合による「酒の陣」をあげることができる。SNSやフィンテック、シェアリング等、最新のIoTテクノロジーを視野に入れた消費者ネットワークの構築も望まれる。

【参考文献】
　・原田保「地域デザインにおけるアクターズネットワークデザインの基本構想」
　　『地域デザイン第10号』地域デザイン学会（2017）

4 − 4 ‖‖

"過疎""僻地""限界"の村が拓く小規模自治体の未来
―北山村役場（和歌山県北山村）―

‖‖

ケースのポイント

紀伊半島の秘境と呼ばれる和歌山県北山村は、基幹産業であった林業
の喪失によって深刻な人口減少に直面したが、国内でもいち早く観光振
興と6次産業化に取り組むことで外貨を獲
得し、域内に雇用を生み出し定住者を確保
している。

これらの戦略は固有の地域資源がもつ力
に依存したものではなく、両者を連携させ
たことが重要なポイントである。それを可
能にしたのは、地域を1つの会社と見立て
た「地域経営」の意識である。

和歌山県北山村

▶ 地域の概要

紀伊半島南東部の山間部に位置する和歌山県北山村（人口446人、2015年国
勢調査）は、主要都市部からのアクセス性の低さから"紀伊半島の秘境"と
も呼ばれる地域である。本州のなかで最も人口規模が小さい同村では、村域
48.21平方キロメートルの97％を森林が占めている。かつては、そこから切
り出される良質な紀州杉が筏師によって北山川から熊野川を経由して木材集
積地の新宮市へと運び出され、北山村は林業で繁栄した。櫂や棹を操りなが

ら激流を下る匠は誉れ高く「北山筏師」と呼ばれ、最盛期には500人もの筏師を擁する全国最大規模の集団が組織されていた。

一方、戦後経済復興を背景に電力需要が高まると、国策として電源開発の必要性に迫られるようになった。水量が多く険阻な峡谷が急流を形成する北山川は、かねてより水力発電に最適な河川として白羽の矢を立てられており、1954年には七色ダム、小森ダム等の水源開発が計画された。当時、戦中・戦後の強力な木材需要により、林業はにわかに活況を呈していたが、筏により新宮市を経由して木材を流送するよりも、内陸部を通ってトラック輸送にて大市場である阪神地域へ搬出したほうが効率的であることから、林道の開設や改修などに期待が寄せられた。ダムの建設はすなわち流筏の途絶を意味していたが、「電源開発が地域開発に全面的に協力する」ことを条件に交渉は妥結し、1962年にダム着工が決定した。これにより、木材の搬出は全面的にトラックへと切り替わり、流通業としての北山筏師はその役割を終えた。

北山村は和歌山県に属しながら周囲のすべてを奈良県と三重に囲まれており、国内で唯一、同一県内の市町村と行政区域が一切隣接しない“飛び地”の村でもある。地理的にいえば奈良県に位置しているが、1871年の廃藩置県の折、前述のように木材を通じて経済的に結びつきが強かった新宮市が和歌山県に組み込まれたことから、北山村も和歌山県に入ることを望み、飛び地となった。平成の大合併の際、飛び地を解消する選択肢もあったが、住民投票の結果、どことも合併せず飛び地のまま自主自立の村運営を決断し、現在に至っている。

 ケースの内容

1 背　景

1964年に木材輸入が全面自由化されると、国産材に比べて安価な外国産材の需要が飛躍的に高まり、国産材の利用は大幅に減少した。流筏および筏の製造にかかわる周辺産業の途絶に加え、基幹産業であった林業の衰退による打撃は著しく、1965年からわずか20年の間に人口は半減し（1965年1,316人

→1985年686人)、村の暮らしの風景は一変した。

　急激に進展する過疎化に村存続の危機を感じた北山村では、林業に代替する基幹産業を模索する必要に迫られた。その最たるものが、後述する観光立村と6次産業化による地域活性化である。いずれも今日においては真新しくない手法だが、いち早く危機に直面した北山村においては1970年代から志向されたことは特筆される。

　時代の趨勢によって途絶してしまったとはいえ、600年もの長きにわたって蓄積された筏の操舵技術を活かす方法はないか。北山村ではその唯一性に着目し、集客交流の起爆剤として活用することが企図された。長らく地域を支え、地域の誇りでもあった技術を、なんらかのかたちで継承していくことは、多くの村民にとっての願いでもあった。1976年には観光客を乗せて北山川を下る案が提起されたが、一人前の筏師でさえ命を賭して下っていた激流で、観光客を筏に乗せて運航することは認められないと海運局(当時)より通達された。認可を得るために筏を小型船舶として適合するように設計し直し、運航経路にある850個もの岩を除去して安全性を確保した。筏の安全運航が可能な範囲で水流が一定するよう、ダムからの放水量も調整した。こうした努力の末に営業許可が下り、発意から2年後の1979年に60名の筏師とともにようやく北山川の観光筏下り事業がスタートした。

2　展　　開

〈移住者を促した観光筏下りの復活〉

　北山川の観光筏下りは毎年5月から9月までの季節限定運航ながら、事業開始以降、村の人口の十数倍に当たる5,000〜8,000人程度の観光客を安定的に集客している。これまで積み重ねてきた乗筏者数は、2017年には遂に累計20万人を突破した。1人当りの単価が6,000円(大人料金、子供は3,000円)であり、大人と子供の比率を7：3として単純計算すると、10億円もの直接効果が得られたこととなる。

　また、観光筏はかつて流通を担っていた本物の筏師が操舵していたが、高齢化と後継者不足が顕在化したことから、1998年より「観光筏師後継者育成事業」と銘打ち、筏師になりたい移住希望者を全国から募っている。現在、

好評を博す観光筏下り
（提供）　北山村

筏を操舵する観光筏師14名のうち、実に12名が域外出身者で構成されており、観光筏の復活は移住促進にも大きく貢献しているといえる。

〈じゃばら事業の模索〉

　じゃばらは、柚子や酢橘のように酸味が強く香り高い香酸柑橘である。邪気を払うほど酸っぱいことから「じゃばら（邪払）」と名づけられ、地元では正月料理に欠かせない縁起物として活用されてきた。1972年、調査の結果、じゃばらは世界でも北山村だけで自生する新種であることが確認された。また、香りや糖度と酸度のバランスなどが食の専門家から高く評価されたことから、じゃばらの産業化に向けて、村をあげての増産に踏み切ることとなった。1979年に品種登録の許可がおりると、1982年には農林水産省の事業を活用して8ヘクタールの村営農園を確保し、1986年に集荷施設、1990年に加工製品貯蔵庫を設置するなど順次設備を整えてきた。盤石の態勢にてジャムやドレッシング、清涼飲料水、ワインなどのじゃばら加工品を開発し

村内で栽培されているじゃばら

たものの、素材自体の知名度がなく、販路開拓や顧客管理をするにもノウハウもなかったことから、売上げは伸び悩み、生産した果実は廃棄するなど低迷する時代が長く続いた。

　市町村合併の機運が高まった2000年12月、赤字産業を抱えていては合併協議が不調になるおそれがあることから、事業に見切りをつけてはどうかという意見が村議会から出された。しかし、これまで多額の設備投資を行い、また、2名とはいえ従業者を雇用していることから、即時の事業停止はむずかしいとの判断により、当時の奥田村長は「（合併特例法の期限までの）2年間は頑張ってみて、それでも結果が出なければ事業を撤退する」と答弁した。以後、本格的なじゃばら事業のテコ入れを目指し、新たな販路を模索することとなった。

〈自治体初の楽天市場への出店〉

　じゃばらの販路が限定的だった理由の1つに、地理的ハンディがあげられる。秘境と呼ばれる北山村は十分に配送網が整っていないため、発注から出荷までに通常よりも時間を要し、加えて商品出荷量も多くなかったため、定価送料での発送を余儀なくされていた。そこで、村長から命を受けた職員のアイデアにより、通常よりも安価な送料で配送可能な「特別物流プログラム」を有し、かつ（当時は）自治体でも出店可能であった楽天市場へ出店す

ることとなった（2001年１月）。

　また、危機的な状況からの打開策を得るために、顧客データの解析にも着手したところ、じゃばらの売上げが低調ななかでも10キログラム単位で購入している特定顧客の存在に気がついた。この顧客に購買理由をヒアリングしたところ、「じゃばらが花粉症に効くため」という思いもよらない回答を得ることができた。効果については半信半疑であるものの、話題づくりにはなるかもしれないという思いから、ICTを通じて「じゃばら花粉症効用モニター」を募集したところ、1,000人の募集枠に対して応募者１万8,000人が殺到し、効能への関心の高さがうかがわれた。さらに、回答者660人のうち実に46％（303人）から「花粉症に効果があった」という結果が得られたことで、市場ニーズに対する商品訴求力に強い手ごたえを感じた。村議会の追及からわずか３カ月後の2001年３月のことである。

　自治体として初めて楽天市場に出店したことが話題となり、2002年１月にテレビの経済情報番組「ワールドビジネスサテライト」で特集が組まれた。番組のなかで花粉症への効能についても紹介されると、注文や取材依頼が殺到し、さらにNHKや地元テレビ番組で取り上げられたことで人気に火がついた。それまで抱えていた在庫が一掃するほど飛ぶように商品が売れ、わず

図表　じゃばらの売上推移

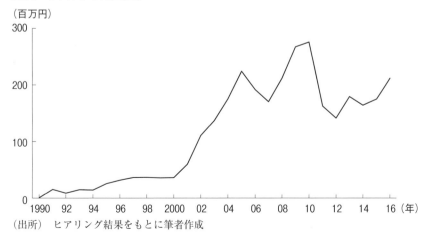

（出所）　ヒアリング結果をもとに筆者作成

か10日間で１年分に相当する2,500万円の売上げを記録した。

〈柔軟なICT活用で村の主力事業へ〉

　しかし、爆発的な売上げの増加は、表面化していなかった問題も浮き彫りにした。実は、商品売価は特に原価計算もせず、商品開発時に参考とした商品の価格に準じて値付けされており、売れば売るほど赤字になっていたのである。また、激増した顧客データを手書きの紙媒体では管理しきれず、収量や生産量、在庫管理も“低調な時代”のままの仕組みでは埒があかないことが明らかとなった。そこで、爆発的な売上げにより在庫が払底し、次の収穫まで期間が空くことから、形状や分量など商品規格の見直しや顧客管理システムの導入、新商品開発など休業期間中に顕在化した問題を一斉に改善した。

　以後、インターネット通販を中心として右肩上がりで売上げを伸ばしたものの、人気に陰りがみえた2007年には、北山村の仮想村民を募って地域限定情報を発信するブログポータルサイト「村ぶろ」を開設してロイヤルカスタマー戦略をとっている。また、薬事法（当時：現在の「医薬品、医療機器等の品質、有効性及び安全性の確保等に関する法律」）改正により、花粉症への効能をうたえなくなってからは、SNS等を活用してユーザーから積極的に情報発信してもらうよう働きかけた。たとえば、岐阜大学医学部が花粉症への効果を実証すると、Webを通じて積極的に対外発信するなど、危機や好機に対してICTを活用して即座に対応してきている。その結果、現在ではじゃばらの売上げは年間２億円前後で推移し、村営加工場では13名のスタッフが勤務している。ふるさと納税制度も確かな追い風となっており、2018年度はさらなる増収が見込まれている。当地固有の果実は、まさに村の主力産業へと結実したのである。

▶ 成功の要因

　北山村が果たしたサクセスストーリーは、ともすると「国内唯一の飛び地」「日本初の観光筏下り」「固有の果実・じゃばら」というように、オンリーワンの地域資源を活用した他に真似のできない地域活性化戦略のように

とらえられがちである。しかし、本当に着目すべきは、個別に実施されている観光筏下り事業とじゃばら事業の間に"釣瓶の関係"が構築されている点である。広く認知されたじゃばらが顧客の手元まで届いて北山村と観光筏下りの存在を世に知らしめ、観光筏下りを体験した人がじゃばら関連商品を購入し情報や効果を拡散する。セクショナリズムの影響により、観光商品と特産品が連動しないケースが各地で散見されるが、北山村ではこれらが密接に連携し、相乗的に北山村のブランド価値を高めていくよう意識されている。

外部とのつながりを生み出している釣瓶の関係だが、実は対内的にも村内の労働力確保にも取り入れられている。観光筏師が業務閑散期（10月から4月）になると、じゃばら農園の管理や加工作業のサポートなど、繁忙により不足する労働力を補完する仕組みが構築されているのである。この仕組みは観光筏師の生活安定にも寄与している。

こうした柔軟な体制を可能としたのが、村を1つの会社と見立てた「地域経営」の意識である。地域住民はよく「村には筏とじゃばらしかない」という。しかし、裏を返せば、筏もじゃばらも村全体の宝であり、そこにデマケーション意識は存在しない。廃村も視野に入れなければならないほどの危機に直面し、飛び地という環境で物理的にも精神的にも隔絶されるなかで涵養された"自らの地域は自らが守る"という意識が、地域一丸となってプロジェクトを後押ししているものと推察される。深刻な人口減少や高齢化に直面する小規模自治体にとって、北山村での取組みはきわめて重要な示唆となるだろう。

▶ 今後の課題

北山村での取組みは、筏にしてもじゃばらにしても村の直営事業である。域内人口が少なく、民間企業の数も限りなく少ない環境であるため、行政主導とならざるをえないことは致し方ない部分がある。しかし、今後も人口減少や高齢化の進行が見込まれるなか、地域課題はより細分化していくことが予測されている。住民の暮らしを維持するために、それらへのきめ細やかな対応が求められたとき、限られた人員と予算のなかで公営事業に割ける余力

をつくりだすことは将来的に大きな負担となるものと考える。

とはいえ、北山村では現在でも事業収益の一部を独自の教育や子育て支援事業、介護保険サービスの拡充に充てており、これらと公営事業が対の関係になっていることから考えても、村の存続のためにも公営事業を疎かにすることは不可能である。

こうした二律背反の状況を乗り越えていくためには、早い段階から「共助」の仕組み化を検討するなど、集中する「公助」への負担を分散する取組みが求められる。国内でも先駆けて観光振興と6次産業化に取り組んだ先発自治体の、さらに進化した類例のないモデル構築に期待したい。

4 − 5 ||||||||||||||||||||||||||||||||||||||||||||||||||||||||||||||

集客イベントを契機とした「まちなか」の賑わい再生
―とくしまマルシェ（徳島県徳島市）―

||||||||||||||||||||||||||||||||||||||||||||||||||||||||||||||

ケースのポイント

中心商店街に隣接した「まちなか」に立地する徳島市を代表する親水空間「新町川ボードウォーク」において、厳選された徳島産の農産物や加工品を生産者自らが直接販売しているのが産直市「とくしまマルシェ」である。地元金融機関が主導する産学官連携から生まれた「農業活性化プロジェクト」が、多様な関係者のニーズを取り入れ、試行錯誤を繰り返しながら、「観光の活性化」「中心市街地の活性化」といった波及効果を生み出している。

徳島県徳島市

▶ 地域の概要

　徳島県徳島市（人口25万8,554人、2015年国勢調査）は、四国一の大河である吉野川河口の三角州に発達した城下町であり、市の面積の13.6％を占める大小138もの河川が市内を縦横に流れる全国有数の水都として知られている。河川に囲まれた徳島市の中心市街地は、上空からみた形状が「ひょうたん」に似ていることから"ひょうたん島"と呼ばれ、市民に親しまれている。ウッドデッキによるボードウォークが整備された新町川沿いの親水空間

での毎日の散歩やジョギングに加え、休日にはNPO法人が運営する周遊船からの眺めを楽しむなど市民の間では河川と一体となったライフスタイルが根づいている。

全国的な知名度を誇る「阿波おどり」の本場である徳島市では、阿波おどりに代表される伝統文化を守る一方で、近年は地元金融機関の株式会社阿波銀行を中心とする産学官メンバーの発案により、徳島県の地域資源であるLED（発光ダイオード）を活用した「徳島LEDアートフェスティバル」を実現するなど、「LEDの産業と芸術が共存する街」として新たな魅力づくりにも取り組んでいる。

 ## ケースの内容

1　背　景

徳島市民の親水空間である新町川ボードウォークの南に位置し、かつては徳島県内でいちばんの商業集積として栄えた東新町に代表される中心商店街では、徳島市郊外および周辺自治体における住宅開発や企業立地の進展による「住む人」「来る人」の減少に加えて、駅前地区や郊外ロードサイドに集積した大型店との競合により厳しい状況に立たされていた。その後、1998年の明石海峡大橋開通後は神戸、大阪に買物客が流出し、さらに2000年代半ばには、中心商店街に立地していた大型スーパーの閉店や映画館の閉鎖によって集客施設が消失した結果、現在では空き店舗が目立つなど衰退を余儀なくされている。

他方で、温暖な気候と豊かな水資源・土壌に恵まれ「農業立県」のスローガンを掲げる徳島県では、従来から「近畿の台所」とも称されるなど、野菜、果実から畜産物、水産物にそれらの加工品を含めた多種多様な食材を身近な大消費地である関西圏に供給してきた。日本全国で農業の6次産業化や高付加価値化が進むなかで、徳島県では恵まれた気候と立地といった自らの地域特性をふまえつつ、新たな農業ビジネスの可能性を探ることが喫緊の課題となっていた。

このような状況下、「河川に囲まれた美しい親水空間」「農業分野での高い

ポテンシャル」といった2つの地域特性を最大限に活かした地域活性化プロジェクトが、後に徳島の風物詩となる「とくしまマルシェ」である。

2009年5月に地元金融機関である阿波銀行のシンクタンク、公益財団法人徳島経済研究所が中心となり、農業法人等の農業関係者に県、市、流通業界等を加えた産学官11名の専門家から構成された「徳島県の農業ビジネス活性化研究会」が発足した。その後の約1年間で計9回の研究会が開催され、そこでの議論の成果として2010年6月に発表されたのが、経営的視点をもった農業人材の育成と金融機関による農業支援の必要性について言及した「徳島県の農業ビジネス活性化構想」である。同構想のなかの提案の1つが「農業ビジネスを支えるプラットホームづくり」であり、以下の3つの視点から構成されている。

① 生産から消費までのバリューチェーンをつなぐことで新しいビジネス機会をつくりだす
② 生産して販売するだけではなく加工やサービスなどの付加価値をつけることで利益の拡大につなげる
③ 生産、加工、販売などビジネスプロセスの各分野のプロが組むことで新しいビジネスを創出する

これらの視点の一部を具現化したプロジェクトが、2010年12月にスタートした、県内のこだわりの食材を一堂に集めて生産者自らが販売する「とくしまマルシェ」である。

2 展 開

「とくしまマルシェ」は毎月1回最終日曜日の朝9時から午後3時までが開催時間となっている。「生産者と消費者やレストランシェフなどの実需者とを直接つなぐことで新しいビジネスを創出」「食材を購入するだけでなくライブやショーなどおしゃれな空間と時間を楽しむ場所」等の事業コンセプトに基づき、「行くだけで、元気もらえる。」のキャッチフレーズを掲げて、風光明媚な「まちなか」の親水空間を舞台に「ヨーロッパの朝市」のようなおしゃれな雰囲気を演出している。出店者（パラソル）数32店でスタートして以来、現在までに出店者数はパラソルベースで平均約70店、多いときには

「とくしまキッズファーマープロジェクト」の様子

「ひょうたん島を巡る周遊船」

100店近くまで規模を拡大しており、新町川の両岸に白いパラソルが並ぶ光景は徳島の風物詩にもなっている。なお、出店数の増加にあわせて出店エリアを整理しており、現在は6つのエリア（イベント、生鮮品、加工品、肉魚フード、コンセプトカフェ、ライフスタイル）にまで拡大するなど消費者のニーズに応えている。また、来場者数も多いときには約2万人、平均で約1万2,000人を数えるなど、徳島市内有数の集客プロジェクトとして定着している。

図表1　2018年春〜2019年春までの１年間の開催フェア

開催日	開催フェア名
2018. 4 .29	美郷フェア
5 .27	アイスグランプリ
6 .24	いも＆辛みフェア
7 .29	かき氷グランプリ
8 .26	サマーなベジフルフェア〜夏野菜＆夏果実
9 .30	あなたと甘いひとときを　甘味フェア！
10.28	鳴門市フェア
11.25	魚介・海の幸フェア
12.30	甘酒・おもち・年越しそばフェア
2019. 1 .27	いちごとフルーツトマトフェア
2 .24	がぶりっ！　じゅわ〜！　お肉フェア!!
3 .31	Bon appetit！　Pain du Marche

（出所）　とくしまマルシェホームページ

　「とくしまマルシェ」では、徳島県産品へのこだわりから季節ごとに販売する野菜や果物等の品揃えが異なってくるため、毎月の開催フェアの名称についても県内自治体や特定の産品を取り上げるなど工夫を凝らしている（図表１）。

▶ 成功の要因

1　地元金融機関によるサポート体制の確立

　「とくしまマルシェ」の運営は、新町川ボードウォークの所有者である東船場商店街振興組合よりパラソルの管理を委託されている民間のイベント企画会社が事務局を担っている。プロジェクトの運営を側面からサポートしているのが、前述の「徳島県の農業ビジネス活性化研究会」のメンバーに野菜ソムリエなど各種専門家を加えた「とくしまマルシェ実行支援委員会（初代委員長：徳島経済研究所元専務理事　田村耕一氏)」である。"行動するシンク

タンク"を標榜する徳島経済研究所では、「とくしまマルシェ」担当を置き、阿波銀行の農業担当も加えた企画会議を毎月開催するなど、新たな出店候補者の発掘からメディアへの発信・取材対応や地元有力企業を中心としたスポンサー募集まで、幅広いサポート体制を確立している。

2 「厳選食材」「おしゃれ感」「ICT活用」の3つのこだわり

「とくしまマルシェ」がスタートして早い段階から人気を博し、徳島市民の生活に根づいた理由としては、以下の3点があげられる。

第一に、「厳選した食材へのこだわり」である。マルシェに出店する生産者は公募ではなく、マルシェ事務局が生産者と面談、自らの眼で生産現場を確認するなど品質へのこだわりを徹底しており、主観に左右されないように厳しい出店基準（図表2）に基づいて選定され、事務局から個別に出店を依頼する「逆指名制」が採用されている。

なお、事務局では生産者のほかにも市内の老舗割烹料理店にも直接出店を交渉しており、マルシェ限定で発売される同店の特製弁当は、毎回早い時間帯に完売する看板商品にもなっている。

図表2　とくしまマルシェ出店者選定基準

	項　目	内　容
1	品質への姿勢	独自のアイデアや生産技術により、安心安全とおいしさを追求した産品であること
2	素材の力	形・大きさを絶対基準とせず、素材が持つ特質・魅力が引き出されていること
3	素性の確かさ	誰が、どこで、どのようにして作られた産品であるかを明快に発信できること
4	ビジネスへの意識	つくることだけでなく、売ることにおいてもひたむきな努力と向上心があること
5	目標の共有	「とくしまマルシェ」の一員として、地域および徳島県生産物の発展に取り組み、「食大国徳島」ブランドの確立を共に目指せること

（出所）　徳島経済研究所

メールで配信される「とくしまマルシェ」のチラシ
（出所）　とくしまマルシェホームページ

　第二が、「おしゃれ感へのこだわり」である。全国各地でみられる産直市が素朴な雰囲気のもとで安価な産品を提供する内容が多いなかで、「とくしまマルシェ」では「まちなか」の親水空間という恵まれたロケーションを最大限に活かすべく、統一された「白いパラソル」に加えて、特別にデザインされた「ロゴ入り木箱」を使用しており、出店する生産者と買い物を楽しむ消費者の双方に"ハレの場"の雰囲気を提供している。

　第三が、「ICTの活用」である。マルシェ事務局では毎回約2,000人にマルシェのチラシをネット配信するほか、自らのホームページのブログに加えて、Twitter、Facebookも積極的に活用している。さらに、マルシェ開催日にはユーストリームを導入して現場の雰囲気や出店者へのインタビュー、イベント情報等を生中継している。

地域への波及効果

1 「一石三鳥」の地域活性化

　マルシェ事務局と実行支援委員会の知恵と工夫により、県内市町村フェアなど毎回「食」をテーマとした関連イベントをあわせて開催するなど回を追うごとに盛況を博している。マルシェそのものの価値の向上は出店する生産者の自信にもつながっている。

　「農業ビジネス活性化」を主な目的にスタートした「とくしまマルシェ」では、毎回がビジネスマッチングの場として機能している。具体的には、生産者が自らの産品・商品へのこだわりをきちんと説明し、消費者はその説明と価格に納得したうえで購入することで生産者のファン（固定客）となったり、飲食店関係者と個別に商談が進み販売ルートが広がったりするなど、生産者と消費者がマルシェを通じて直接コミュニケーションをとることで新たな成果が生まれている。

　また、「とくしまマルシェ」の評判はテレビ、新聞などマスコミにも取り上げられるようになったことで、メディアやSNSで情報を得て徳島県外からマルシェ目当てのバスツアーに参加する観光客や、地域活性化のヒントを得ようという地方自治体、商工会議所等の視察団も増えている。最近では、関西地区から百貨店等の大型店のバイヤーが来訪するほか、独立行政法人国際協力機構（JICA）の地域活性化研修にも組み込まれるなど、海外からも研修生が訪れている。

　さらに、マルシェ開催日にはJR徳島駅前地区の百貨店等の商業施設の来店者数が増加するほか、衰退傾向の著しい中心商店街からもマルシェ出店者が出るなど、「農業ビジネス活性化」に「観光の活性化」「中心市街地の活性化」といった波及効果をあわせて"一石三鳥"の地域活性化の効果が生まれつつある。

2 ネット＆実店舗から大型店出店まで多角的な事業展開

　マルシェ事務局では、徳島自慢の農産物や加工品を全国に拡販するべく、ホームページの「とくしまマルシェONLINE」を開設し、インターネット販

売にも取り組んできた（2017年11月より「とくしまマルシェサイト」へリニューアル）。また、マルシェに来場できない消費者に対しては、開催当日に生産者ブースで販売されている旬の野菜や果物、加工品等の十数品目を事務局が選んで、オリジナルの「お届けBOX」に入れて発送するサービス「お届けマルシェ詰合せ（税込3,000円）」も人気を博した（2017年5月で休止）。

　さらに、来場者を対象としたアンケートでのマルシェの毎週開催を望む声に応えるべく、2014年1月にはマルシェ会場に隣接する「まちなか」の空き店舗を改装した常設店「とくしまマルシェHOME」を開店し、地元徳島で頑張る生産者と消費者をつなぐ拠点とした（2017年4月に徳島市内中心部に新規オープンした「イオンモール徳島」への出店を機に2017年3月末閉店）。このほか、首都圏への販路拡大に取り組むべく、東京都内各所での催事出店「おのぼりマルシェ」を手掛け、その拠点として2014年6月に2軒目の常設店「とくしまマルシェ東京店」を開店した（2015年4月閉店）。

▶ 今後の課題

　以上のように、「とくしまマルシェ」は運営事務局の努力だけでなく、生産者である出店者の創意工夫や、顧客である消費者を含めたすべてのステークホルダーのニーズを組み入れながら、月1回の定期イベントからインターネット店舗、常設店舗の開設（閉店）、さらには大型店へのテナント出店など試行錯誤を繰り返しながら日々進化してきている。今後の課題としては、出店者や産品のレベルを落とすことなく、県内各地から新たな出店者を開拓していくこと、さらなる発展のための運営体制を強化していくこと等があげられよう。

　他方で、徳島県内の生産者に大きな自信をもたらすとともに、消費者である徳島市民の生活の一部としても着実に浸透してきている「とくしまマルシェ」を継続していくためには、顧客である消費者の「食」への意識を高めていくことが求められる。その際に重要な役割を占めるプロジェクトが、4歳〜12歳の子どもたちを対象に2011年10月にスタートした「キッズファーマープロジェクト」である。「とくしまマルシェ」の出店者の畑で出店者と

「とくしまマルシェ」の風景

一緒に作った農作物を収穫し、実際に店舗で販売するまでを体験する、まさに「社会の仕組みを学べる食育プロジェクト」では、食育を通じて将来の地域の担い手を育む役割を担っている。

【参考文献】

田村耕一「徳島活性化に向けた取り組み〜行動するシンクタンクを目指して〜」『地域開発』2017年10・11月号

佐々木志保「徳島の風物詩となった『とくしまマルシェ』」『日経研月報』2015年10月号

田村耕一「お洒落な川沿いの景観を生かした徳島ならではのオンリーワンの取り組み〜徳島LEDアートフェスティバル、とくしまマルシェの開催〜」『日経研月報』2011年5月号

とくしまマルシェ実行支援委員会事務局『「第14回日本計画行政学会計画賞」プレゼン資料』徳島経済研究所（2012. 2 .24）

徳島経済研究所『創立25周年記念事業「農業ビジネスの活性化構想」』（2010）

徳島経済研究所『徳島経済86号』（2010）

とくしまマルシェ事務局『とくしまマルシェニュース』各号

5

地域経営哲学や
地域イノベーションの
創造と継承

5−1

自然を活かした地域デザインとしてのイノベーション
―中洞牧場（岩手県岩泉町）―

ケースのポイント

中洞牧場は日本独特の自然を活かした酪農という難題にチャレンジし、山地の草木を餌とする「山地酪農」というイノベーションを実現した。そもそも日本の自然環境は欧米とは異なるため、工業のようなものまねではなく、農林漁業（第1次産業）には独創が必要なのである。中洞牧場が実現した山地酪農という地域デザインは、日本全国に通用する可能性を秘めている。

岩手県岩泉町

▶ 地域の概要

中洞牧場（なかほら牧場）が位置する岩手県岩泉町（人口9,841人、2015年国勢調査）は、北上山地の北部に当たる。宮本（2009）によると、北上山地北部は西欧やニュージーランドと同じ西岸海洋式気候である。この気候区は温帯のなかでは夏が涼しく牧畜に向いている（稲作には向かない）。日本では岩手県北部から青森県東部を経て北海道渡島半島最南部のみに存在する特殊な環境である。日本で牧畜をするなら亜寒帯の北海道の中央部よりも向いているとされる環境でもある。もっとも、西岸海洋式気候としてタイプは似ている

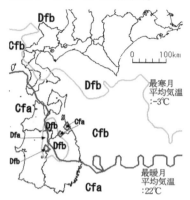

図表1　ケッペンの気候区分

（出所）　宮本昌幸「東北地方北部から
北海道地方におけるケッペンの
気候区分の再検討」『地理学論
集』No.84、p.115（2009）

ものの、山地や森林が多いなど日本独特の環境も存する。よって、中洞牧場
では自然の力を十二分に活用した独自の酪農、いわゆる「山地酪農」が行わ
れている。

▶ ## ケースの内容

1　背　景

　従来、日本の酪農は機械化を重視してきた。海外産のトウモロコシなどカ
ロリーが高い飼料を大型船舶で輸入し、大型港湾の飼料基地を経て給餌し、
集荷した生乳は超高温瞬間殺菌で大量に処理してきたのである。そのため、
面積当たりの飼養頭数は非常に高い水準にあり、土地のし尿処理能力を超え
ていることから、化学的なプラントを介して処理を行ってきた。

　しかし、機械化は経済効率的だろうか。そう考える向きもあるが、経済成
長を生むのは機械ではなくイノベーションである。機械化が経済と直結した
のは、高度成長等の設備投資がイノベーションを伴っていたためである。た
とえば、臨海工業地域は日本の独創である。

　一方で、農林漁業の機械化にはイノベーションを伴うケースは少なく、単

なる機械化であるケースが多い。年に数日しか稼働しないコンバインはその典型である。酪農はそれに比べればはるかにましだが、機械化が農家を富ませると考えるのは錯覚である。対応する収益は、機械メーカーのものである。

　経済を成長させるイノベーションとは、労働や機械に頼らない部分であり、それは知恵や工夫や発明である。本稿で紹介する中洞牧場は、牛乳等の生産プラント関連を除くと機械や労働がほとんどない。餌や交尾や出産は牛任せ、自然任せである。そうなると、売上げのほとんどはイノベーションに帰属する収益となる。これほど農家に手厚いビジネスモデルはない。

　ところで、酪農には政府の関与が大きい。国が定めた枠組みにおいて生乳の価格である乳価が決定されるなど、米と類似点がある。乳価は「飲用向」（牛乳）や「加工向」（乳製品）など用途別に異なり、乳業メーカーと酪農生産者（団体）との間での「乳価交渉」により定められる。なお、加工用原料乳は加工原料乳生産者補給金等暫定措置法（以下、加工原料乳法）に基づき、国から加工原料乳等に対する補給金が支給される。加工原料乳法に基づく補給金は、加工原料乳生産者の生乳生産費と乳業メーカーの支払可能価格の差額を補給金として国が補填することから、「不足払い」と呼ばれることが多い。

　酪農は輸入飼料価格の高騰や牛乳離れなどさまざまな課題を抱えており、その経営は厳しさを増している。そうした背景から、酪農家が生乳の生産だけでなく、ホルスタインに黒毛和牛を人工授精させる複合経営が進んでいる。黒毛和牛は子牛を育てる繁殖農家の減少により子牛が不足し、その価格が高止まりしている。そのため、乳牛に黒毛和牛を出産させれば、経営にはプラスとなる。黒毛子牛価格の高値が続く保証はないものの、現在の酪農経営にはこのような科学的な複合経営が実施されているのである。

　そのようななか、中洞牧場では日本独特の放牧形態として山地を活用し、牧草ではなく葉や山野草を餌とする山地酪農に取り組んでいるのである。

2　展　　開

　中洞牧場では北上山地で100頭の山地酪農を実施し、年間数億円の売上げ

をあげている。牛乳とバターは、東京の「俺のBakery&Cafe」で提供され好評を博している。インターネット上では一般価格の10倍近い価格で取引されており、山地酪農の代表といってよいだろう。ちなみに、猶原恭爾博士が提唱した山地酪農における最大の特徴は、日本在来の野シバによる放牧地の造成である。北海道以南の日本の山地に自生する野シバは、外来の牧草が普及する前は日本の放牧地の主体草であった。野シバ草地以外でも、植物が自生する環境があれば牛は採食活動を旺盛に行う。林地の下草は牛にとり格好の餌となるのである。

　中洞牧場の開設は、現在の牧場長である中洞正氏が1984年に現在地へ入植したことに端を発する。入植当初、山地放牧は行っていたものの、生産された牛乳はそのまま農協に出荷していた。入植3年目の1987年、農協系統が乳脂肪分の取引基準を3.5%以上に設定し、放牧飼育を行っていた山地酪農は壊滅的打撃を受けた。中洞牧場も3.5%をクリアできず半値以下で出荷させられ経営的な危機を迎えた。

　その結果、中洞牧場は牛乳の直売に踏み切り自立に踏み出すこととなる。牧場内にある森林に牛を放牧する林間放牧による森林の再生、牛乳プラントの設計・製造ライン工事、商品の開発、百貨店をはじめとする食品小売業界への流通など、自立のノウハウを構築していくのである。

▶ 学ぶべき事項

　系統に卸す基準を満たせない山地酪農にとって、牛乳や乳製品に関する製造ノウハウの確立や工夫、イノベーションは重要であった。このような中洞牧場の取組みは論文としても発表されている[1]。

　酪農家が投資できる牛乳プラントの仕組みは、低温保持殺菌法がよい。これは低温殺菌牛乳と呼ばれ、またこの製造方法はバッチ式とも呼ばれている。ジャケットの付いたパステライザータンク（以下、パスタンク）で湯煎して63℃まで昇温し、30分間保持して冷却する方法である。パスタンクの

1　中洞正、雨田章子「中洞式山地酪農」『畜産の研究』第67巻第1号、pp.120-124（2013）

ジャケット部分には蒸気をつくるボイラーからの配管、水道の配管、アイスパンからの冷水の配管が接続し、それらを使って昇温、冷却を行う。

　冷却した殺菌乳はポンプを使って充填機まで送り瓶に詰める。充填機前には80～100メッシュ（１センチメートル四方で80～100の穴が空いたもの）のストレーナーを付け異物の除去を行う。充填時には殺菌乳の加水の有無を確認するため比重の検査をする。あわせて風を確認し充填を始める。充填温度は100℃以下、限りなく低温状態で行うことが品質の向上につながる。

　ソフトクリームは少量でも高価格で販売できる商品であることから、少頭数、少乳量の酪農家の販売商品とするのには最適である。製造方法はアイスクリームに準ずるが、フリージングは店頭で販売するときに行う。製造室ではアイスクリームと同様に原材料をミキシングしてパスタンクで殺菌、撹拌、冷却を行う。それを容器に充填して店頭のソフトクリームフリーザーで商品とする。牛乳100ccを300～400円で販売するのは相当の高値感があるが、ソフトクリーム100ccであれば300～400円でもリーズナブルな価格感である。10リットルのソフトミックスから80～100個のソフトクリームができるので、10リットルの牛乳で２万4,000～４万円の販売高が望める。

　次に、流通のポイントである。まず宅配だが、最初の販売方法としては、できるだけ近場の個人宅に牛乳を配達するのが最も簡易な方法である。できれば早朝に配達してお客様が目覚めたらすぐ冷蔵庫に入れてもらうことが大切である。前回配達した空瓶も前もって牛乳箱に戻してもらう習慣をつければ、返瓶が容易になる。

　高価格で販売できる方法として、百貨店卸がある。販売数は少なくてもブランド価値を高めるためには、百貨店が最適である。各百貨店には部門別（牛乳、乳製品は日配とかグロサリー部門といわれる）にバイヤーといわれる仕入れ担当者がいて商談日が決められているので、その日のアポをとり商品の説明を行う。このときは必ず他社商品との違いを明確に説明する必要がある。

　食の安全性に特化した団体への販売は、放牧が大きなキーワードとなる。直売店では高価格販売が可能なソフトクリーム、ジェラートを中心としたほ

中洞牧場　山地で草を食む牛

うが、利益があがりやすい。その際には牛乳などの商品をあわせて売ること
もできる。

　以上に記したように、中洞牧場は創意工夫の塊である。機械や労働ではな
くイノベーションが製品を支え、そして製品（コンテンツ）そのものより
も、その背景（山地酪農やそれを可能としたイノベーション＝コンテクスト）が
ブランドとなっているのである。

　中洞牧場から学ぶべきは、農林漁業（第1次産業）における創意工夫、イ
ノベーションの重要性である。機械や労働は農家等に富を約束しない。ま
た、中洞牧場のイノベーションのポイントは、日本の自然を十分に活かして
いる点である。これは農林漁業にとって最も重要となる。

▶ 今後の課題

　日本は砂漠や乾燥地帯が多い中緯度に位置しながら、降水に恵まれてい
る。これは、太陽エネルギーと水に恵まれていることを意味する。さらに、
自然災害が多いために単一樹種による支配が起こりにくく、氷河期の影響も
少ないので多様な動植物が残っており、世界にもまれな多様な自然を有して
いる。

　独自の自然を有しているということは、日本には独自の農林漁業が必要で

あるということである。西洋のものまねは自然相が異なるために通用しない。これは工業とは大きく異なる。農林漁業には日本独自の知恵や方法の追求が必要なのである。

【参考文献】

中国経済連合会・日本政策投資銀行『中国支店中国地域農業の成長産業化（農商工連携、農産品輸出等）に関する調査報告書』（2017）

中洞正、雨田章子「中洞式山地酪農」『畜産の研究』第67巻第1号（2013）

宮本昌幸「東北地方北部から北海道地方におけるケッペンの気候区分の再検討」『地理学論集』No.84（2009）

5－2

さまざまな困りごとに対応する
小さな村のコミュニティ・ビジネスの要
―特定非営利活動法人日高わのわ会（高知県日高村）―

ケースのポイント

　高知県日高村にある「特定非営利活動法人日高わのわ会」は、2005年から「年をとっても、障がいを持っても、その人らしくあたりまえに日高村に暮らす」をミッションに掲げ活動している。その活動内容は、障がい者・子育て中の親・高齢者・子ども・引きこもりがちな若者など日常生活での見守りや支援が必要な地域住民の困りごとを発見する都度、事業化を図るというものである。日高わのわ会の経営は行政からの委託に過度に依存することなく、「ゆりかごから墓場まで」多角的なサービスを創意工夫で具現しており、小さな村のコミュニティ・ビジネスの要となっている。

高知県日高村

▶ 地域の概要

　高知県日高村（人口5,030人、2015年国勢調査）は、高知市から約16キロメートル西側に位置する中山間地域にある。トマトが特産品で寒暖の差を活かして栽培されている糖度8.0以上のトマトは「シュガートマト」としてブランド化されている。2014年度からは地場産のトマトを活用している飲食店をま

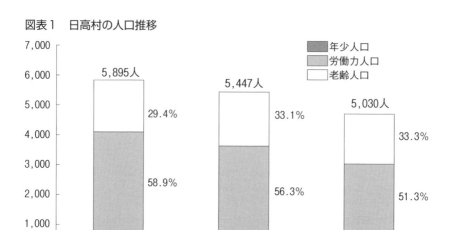

図表1　日高村の人口推移

凡例:
- 年少人口
- 労働力人口
- 老齢人口

2005年　5,895人　29.4%／58.9%／10.7%
2010年　5,447人　33.1%／56.3%／10.7%
2015年　5,030人　33.3%／51.3%／9.4%

（出所）　総務省「国勢調査」

とめて、「日高村オムライス街道」としてPRする取組みも行われており、村外から多くのリピーターを獲得している。他方、少子・高齢化が進んでいるため（図表1）、4〜6歳児発達支援（法定3歳健診のフォローアップ）や0歳児〜中学3年生の入通院医療費助成等の子育て世代向けの独自のサービス[1]とともに、移住促進にも取り組んでいる。

▶ ケースの内容

1　背　景

　特定非営利活動法人日高わのわ会（以下、日高わのわ会）の事務局長を務める安岡千春氏は、村の子育て支援センターに保育士として従事していた際、高齢者・障がい者等が来館していても、自らの業務の所掌外であるため、声かけもしづらくかかわりにくいことに問題意識を抱いていた。そこで、2003年に任意団体の住民有償ボランティア活動グループ「わのわ」を設立。地域住民に不可欠な生活環境整備策を村役場に提案しながら、地域のさ

1　日高村ホームページより　http://wanowa-hidaka.com/

まざまな困りごとを解決することを主目的に活動を開始した。まずは、雇用を生み出すことを目的に、「時給300円から目標は最低賃金レベルを」という考えで、トマト農家の手伝いや内職の支援、喫茶経営・配食サービス、子育て支援のチャイルドルーム運営などに着手した。当時では珍しい有志のボランティアに金銭的報酬を提供するかたちの活動であった。2004年度には村の健康センター関連の事業を複数受託した。その際、人件費が出来高払いというルールであったため、従事するスタッフには赤字にならない範囲で報酬を支払うかたちにした。2005年の市町村合併を機に、エリアを問わず困りごとを抱える地域住民の支援を図るべくNPO法人化し、障がい者の小規模作業所も立ち上げて仕事の受注も開始した。

2　展　　開

　現在、日高わのわ会は自主財源を原資とする事業と公金を原資とする事業とを織り交ぜながら、福祉活動とビジネスを融合させるかたちで5部門の活動を展開している。2014年からは最低賃金程度の報酬ではあるものの、従事者全員を有償化している。2018年現在、常勤雇用14名・パート10名・高知大学の学生アルバイト17名の計41名の体制となっている。

①　げんきひだかクラブ

　2004年より、村の生活環境整備に不可欠なサービス[2]を、村役場に提案して受託事業として協働で実施している。また、国の障がい福祉サービスである就労支援B型事業所（雇用契約なし）の利用者と、トマトのハウスの手伝いも行っている。介護保険の対象にならないような軽度の生活支援については、1時間800円の単価で対応している。その他、高齢者の買い物支援事業は1日3〜4件のペースで依頼が入っている。

②　おもてなしクラブ

　2007年より、喫茶店「わのわ」を2店舗運営している。1号店は日高村あったかふれあいセンター（日高村社会福祉協議会）に隣接しており、障が

2　日高村高齢者健康センターの清掃業務、健康増進・介護予防のためのパワーリハビリサポーターでの運動支援、ヘルパーなどに依頼するほどでもない軽度生活援助事業（ゴミ出し、掃除、買い物等）等

い者の自立訓練の一環として、喫茶と配食サービス[3]を行っている。村の保健師や高齢者福祉事業所とも連携し、高齢者の食事の食べ残し状況に基づく健康状態のチェックや安否確認も行っている。

2号店は村特産品のシュガートマトをはじめ、「地産地消」をコンセプトとした喫茶店であり、シュガートマトを練りこんだ自家製食パンのモーニングメニュー（終日提供）をはじめ、目玉商品の「トマトソース」を使ったパスタ、オムライス、日替わり定食等を提供している。予約制での弁当の仕出しも村内1食670円（遠方からの発注も応相談）の単価で行っている。2009年からは、国の障がい福祉サービス事業として一般事業所への就労への移行支援を行う事業所も兼ねており、B型事業所での訓練の次なるステップの場にもなっている。

2014年からは、村の駅ひだか内にインショップ型でテイクアウトコーナー「とまとすたんど」を開設している。トマトの美味しい食べ方を高知大学のサークル「あだたん」と開発している。いまや、観光ルートとなっている「日高村オムライス街道」に対しても、例年、オリジナルのオムライスを考案して話題を呼んでいる。

③　わっはっはクラブ

国の障がい福祉サービス事業に基づく就労支援（前述）のほか、2005年からは、障がい者それぞれの状況に応じて策定したプランのもと、生活支援・自立訓練を行うショートステイ型の居住施設「輪が家」の運営を開始。2007年からは年齢や障がいの有無を問わず利用可能なデイサービスを開始し、2009年からは、24時間体制でのグループホームの運営を行っている。さらに2010年からは、国の相談支援事業の指定を受け、〈相談→住まう→出てくる→働く訓練→訓練の充実→一般就労〉というストーリーで、村内の障がい者の社会参加を進めている。

3　一般的に配食サービスは高齢者（特に独居）を主対象としがちであるが、日高わのわ会は「住み慣れた家で生活するための支援」との観点から、あえて対象を限定していない。

④　チャイルドクラブ

　2003年より、子育て支援を目的に託児や一時預りを有料（3,400円／日、400円／時）で行う「チャイルドルーム」を運営している。同一のスペースでは障がい児の日中一時預りも行っている。このほか、2006年からは青少年に地域学習等の豊かな体験機会を提供するための「わのわキッズクラブ」も開設している。

⑤　とまとクラブ

　村特産のシュガートマトの農家に手伝いに行っているなかで、規格外となるトマトがたくさんあり、有効活用策がないことを知った。そこで、果肉が軟化して首都圏や関西に出荷されなかったものを買い取り、村役場等との関係機関と連携を図って、2006年よりソースやジャム等の加工・販売を行っている。ソースはピザソースやパスタソースも展開しており、県外にもファンがいるほどの人気商品となっている。2007年度からは、国の障がい福祉サービス事業に基づく就労支援の制度を活用するかたちをとっている。2010年には、スタッフが高知大学「土佐フードビジネスクリエーター（FBC）人材創出事業」の講座を受講、製造工程見直し、販路拡大を行った。2018年の通常

人気のシュガートマトを原料としたトマトソースの商品群

国会においては、安倍晋三首相の施政方針演説のなかで、「高知大学食品ビジネスに学ぶ安岡千春さんは日高村のトマトを使い（以下割愛）」と活動内容が取り上げられ、これが弾みとなり販路および雇用の拡大につながっている。

成功の要因

1　細かなワークシェアリング

設立以来、村民の就労機会づくりのため、地域住民自らで生活課題を解決する環境づくりにこだわって活動[4]してきており、その地道な取組みが奏功し、年間の事業規模は約7,000万円となっている。従業員のなかには子育て中の母親も含むため、時短勤務の配慮もなされている。俯瞰してみれば、村内に潜在するさまざまな生活課題に対して、その担い手のすそ野を広げている。

2　独自の定番商品

シュガートマトを原料としたオリジナル加工品は、県内外の高級スーパーでも取り扱われるほど定評があり、手堅い収益源になっている。開発の過程では、高知県の製造業支援関連の補助を受け、専門家に助言指導を仰いだり、スタッフが6次産業化に不可欠な戦略設計・ブランディング・生産・流通・販売といった一連のフローのノウハウを学んだりしている。さらに、2009年からの2年間は、販売力強化に向けてコンサルタントに入ってもらい、事業体としてのマネジメント力を見直した。これが奏功して収益事業が育ち、「日高村オムライス街道」のような地域振興プロジェクトにもつながっている。

4　団体の定款には「この法人は、高齢者、子育て中の父母、子どもたち、障害者（知的・精神・身体障害者、難病）、ボランティアに対して、（前述のため中略）を行い、住民自ら自分たちの暮らしの中で起こってくる社会的な課題を自分たちで、解決していくためのコミュニティー産業を開発、展開し住民の就労の場を提供すると共に、年齢や障害に関係なく社会参加できるノーマライゼーションの実現を目指すことを目的とする」とのミッションが掲載されている。

多様なワークシェアリングを実現している「とまとクラブ」の現場

3　ベストミックスで「コミュニティ・ビジネス」を具現

　小さな村であるがゆえに、子どもから高齢者までを対象に、それぞれの「困りごと」のニーズに見合った多様なサービスを生み出している。そして、このプロセスでは行政（村役場、県）や福祉・農業関係機関との良好な連携関係も図られている。

　村からの受託事業も数多く手がけている。設立以来の「村民に不可欠な生活環境整備策を行政に提案する」との姿勢は一貫しており、受託事業ありきではなく、常に住民ニーズありきという観点で事業開発をしている。また、国の障がい福祉サービスの制度活用等も抱き合わせることで、自主事業として着手している喫茶店・生活支援・商品販売への波及効果の恩恵も得ている。行政の特定の受託事業頼みといったリスクが伴う経営ではなく、地域住民の困りごとに即した必要なサービスを継続しながら、地域のニーズにあわせて活動内容も変化し続けている。

▶ 地域への波及効果

　日高わのわ会は、人口約5,000人の村で前述したように単体の事業所としては多数の雇用実績を生み出しているうえ、公的な制度ではカバーしきれない「困りごと」への対応や社会参加の機会創出により、住民のQOL（生活の質）を下支えしている。とりわけ、人口規模の小さな地域では就労がむずかしくなりがちな、離婚や産休などの事情がある母親世代の雇用確保に重きを置いており、一時的に日高村に転入する人たちにも就労機会を提供している。以前、子どもが不登校状態にある親子が日高村へ移住してきて、義務教育課程を終えたのち、前に住んでいた土地に帰って高校に進学したケースがあった。村内に居住中は、この母親の働き口を提供したことが、この親子にとっての安心材料となっていた。このように、就労に際しマイノリティとなりがちな層に対しても、セーフティネットとしての機能も持ち得ている。

　一方、地場産品のトマトをブランディングする先導役となったことで、日高村の観光促進にも貢献している[5]。長期的にみれば、たとえ一時的であっても転入・転出が連綿と続いていけば、空き家対策・高齢者の見守り・小中学校の生徒数確保といったプラスの効果が見込めるため、村に入っている地域おこし協力隊メンバーとも連携しながら、来訪者が滞在できる拠点整備についても検討している。

▶ 今後の課題

　日高わのわ会の事業自体は順調に運んでおり、過度な行政依存もなく事業規模も維持しながら活動できている。しかし、それでも国の障がい福祉サービス事業の補助金を含め公金の割合が大きいことは否めない。よって、雇用の確保・拡大のためにも、トマトソースに続く、手堅く収益が伴う自主事業の開発が必須となっている。

5　日高村のふるさと納税の寄付者返礼品にも指定されている。

5 － 3

共創による経営とお客の共感に基づく
風景からの地域活性化

─黒川温泉（熊本県南小国町）─

ケースのポイント

　30年間で２万本以上の植樹、露天風呂づくり、全旅館の風呂で利用できる入湯手形など、1980年代半ばからの景観統一活動によって、全国一のブランドをつくりあげた黒川温泉。2002年度の年間入込客数119万人をピークに、その後90万人前後で推移してきたが、2016年４月に熊本地震が発生、度重なる余震の影響を受けた。本稿では、自立的な地域経営を目指す黒川温泉観光旅館協同組合（以下、旅館組合）のこれまでの取組みを振り返ったのち、2010年代以降の旅館経営者の世代交代による新たな活動を紹介する。

熊本県南小国町

▶　**地域の概要**

　熊本県南小国町（人口4,048人、2015年国勢調査）は、阿蘇外輪山と九重連山の裾野に位置しており、緑豊かな山々の自然に包まれた集落環境と温泉観光地としての性格を併せもっている。筑後川の最上流部、田の原川に沿って広がる黒川温泉は、湯治場として江戸時代より遠来の旅の宿として利用されていた歴史を有しており、福岡市や大分市から車で２時間半、熊本市から１

黒川全景
（提供）　黒川温泉観光旅館協同組合

時間半を要する旅館数30の小さな温泉郷である。黒川温泉には、「黒川一旅館」という合言葉がある。一つひとつの旅館は「部屋」、道は「廊下」で、温泉街全体が1つの旅館のように地域住民一体となった、「ふるさとの自然・暮らし・もてなしの風景づくり」という意味である。

　黒川温泉自治会他のパンフレット「黒川温泉の風景づくり」の巻頭ページに、その三原則が明記されている。

①　郷土の雑木と親しみやすいスケール尺度により「なつかしさ」を演出する。

②　傾斜地の特徴をいかし、地域の暮らしぶりが感じられる空間を大切にする。

③　木材や土、漆喰などの天然素材をいかして、素朴な質感の建物、和やかなまちなみを形成する。

▶ ケースの内容

1　背　景

　1964年の九州縦断道路「やまなみハイウェイ」の開通による一過性のブームはあったが、その後、観光客からは見放された状態が続いた。しかし、1980年代になって旅館経営者の世代交代が相次いで、30歳代の若手経営者が

次々と生まれた。彼らはUターンの跡取り息子や婿養子などで、経歴も写真家、自動車製造、菓子配達など多岐にわたり、地域外の視点をもった人々である。黒川温泉の窮状を目のあたりにした若手経営者たちは、危機意識をもって地域の再生を目指すことになる。

　その頃、彼らに「ひなびた温泉がブームになりつつあること」を気づかせたのが、テレビの深夜番組の「秘湯特集」であった。そして、若手経営者たちは不況のなかでも繁盛していた「新明館」の主人、後藤哲也氏の門をたたいた。後藤氏の経営哲学は、「ストレスで精神が疲れている日本人に、ホッとする癒しの空間を提供することが地域おこしの秘訣である。露天風呂をつくり、雑木を植えて"自然回帰、レトロ、緑が豊か"という雰囲気をつくりだせば、客は必ずやってくる」というものであった。

　若手経営者たちは、後藤氏に教えを請いながら、「発想、即、実行」「やろう、できる」を合言葉に露天風呂を掘り始める。まず、1980年代に入って「いこい旅館」が露天風呂をつくったところ、宿泊客が増加した。女性専用の露天風呂をつくると、すぐに口コミで女性客が増え始めた。その後、皆がまねを始めたことで、1985年にはほとんどの旅館が露天風呂を構えるまでになった。しかし、当時16軒あった旅館のうち2軒が敷地不足で露天風呂がつくれなかった。そこで、露天風呂のない旅館の宿泊客が、ほかの旅館で露天風呂を利用できるようにするための方法として、1986年に発案されたのが「入湯手形」である。旅館組合での会議では反対意見も根強く紛糾したものの、最後には「一人はみんなのため、みんなは一人のため」「みんなでお客を呼ぼう。旅館は客室、道路は廊下」という黒川温泉の「地域共生」の基本理念を確認して、全員参加型の旅館組合として再スタートを切った。「旅館の外に人が流れ、浴衣を着た女性客が路地をそぞろ歩く光景」は、温泉街を生き生きとしたものに変えた。

　1905年に創業した新明館の3代目主人である後藤哲也氏は、1958年から1人でノミ1本で3年半かけて全長30メートルの洞窟風呂を掘り上げた。心血を注いでつくりあげた洞窟風呂の評判は口コミで広がり、あっという間に客で溢れた。木が好きだった後藤氏は、子どもの頃に阿蘇山麓を歩いて樹木の

知識を会得している。植樹のコツは、樹木の"三本植え"といわれている。高木は1本で植えてはダメで、2〜3本密植しないと自然な感じが出ない。阿蘇近傍の木を業者に頼んでもってきてもらい、モミジやクヌギ、ヤマボウシなど四季折々の変化が楽しめる樹木を選び、旅館の周囲に植えていった。自然を観察することから学んだ造園の技術である。この独自の植栽方法による「緑のデザイン」によって、あたかも以前からあった雑木林のような風景づくりが可能になった。

　後藤氏は"植樹の名人"であるとともに、お客の心をつかむ経営手法も高く評価されている。2003年から国土交通省が始めた「観光カリスマ百選」で、最初に選ばれた11人の1人でもある。後藤氏は京都や由布院など人を呼び込む先進地域を探して、現場に何度となく足を運んで徹底的に観察した。1980年代になって、京都で時代のニーズが変化し始めているのに気づく。それは、人工的な日本庭園を訪れる人が減り、かわりに自然の木が植えられている庭がある寺に人が向かっている、という変化である。後藤氏によれば、「この地域に行ってみて心があるかどうか」「東京、大阪、名古屋から来てい

図表1　黒川温泉の入込客数・宿泊客数・入湯手形売上げの長期推移

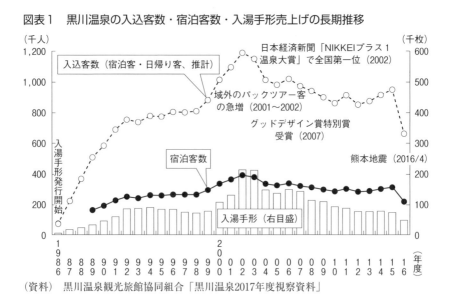

（資料）　黒川温泉観光旅館協同組合「黒川温泉2017年度視察資料」

るお客さんをみていると、今はやすらぎの世界に入っている」と感じたそうである。

2 展　　開

① 「黒川の未来を考える」会議

黒川温泉では、2010年代になって再び旅館経営者の世代交代が起き始めた。20〜30歳代の若手経営者の親世代は成功した世代で、数がまとまっている。そのため、子どもである若手経営者にも20名程度のまとまりがある。この2つの世代間にはさまざまな意識のギャップがあるなかで、若手経営者世代によるいくつかの活動がターニングポイントになった。その1つが、旅館組合の青年部の主催で、9カ月にわたって開催した「黒川の未来を考える」ための会議（以下、黒川未来会議）である。親世代はもちろん、観光業だけにとどまらず、地元の農家や一般住民、そして行政も巻き込んで会議を続けた。そのうちに、地域外に出向くことになり、主な商圏である東京・渋谷と福岡でこの会議を開催した。黒川温泉に興味のある人たちとの「旅の形を考える会」では、地域の未来を一緒に考えるなかで、「地元の人のように一緒に過ごす旅をしてみたい」というアイデアに旅館経営者はカルチャーショックを受けたという。そこから、「第二町民」（地域の未来をともにつくる都市の仲間）という概念が生まれた。

第二町民となってくれた東京のクリエイターの人たちから「第二町民として何かやってみたい」という提案があった。そして、彼らが黒川温泉に自ら機材を持ち込み、旅館経営者たちは宿泊、ロケハン、フィルムコミッションの仕事をこなすかたちで、「KUROKAWA WONDERLAND」という作品を制作した。ウェブとムービーで、これまで15の海外の賞（フランス・パリ、アメリカ・ロサンゼルス、スペイン、インドネシア、イタリア・ミラノなど）を受賞している。

黒川という地域や観光業を越えて、黒川未来会議に参加した異業種（旅館、役場、農家、蕎麦屋、議員、製材所、福祉、ITなど）で設立されたNPO法人「南小国まちづくり研究会みなりんく」によって、黒川温泉での活動は南小国町全体に広がった。2015年の統一地方選では、それまで16年間交代のな

かった町長選で、メンバーの１人がダブルスコアの大差で当選した。さらに、町長交代から１カ月後の旅館組合の理事長選挙で、北里有紀氏（黒川温泉最古の宿、御客屋旅館代表取締役（七代目御客番））が史上最年少（当時37歳）で組合長（代表理事）に選出された。３年間かけて取り組んできた地道な活動が一気に花を咲かせたのである。

ところが、その矢先の2016年４月に熊本地震が発生。黒川温泉では地震発生からGW明けまでにキャンセルが４万2,000人、被害推定額は10億円にのぼった。さらに、６月の豪雨被害による土砂崩れなどもあって、その傷は相当な深手になった[1]。そこで、風評被害の払拭も含めた情報発信に軸足を置いたいくつかの新たな取組みが始まった。

② **黒川温泉に今すぐ1000湯入浴の約束を届けるプロジェクト**

９人の温泉ジャーナストが始めた「黒川温泉に今すぐ1000湯入浴の約束を届ける」プロジェクト、というクラウドファンディングにも初めて取り組んだ。入湯手形を購入するとファンドへの出資になるというかたちで、設定金額が40万円と低かったこともあって、目標をクリアできた（最終金額60万円、2016年７月29日募集終了）。思いを発信すると、それがたくさんの人々に広がっていくこともある、ということを実感することができた。

③ **黒川に100人集めて「お金を落として」「情報発信しよう」プロジェクト**

プロのブロガーや編集者、クリエイターなどを黒川温泉に呼んで、「旅館業だけでなく、一般住民も含めた町全体でおもてなししよう」という企画である。７月の２日間、南小国町の農家、林業、行政そして一般住民を集めて、熊本空港への出迎え、神楽の披露、黒川温泉街のゆっくり散策、大夕食会など、大掛かりなイベントを実施した。特に、大夕食会では高原の会場を貸し切って、太鼓の演奏や地元の人々も「おいしい」と思う食材で観光客をもてなした。

④ **地元の人と宝と触れ合う５つの特別ツアー**

旅館組合はあまり関与せず、地元の人々が主体となって、温泉街だけでな

---

[1] 度重なる余震の影響で、道路インフラの復旧が大幅に遅れた。そのため、2016年度の入込客数は前年比３割減まで落ち込んだ。

く黒川のいろいろな集落の魅力を感じてもらうために、内容を考えて実施した。「百姓いっきプロデュース　阿蘇世界農業遺産ツアー」「井～夫婦と行く小国杉キコリツアー」「清流立岩水源　そうめん流し大会」「ジオパークガイドがご案内　黒川の自然を楽しむ散策」「南小国町横断サイクリングコース」、この5つの特別ツアーのイベントに参加体験したブロガーの人たちからは高い評価を受けた。イベントが終わって、地元の人たちからは「やっぱり人が来ることはこんなにいいことなのだ」「黒川温泉が頑張ってくれないといけない」と、励ましの言葉が出てきた。このプロジェクトをさらに磨いていけば、付加価値のある着地型観光への展開可能性が見出された。

▶ 成功の要因

1 「街づくり協定」とまちなみづくり

「まちなみづくり」では、「街づくり協定」の基準に従って、個人の土地や建物などにおいても、黒川らしい景観づくりを進めたことが大きい。具体的には、「郷土の自然に適した樹木や草花による修景（自然の景観を損なわないように植栽などで人工物を覆い隠すこと）や緑化に努める」「建物の屋根は無彩色（黒・グレー）や茶系にする」「外壁は質感豊かな天然素材を基本にする」などである。

図表1からわかるように、「入湯手形」が発行された1986年度の年間入込客は8万人だったが、それから6～7年後の1992年度～1993年度には70万人台へ、さらに7年たった2000年度には100万人を突破するなど驚異的な成長を遂げた。リクルート誌「じゃらん」では、「九州・山口の行ってよかった観光地のランキング」で、1998年～2004年まで7年連続で1位に選ばれた。「九州・山口の泊まりで行きたい観光地ランキング」でも2000年～2008年まで9年連続1位で、その後も上位に名を連ねている。そして、2002年の日本経済新聞の「NIKKEIプラス1」で、草津温泉（群馬県）や由布院温泉（大分県）をおさえて、全国1位（温泉大賞）に登りつめた。このように、マスメディアに取り上げられたこともあって、2002年度には入込客は119万人（宿泊客40万人）に達した。当時、「○○旅館に行きたいのではなく、黒川温泉

に行きたい」という会話をよく耳にした。この時点で、地域全体のブランド形成は完成したといえる。この背景には、「黒川温泉の風景づくり」として、一見何もデザインしていないようにみえるが、実にきめ細かな配慮によって自然な風景が醸し出されているといった"デザインしないデザイン"性がある。このことが評価されて、2007年には「グッドデザイン賞・環境デザイン部門特別賞（日本商工会議所会頭賞）」を受賞している。

2　入湯手形

　黒川温泉にとって従来もいまも入湯手形の存在は大きい。入湯手形とは、温泉マークのシールが3枚貼られた地元特産小国杉の間伐材を輪切りにしたものである。これを1,300円（子ども700円）で購入すると、3カ所の旅館の露天風呂に入浴できる（6カ月有効：実際の平均使用シールは約2.5枚）。シールを使用して露天風呂に入るとその旅館の収入となり、残りは旅館組合の手数料になる。入湯手形が年間7万～8万枚であれば、1億円近い原資が確保できる。この資金は安定的な自主財源として、植樹、共同看板の設置、共同パンフレットの作成、観光イベントなど、地域一体となった事業活動に投入されている。また、入湯手形の仕込みは黒川温泉老人会が行っている。収入は年間200万円程度である。老人会を通じて観光業以外の地元の人たちとの接点が生まれたことで、観光業にあまり関心のなかった地元の人たちが観光

黒川づくりの大黒柱・入湯手形
（提供）　黒川温泉観光旅館協同組合

客に親切に接している、という好循環を生んでいる。

　実は、2001年〜2003年の熱狂的なブームの要因の1つには、別府温泉や杖立温泉など黒川温泉以外に泊まる団体客に対して、旅行エージェントが黒川温泉の入湯手形付きでの営業をしていたことがある。他の温泉の宿泊客が黒川温泉に殺到することで、黒川温泉の宿泊客がゆっくり露天風呂に入れない事態が起きる。そのため、旅館組合は域外の宿泊客への入湯手形の配布を制限したという経緯がある。

3　共創による経営の継続

　「共創による経営とお客の共感」。これは黒川温泉が築いたブランドの礎である。2000年頃に風景からの地域活性化で全国一の温泉郷に登りつめた後、世代交代を果たした2010年代においても「黒川一旅館」という言葉に代表される共創による経営やお客の共感という地域の姿勢に変化はない。つまり、世代交代というコンフリクトがあったにもかかわらず、地域の姿勢は継承されたのである。裏を返せば、だからこそ後述する由布院温泉との民民連携など広域化を進めながら、「都市との共創」では東京都内クリエイター×黒川プロジェクトによる映像での情報発信、地域外に出向いた熊本未来会議をきっかけにした「第二町民」の概念など、さまざまな新たな挑戦を地域として続けられているのである。

▶　地域への波及効果：由布院温泉との民民連携

　10年ほど前から、旅館組合の青年部と由布院温泉（大分県由布市）との交流が始まっていたなか、2016年4月の地震後に話し合う機会があり、由布院温泉観光協会および同旅館組合で、「黒川と由布院の民民連携」を決定した。年内残り日数が約200日だったため、「黒川×由布院　夢つなぐ200日」という企画を6月に立ち上げた。お互いの共通のサービスの第1弾として、両温泉の連泊割引プランとともに、両温泉を行き来できる「湯めぐりチケット」を提供した。この原資は旅館組合からではなく、このプロジェクトに参加する旅館が費用を負担した。第2弾は「"広域"の未来を考える」と題して開催したまちづくり会議の開催である。交通アクセスの大動脈である、や

由布院温泉との民民連携

（出所）　北里有紀講演資料「地域
と共に生きる　大崩壊、そ
して創造的復興へ」(一財)
日本経済研究所主催「地域
未来セミナー──進化し続け
る観光まちづくり〜黒川・
由布院に学ぶ地方創生

まなみハイウェイの活性化という目的もあり、「運命共同体」の地域エリア
を広げていくきっかけとして、継続的な開催を予定している。

▶ 今後の課題

人口減少社会における観光産業の戦略として、インバウンドの顧客や連泊
需要への戦略が有効である。インバウンドは、2009年版ミシュラン・グリー
ンガイド・ジャポンで二つ星の評価を受けてから、アジアや欧米などから観
光客が増え始めた。2015年度の宿泊客31万7,000万人のうち、インバウンド
の宿泊客は5万人である。また連泊需要では、1.5泊の実現に向けた滞在時
間延長に取り組んだ。南小国町観光協会による2014年のGAP調査（観光資源
の認知度と興味度の調査）から、黒川温泉の「食」の認知度が低く、滞在時
間が短い傾向がみられた。そのため、昼食メニューの新規開発や着地での情

報発信を実施して、「あか牛丼」は年間1万食を超える大ヒットになった。その結果、2年間で2時間半、滞在時間が長くなっている。宿泊地で少し時間をかけてゆっくりみる、ツアーをしたり地元の人の話を聞いたりする着地型観光は、先進地域の欧州をみてもわかるように、そのポテンシャルは大きい。前述したように、着地型観光の取組みはすでに始まっているが、これがしっかり根づいていくかが課題である。

　黒川温泉は今回の熊本地震の後に、「チャレンジャーとして挑戦し続けるのみ」という意識を強くもって、地域外のさまざまな人々との交流を積極的に仕掛けている。そして、地域に眠っている資源は何かを見つめ直して、地震の前よりよくなる「創造的復興」に向けた活動を続けている。現時点で熊本地震を克服したと結論づけるのは時期尚早であるが、おそらく新たな挑戦のもとでブランド維持が果たされるものと期待する。

【参考文献】
　黒川温泉自治会、黒川温泉観光協会、黒川温泉観光旅館協同組合（株式会社エスティ環境設計研究所）パンフレット「黒川温泉の風景づくり」
　北里有紀（黒川温泉観光旅館協同組合　代表理事）講演資料「地域と共に生きる　大崩壊、そして創造的復興へ」一般財団法人日本経済研究所主催『地域未来セミナー―進化し続ける観光まちづくり～黒川・由布院に学ぶ地方創生～』（2016.11.9）
　後藤哲也『黒川温泉のドン　後藤哲也の「再生」の法則』朝日新聞社（2005）
　山村順次「熊本県南小国町黒川温泉の活性化―入湯手形で露天風呂めぐり―」
　黒川温泉観光旅館協同組合『黒川温泉2017年度　視察資料』

5－4

ブランドを維持する地域おこしのレジェンド
―由布院の観光まちづくり（大分県由布市）―

ケースのポイント

　由布院は、内発的地域づくりの先進例として1970年代〜1980年代にかけて脚光を浴び、観光客数を着実に伸ばした温泉地である。2000年代前半にピークを迎えたものの、その後も高い水準で推移している。2016年4月には熊本地震によって大きな被害を被ったが、2017年以降は順調に回復傾向を続けている。また、2019年のじゃらんネットの「全国あこがれ温泉地ランキング調査」[1]でも、13年連続で１位を獲得している。

　このように、約半世紀にわたって地域づくりのフロントランナーとして存在し続けている背景には、世代間交流・世代交代を適切に行いながら、70年代に確立させた地域づくりの哲学を維持・発展させてきた独自の営みがある。

大分県由布市

▶ 地域の概要

　大分県由布市（人口３万4,262人、2015年国勢調査）は、県のほぼ中央に位

1　まだ行ったことはないが、「一度は行ってみたい」温泉地を対象とした調査。

置し、北は宇佐市と別府市、南は竹田市、東は大分市、西は玖珠郡（玖珠町と九重町）に接している。2005年に平成の大合併（湯布院町、庄内町、挾間町の3町）により誕生した。市の北部から南西部にかけては由布岳や黒岳など1,000メートル級の山々が連なり、由布岳の麓には標高約450メートルの由布院盆地が形成されている。そのため、気温の日較差が大きく、冬は最低気温が氷点下になることも少なくない。この由布院盆地こそが由布院温泉の位置するところであり、人口の約3分の1に当たる1万人が居住している。由布院は源泉数で全国2位、温泉湧出量は全国3位である。

由布院は山間地ではあるものの、JR九州の久大本線の由布院駅や大分自動車道の湯布院ICがあり、九州の中枢都市である福岡市や県都である大分市からのアクセスに優れている。高速道路を利用すれば、福岡の繁華街である天神とも約2時間の時間距離にある。

▶ ケースの内容

1 背　景

由布院の観光まちづくりについては、1970年代から幾度となくマスコミや識者によって取り上げられてきた。そのエッセンスとしては、地域づくりのリーダーによって開発に頼らない、場合によっては開発を許さない、地域に根差した手づくりの観光まちづくりを実施してきたことがあげられる。その背景には、ドイツの小さな温泉地であるバーデン・バイラーから学んだ「静けさ・緑・空間」の重要性がある。これが基盤となって、由布院の観光まちづくりの理念[2]は培われている。

ゆえに、この3つの重要性を損なうような開発を避けながら、観光まちづくりを行ってきたのである。ただし、そのプロセスは単純な内発的地域づくりではなく、地域外の専門家、とりわけ哲学家や芸術家、建築家などのクリ

2　由布院の観光まちづくりを牽引した中谷健太郎氏や溝口薫平氏などのリーダーたちは、観光がまちづくりの「手段」である以上は、観光はまちの暮らしと調和しなければならないと考えて「住み良い、美しい町」を目指した。そして、その実現のために、①産業を育て町を豊かにする、②美しい町並みと環境をつくる、③なごやかな人間関係をつくる、という3つの目標を掲げた。

由布院を象徴する辻馬車とJR由布院駅

エイティブな人々と過ごすことで、外部の視点を絶えず取り込むものであった。JR由布院駅を設計した磯崎新氏などはその代表的な人物である。また、由布院の観光まちづくりの理念を共有できれば、民間企業とも積極的に連携を図ってきている。その典型がJR九州である。先に触れたJR由布院駅の新駅舎の建設（1990年完成）にあたって磯崎新氏を採用したことに加え、1989年には観光列車「ゆふいんの森号」を走らせている。当時の由布院は脚光を浴びていたとはいえ、観光列車を走らせるのには懐疑的な見方が多かった時期である。その時期に由布院のイメージであるアートと緑を体現した「ゆふいんの森号」が運行開始したのである。このことは結果的に、由布院のイメージを向上させたことはもちろん、JR九州のイメージ向上にもつながったのである。まさに、地域と企業との共生関係が築かれたのである。

　そして、由布院の観光まちづくりは、バブル経済崩壊の影響もほぼなく順調に推移し、観光客数（日帰り客数＋宿泊者数）は2003年の412万人でピークを迎えた。

　2　展　　開

　観光客数がピークとなった2003年には、由布院の観光まちづくりの取組みが、当時のNHKの人気番組「プロジェクトＸ」に「湯布院　癒しの里の百年戦争」として取り上げられた。これにより、すでに観光地としてブランドを確立していた由布院ではあったが、まちづくりのプロセスさえも多くの

人々に知られることとなった。そして、2005年には由布院を舞台とした
NHK連続テレビ小説「風のハルカ」[3]が放映される。この2003年～2005年頃
が由布院にとって1つの到達点（ピーク）であったと思われる。

　その後、由布院がメジャーな観光地となるに従って、旅館等宿泊施設はも
ちろんのこと、レストランや御土産業者等も増加の一途をたどる。これらの
関係者は地域外から移り住む人も少なくなく、それまでの地域に根づいてま
ちづくりを推進してきた人々とは一線を画す状況となった[4]。その象徴が、
「湯の坪街道」である。湯の坪街道は、その土産物屋の多さから「九州の原
宿」「田舎の原宿」とまで称されるようになった。由布院のまちづくりを長
く観察してきた木谷文弘氏は、その著書『由布院の小さな軌跡』（2004年）
で、「新設されていく宿泊施設や土産店などの建物そのものが由布院らしい
景観を壊していった」と指摘し、「由布院が壊れていく」と警鐘を鳴らして
いる。

　この時期は、由布院のまちのあり方そのものにも大きな変化が起きてい

多くの観光客で賑わう「九州の原宿」湯の坪街道

3　「いやしの里」大分県湯布院の父子家庭で育ったハルカが、離婚した母の住む「いら
　ちの街」大阪でツアープランナーになる物語。
4　須藤（2018）は由布院の地元観光業者のインタビュー調査から4つのタイプを抽出
　し、「まちづくり」への関与や「観光」への考え方からの分析を行っている（須藤廣
　「田園都市と「ロマン主義的まなざし」」『観光社会学2.0―拡がりゆくツーリズム研究』
　（2018））。

る。そのことを象徴する出来事が、自治体の合併問題である。旧・湯布院町5では、観光業者を中心に合併反対運動が巻き起こったのである。その理由としては、合併の対象となる庄内町や挟間町とはまちづくりの考え方が大きく異なっていること、これまで観光地として築いてきた由布院・湯布院等の地域ブランドが合併して新市ができることで損なわれかねないこと、そして、何よりも由布院の観光まちづくりにおいて自治体との連携が困難になる懸念であった。

　そして、ついに2005年1月に3,904名（有権者数の約41％）の町長解職を請求するリコール署名が湯布院町選挙管理委員会に提出され、2月にはリコールが成立した。しかし、その後の出直し選挙では旧町長が再選されたことで、旧・湯布院町は最終的に庄内町、挟間町と合併して、10月に現在の由布市となったのである。このような合併問題の成り行きは、地域に少なからずのしこりを残すとともに、地域が一体となって進めてきた観光まちづくりのイメージを損ねかねないものでもあった。

　2008年にリーマンショックが起こると、日本経済全体が大きな影響を受けたことで、由布院の観光業も少なからず打撃を受けた。由布市の宿泊者数の動向をみると、2007年93万5,000人、2008年91万5,000人、2009年79万2,000人、2010年71万6,000人と低下し続けている6。この時期、由布院の観光まちづくりに陰りがみえつつあると気づいた人も少なくなかったはずである。

　2000年代後半、苦境に立たされた由布院であったが、現実は大きな落ち込みには至らず、日帰り客310万人、宿泊客70万人をキープし続けていた（図表1）。これらの数字をキープできなかったのは、熊本地震が発生した2016年のみである。また、熊本地震以降の2017年は日帰り客約305万人、宿泊客約81万人、2018年は日帰り客約344万人、宿泊客98万人と近年にないペース

5　旧・湯布院町は1955年に由布院町と湯平村が合併して成立。湯布院という名称は旧市町村名である由布院と湯平を組み合わせてできた合成地名。よって、旧・由布院町の住民はいまでも由布院に愛着があるほか、JRの駅も由布院駅と湯平駅がいまでも存在している。

6　2005年に合併したため旧・湯布院町の宿泊者数は不明であるが、由布市の宿泊者数の99％は旧・湯布院町とみられる（2006年データからの推計）。

で増加に転じている。そして、冒頭にも触れたように「全国あこがれ温泉地ランキング調査」でも1位を続けているのである。

このように、大きな落ち込みもなくブランド力も維持し続けた背景には、「静けさ・緑・空間」の重要性に鑑み、主要な観光業者を中心に合併後の由布市とも真摯に向き合いながら、「湯の坪街道周辺景観計画・景観協定・紳士協定」(2008年) や「由布院盆地景観計画」(2013年) を策定したことがあげられる。その結果、湯の坪街道の土産店でも景観への配慮が進み、由布院らしい空間が維持されつつある。なお、合併問題で溝が深まったと思われた自治体と観光業者が折り合いをつけながら、各種計画や協定が策定できた要因としては、2000年代前半から順次、観光まちづくりのリーダーが世代交代していたことが大きい。その代表が「由布院 玉の湯」の桑野和泉代表取締役社長である。1970年代から由布院の観光まちづくりを牽引したリーダーである父、溝口薫平氏の後を継ぐかたちで、2003年に39歳で社長となり、2007年には43歳で由布院温泉観光協会の会長に就任している。

由布院で早めの世代交代が行われた背景には、常日頃から世代間交流が活発であったことが大きい。たとえば、日観連由布院連絡会議では50年以上に

図表1　由布市 (2005年〜2018年) の日帰り客数・宿泊客数の推移

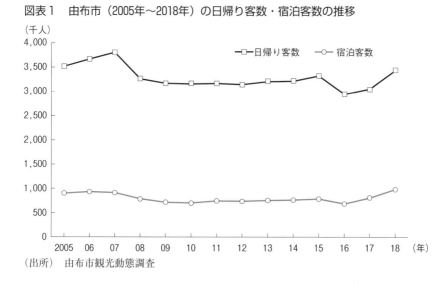

（出所）　由布市観光動態調査

わたって毎月意見交換会を行っているほか、隔年で海外と国内の研修旅行を企画・実施している。これらは年配者だけのものとならないように、若手も取り込んで行われている。このほかにも、由布院におけるさまざまな組織・団体は20代から登用される傾向が強く、メンバーの平均年齢は40代という。だからこそ、まちの景観のあり方やインバウンドへの向き合い方など、世代を超えた議論が展開されることで、おのずとこれまで培ってきた地域づくりの哲学が継承されるのである。

　熊本地震の後、由布院への客足がほどなく戻り、さらには上昇傾向に転じたことは、地域づくりの哲学がぶれずに継承され、ブランドが広く浸透していたからこそであろう。震災の影響を心配して由布院に足を伸ばした由布院ファンも少なくなかったはずである。そして、由布院の側も1975年の大分県中部地震の教訓をふまえつつ、同じく被災した熊本県南小国町の黒川温泉と連携し、地震から200日が経過したタイミングで共同キャンペーンの「黒川×由布院　夢つなぐ200日」[7]をスタートさせ、情報発信を行った。あわせて、地震後にせっかく来てくれた人々への「おもてなしの深掘り」にも取り

由布市ツーリストインフォメーションセンター

7　「黒川×由布院　夢つなぐ200日」とは、黒川温泉観光旅館協同組合と由布院温泉観光協会が共同で行うキャンペーンで、黒川温泉・由布院温泉の「連泊特別割引プラン」や黒川温泉の「入湯手形」、由布院温泉の「スカーボロ」「レンタサイクル」の利用で湯めぐりチケットが当たるプレゼント企画などがあった。

組んでいる。たとえば、JR利用客を対象に、由布院盆地に流れる大分川沿いの小道などを案内して歩いてもらう「まち歩きガイドツアー」を実施している。ある意味、1970年代から大きく進化した由布院が垣間みられるエピソードである。

地震後の2018年には、由布市ツーリストインフォメーションセンターがJR由布院駅の隣に完成した。地震前から官民あげて取り組んできた施設である。建築家の坂茂氏の設計による美しいアーチ状の木材に囲まれ、大きな吹き抜けのなかに自然の光があふれる空間は、「静けさ・緑・空間」の重要性を継承してきた由布院を象徴する施設となっている。また、ゆるやかなスロープを登った2階には、旅に関する1,500冊の書籍がならぶ「旅の図書館」となっている。新たな出会いを演出する公共空間でもある。

 ## 成功の要因

由布院が約半世紀の間（図表2）、進化・持続してきた最大の要因は、すでに指摘したように「住み良い、美しい町」を目指すための地域づくりの哲学を掲げ、世代間交流・世代交代を適切に行いながら、その哲学をしっかり継承してきたことにある。では、なぜ由布院はそれができたのであろうか。交通インフラの整備などによって「地の利」を得たことや、発展期に「一村一品運動」など行政（大分県）による施策といった「時の声」を得たこともあるが、溝口薫平氏のいう次の3点こそが学ぶべき点ではないだろうか。

1 共存意識の徹底

観光まちづくりに限らず、地域づくりは競争だけでは成り立たない。そこには地域共同体として共存していくための考え方、すなわち哲学が必要である。そして、その実現のためには地域独自の規制やルールが必要である。由布院における条例や計画、協定はまさにそれを体現したものである。また、本稿では詳しく触れなかったが、由布院温泉では地域内で連泊するお客さんがいる場合は、前日の料理メニューを翌日の旅館に提供する仕組みがある。このほかにも、各旅館の料理人同士による勉強会を行うなど、まさに共存意識から生まれた活動が多くみられる。

図表2　由布院温泉のまちづくりに係る約50年間の主な変遷

年	内　容
1970年	「由布院の自然を守る会」発足
1971年	「由布院の自然を守る会」が「明日の由布院を考える会」に改組
1975年	大分県中部地震発生
	由布院に辻馬車が走る
	第1回ゆふいん音楽祭開催
	第1回牛喰い絶叫大会開催
1989年	「特急ゆふいんの森号」運行開始
1990年	「潤いのある町づくり条例」制定
	JR由布院駅新駅舎完成
1997年	「ゆふいん料理研究会」が発足
2003年	NHKプロジェクトX　挑戦者たち「湯布院　癒やしの里の百年戦争」放映
2005年	狭間・庄内・湯布院町が合併し、由布市へ
	NHK連続テレビ小説「風のハルカ」放映
2008年	「湯の坪街道周辺景観計画・景観協定・紳士協定」策定
2013年	「由布院盆地景観計画」策定
2016年	熊本地震発生
2018年	由布市ツーリストインフォメーションセンター完成

2　"心あわせ"の実施

　合併問題だけでなく、由布院ではこれまでまちを二分するような状況が何度も起こっている[8]。その度に何とか折り合いをつけてきたのである。そこには"心あわせ"という営みがあった。由布院のような小さなまちでも、いろんな人がいるので、心をひとつにするのはむずかしい。しかし、部分的にあわせていくことは可能であるから、そこをまずあわせていこうということ

8　代表的なものに、バブル期の大型リゾート施設の進出問題や日出生台の米軍実弾演習問題などがある。

である。合併問題以降の観光業者と由布市の取組みは"心あわせ"の結晶といえよう。

3　若者を否定しない

　いつの時代も若者こそが新しい風を吹き込んでくれる。よって、大人たちは既存の価値観で若者を批判することには慎重になるべきである。由布院ではこの考え方が浸透しているからこそ、世代間交流や世代交代がスムーズに進んでいるのである。実際、ユニークな若者がデザインやICTの分野で由布院を支えている。逆にいえば、若者を取り込み変化できない地域は退化が避けられないのである。

▶　今後の課題

　順調にみえる由布院の観光まちづくりではあるが、課題がないわけではない。インバウンドへの対応など、目まぐるしく変化する外部環境への対応は重要な課題である。また、人材不足への対応も喫緊の課題である。とりわけ、旅館業の人材確保はむずかしいため、将来的には旅館業の負担を軽減できる「泊食分離」についても考えていく必要があろう。さらには、長年の懸案である中心市街地への車の乗り入れ規制の問題などもある。

　そのようななか、由布院はすでに新たな世代交代が起こり始めている。2019年になって由布院温泉観光協会の会長に、「由布院　草案秋桜」の代表である39歳の太田慎太郎氏が就任した。地域づくりの哲学を継承しつつも、きっと新しい風を吹かせてくれるのであろう。

【参考文献】
・大澤健・米田誠司『由布院モデル』学芸出版社（2019）
・木谷文弘『由布院の小さな奇跡』新潮新書（2004）
・桑野和泉「由布院の観光まちづくり」『日経研月報』2016年7月号（2016）
・須藤廣・遠藤英樹『観光社会学2.0—拡がりゆくツーリズム研究』福村出版（2018）

5－5 ‖‖

柑橘系の香りがする芋焼酎
―国分酒造・大口酒造・小正酒造（鹿児島県）―

‖‖

ケースのポイント

　芋焼酎ブームを経て停滞する鹿児島県の焼酎業界に新たな動きができてきた。新しい芋の香りを実現した柑橘系焼酎が登場したのである。商品としての魅力もさることながら、各地の特性を活かした芋（香り）の活用が可能となる点はきわめて魅力的である。なぜなら、魅力を伝えるものが個々の商品から地域の価値に転じ、人々の記憶にとどまりやすくなるためだ。地域の魅力をうまく伝える地域価値の枠組みに関するデザインが体現されている。

鹿児島県

▶ 地域の概要

　九州最南端の鹿児島県（人口164万8,177人、2015年国勢調査）は、南北600キロメートルに及ぶ広大な県土は自然環境に恵まれ、肉用牛、豚、そらまめ、そして、さつまいもなど日本一を誇る農畜産物を産出している。そのさつまいもを原料としているのが、鹿児島の本格焼酎である。

　鹿児島県にとって本格焼酎は有力な特産品である。本格焼酎の製造業者は全県的に広く分布しているうえに、農業、飲食業、観光産業と関連する業種

286　第Ⅱ部　全国各地におけるボトムアップ型地域経営のケース

も多く、県のリーディング産業の1つとなっている。国税庁の単式蒸留焼酎製造業の概況（平成28年度調査分）によると、鹿児島県には107の業者が存在しており、九州7県全体の40.1％を占めている。ただし、課税移出量については11万6,563キロリットルで、宮崎県に次いで全国第2位となっている。つまり、鹿児島県は宮崎県に比べて中小規模の業者が多く存在しており、それぞれの独自性をアピールしているのである（参考：宮崎県は35の業者に対して課税移出量13万7,481キロリットル）。

▶ ケースの内容

1 背 景

鹿児島県では国分酒造等による新しい芋焼酎が好評である。芋の香りのなかでも柑橘系を強調したもので、ハイボール等に向いている。かつては、芋臭さを除くことに熱心だった業界に、学問の立場から一石を投じたのは、神渡巧博士の2007年の論文であった。芋の香りには柑橘類に似た成分があり、熟成させることでその成分が増すことを示した。それから数年を経て、国分酒造や小正酒造、大口酒造によって柑橘系の香りを有する芋焼酎が開発された。今後これは大きなムーブメントとなる可能性がある。

本格焼酎産業（芋焼酎、麦焼酎等）は南九州に集中して立地する地場産業である。伝統的な製法に準拠し一回しか蒸留を実施しないことから、酒税法上は単式蒸留焼酎（乙類焼酎）とされる。蒸留を繰り返す場合は、連続式蒸留焼酎（甲類焼酎）に分類される。純度の高いアルコールを得ることができるものの、原料の風味はほとんど残らない。主にチューハイ等の原料として用いられる。両者は歴史的にも地理的にも別分野の製品として発展してきた。

本格焼酎という呼称が利用されるようになったのは、かつての酒税法上の名称である乙類という呼称が、甲類に比べ劣った印象を与えることから、伝統をふまえた本格的な手法であることを主張するためであった。

しかし、本格焼酎は甲類焼酎を超えて全国に浸透した。他の酒類の消費が減るなかで、本格焼酎は戦後長期にわたり拡大を続けたのである（図表1）。

図表1　本格焼酎と連続式蒸留焼酎の製成量

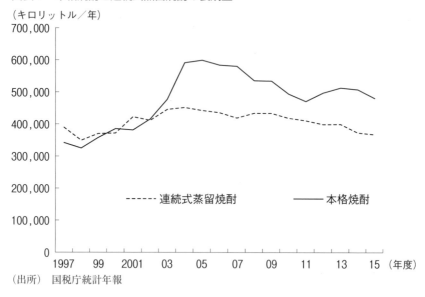

（キロリットル／年）

（出所）　国税庁統計年報

製成数量の拡大は2005年まで、消費量の拡大は2007年まで続いた。その後は減少しおおむね横這いに転じて現状に至っている。成長を続けてきた本格焼酎産業は踊り場にあるため、なんらかのイノベーションが求められる状況にあったといってよいだろう。そこに登場したのが、芋を原料としながら柑橘系の香りを醸し出す新しいタイプの焼酎である。

2　展　　開

　国分酒造の笹山社長によれば、ライチの香りが立つ焼酎「安田」の誕生は、以下の経緯によるものである。

　2012年10月に地元の農家が復活させた100年前の芋（蔓無源氏：つるなしげんじ）を初めて芋麹で仕込んだ（国分酒造では、もともと米麹製品を製造していた）。最初は10月の仕込みだけでやめるつもりだったが、12月に生産農家からまだ原料芋があるとの連絡を受けた。原料芋は寒いところに放置されていたため、やや傷んでいた（≒熟成していた）。蔓無源氏は余所にはないことから、貴重な機会と考えてあらためて仕込んだところ、刺激臭が強い焼酎となった。その焼酎は夏場にはマスカットの香りに変化していた。製品として

は、1回目に仕込んだものと2回目に仕込んだものをブレンドして発売した。顧客の反応は好評と不評の両極端に分かれた。

　2年目（2013年）は傷んでいないきれいな芋で仕込んだところ、特徴に乏しい焼酎となった。顧客からは物足りないとの意見が多かった。続いて3年目（2014年）は、原料芋の熟成にトライした。1年目の条件を人工的につくってみたのである。具体的には、3回の仕込みの3回目を熟成にして、米置き場に2週間芋を置いてみた。その結果、2年目よりも個性がはっきりと出た。

　4年目（2015年）は貯蔵割合を増やし、5年目（2016年）には専用貯蔵庫をつくり、2〜3週間そこで原料芋を熟成させた。徐々に原料芋の多くを熟成させる環境が整ったのである。また、国分酒造ではダイスではなく、芋を丸ごと芋麹とするような工夫を施した。

　要するに、甘い芋（蔓無源氏）を熟成させ、丸ごとの芋麹で醸したところ、ライチの香りとなったのである。これは、香り成分の元となるモノテル

図表2　国分酒造「安田」、芋焼酎、マスカットワインの香り成分比較

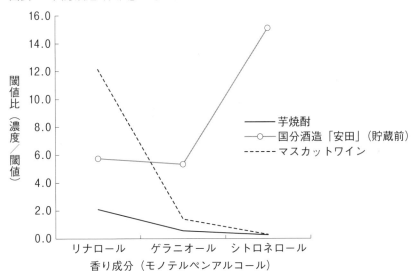

（出所）　神渡巧、瀬戸口智子「芋焼酎の香りに及ぼすサツマイモ品種の影響」生命工学第89巻、p.724、国分酒造資料（2011）

ペンアルコール（以下、MTA）をなるべく多くするようにして、最新の洗練された技術で仕込んだところ、ライチの香りとなったと考えることができる（図表2）。

　不思議なことに、原料等の条件は昔の焼酎製造法に近い可能性がある。かつての芋焼酎は2〜3月まで仕込むことも多かった。仕込みの期間が長いことで熟成が進み、糖度が増していたとみられる。また、MTAが多い尻尾の部分も活用していた。その結果として、豊富な香りを有していたと考えられる。

　雑味となる部分を丁寧に取り除きつつ、MTAが多くなるような工夫をすれば、有用な香りだけを醸すことができる。「安田」が示しているのは、そのような方向性ではないだろうか。

　これは、神渡博士の研究が示唆した香りに特徴をもたせる方向性を現実のものにしたと位置づけることができるだろう。

▶ 学ぶべき事項

　もっとも「安田」のような焼酎を生産するには、まずその香りをポジティブなものと認識する必要がある。これまでは、熟成した芋の香りは、専門家の間で「芋イタミ臭」と呼ばれ、排除すべきものと認識されてきた。これは、欠陥が少ないほど高い評価を与えてきた評価方法の影響とみられる。しかし、一定の品質レベル以上になれば、逆に消費者の嗜好に合った特徴が必要となる。「芋イタミ臭」は、一般消費者には「ライチ」と感じられる香りであり、特徴を出しやすい側面を有している。

　本格焼酎は評価方法を変えて、特徴を出す方向に転ずるタイミングが訪れたのではないか。欠点がない商品をよいとする時代は過去のものとなり、むしろコモディティ化を招くものとして警戒する状況となっていると考えられる。

　実は、清酒も同じような状況に直面している。清酒の評価も減点法が主体で、特徴をもたせるような評価方法がなかったのである。その結果、清酒業界は内部等の官能評価に依拠せず、独自に消費者に近い判断をする中小の蔵

柑橘香／芋焼酎の例（国分酒造「安田」：ライチ、大口酒造「伊佐小町」：花・紅茶、小正酒造「黄猿」：マスカット）

元のみが活況を呈するようになっている。

　これまでの本格焼酎と清酒にはポジティブな評価方法がなかったが、今後の発展にはポジティブな評価が必須である。まずは、少しでもネガティブな表現からポジティブな表現へ、端的には「芋イタミ臭」から「果実臭」といった評価へ変えていくことや、その境界について検討することが期待される。

　評価が変化すれば、それは商品の性格だけでなく、原料にも及ぶ可能性が高い。さつまいもの品種である黄金千貫（こがねせんかん）は、香り成分が少ないことから普及が進んだ。香りを活用するようになると、黄金千貫ではなく、香り成分に富んだ芋が利用される可能性が出てくる。

　すると、その土地に適した芋や蔓無源氏のようなかつての芋が見直される。各地においてかつての芋が復活し、さまざまな香りを有する芋焼酎が輩出されることを想像するのは楽しい。これは、地理的表示が重要性をもつ流れである。フランスワインのように、土地の個性を反映した農産物を活用して芳醇な風味を実現し、プレミアム化する方向性が見え始めたと考える。

▶ 今後の課題

　柑橘系芋焼酎の開発は、大学の研究室でその可能性が指摘され、現場では

偶然が幸いして開発が進んだ。日本の飲食品は、たとえば清酒もそうだが、西洋のワイン等に比べると風味が複雑な場合が少なくない。西洋では認識されておらず日本独自の味覚とされてきた旨味が端的な例であるが、それ以外にも多様な自然を反映した複雑な風味が多い。これらは科学的には十分に解明されたとは言いがたく、西洋的工業化のなかで乱暴に切り捨てられてきた側面も少なくないものとみられる。

　これらへの配慮は、環境的な側面を含めて過去への回帰にみえるかもしれない。しかし、そのようなムーブメントこそが、同業者や農業者、行政、大学との連携を強め、商品の物語性を高め、地域のブランド化につながっていくのである。このことは、柑橘系焼酎だけでなく、本書で取り上げているNEXT5や発酵の里こうざき、新潟大学日本酒学、中洞牧場等にも共通している。これは偶然ではなく、わが国の地域振興の方程式が内在されていると考えることが自然である。

　同じような環境保護を哲学としても、欧米にはない多様な自然や、かつての独創を背景にした食品産業は、欧米にはない独自性をもちうる。工業では手強いライバルとなった中国も、農村部が環境保護を配慮し東アジアの環境を活かすまでに成熟するには長い時日を要する。日本は地域ブランドの領域でこそ「ジャパンアズナンバーワン」となれそうである。

【参考文献】
　原田保「地域デザインにおけるアクターズネットワークデザインの基本構想」『地域デザイン』第10号、地域デザイン学会（2017）
　神渡巧、瀬戸口智子「芋焼酎の香りに及ぼすサツマイモ品種の影響」生命工学第89巻（2011）
　日本政策投資銀行『新しい焼酎の時代〜香り高いプレミア焼酎と本格焼酎前線再北上の可能性』（2017）

6

地域人材の育成・
外部人材の活用

6－1

||||||||||||||||||||||||||||||||||||||||||||||||||||||||||||||||||||||||||||

新幹線開業を契機とした
志民がつなぐ新時代の津軽海峡交流圏

―ラムダプロジェクト＆津軽海峡マグロ女子会（青森県・北海道道南
地域）―

||||||||||||||||||||||||||||||||||||||||||||||||||||||||||||||||||||||||||||

ケースのポイント

　北海道新幹線の開業を契機に、青森県全域と北海道道南地域を１つの
圏域ととらえた「津軽海峡交流圏（以下、交流圏）」形成に向けた取組み
が進行している。青森県主導で発足した「津軽海峡交流圏ラムダ作戦会
議」では、圏域内外の多様な主体が協働して知恵を出し合い、地域資源
の発掘・組合せによって、交流圏住民や企業の間での交流活発化や、首
都圏など域外からの交流人口誘致に向け
て、さまざまなプロジェクトが動き始めて
いる。また、これらの活動がきっかけとな
り、交流圏内の個性豊かな女性たちが立ち
上げた「津軽海峡マグロ女子会（通称：マ
グ女）」が、互いに切磋琢磨しながら交流
圏に新たな価値を生み出しつつある。

青森県・北海道道南地域

▶　地域の概要

　津軽海峡を挟んで向かい合う青森県と北海道道南地域。両地域間の交流の
歴史は古く縄文時代にもさかのぼるなど、長年にわたる人の移動を通じて、
地理的・歴史的・文化的に強い結びつきを有している。近年においても、そ
の交流は進学・就職から通院・買い物といった交流圏住民の日常生活に至る

図表１　津軽海峡交流圏の概要

区分	津軽海峡交流圏	青森県	道南地域 （渡島地域＋檜山地域）
人口（万人）	175	131	44
面積（平方キロメートル）	16,214	9,646	6,568
総生産（億円）	59,451	45,442	14,009
観光客数（千人）	47,776	35,033	12,743

（出所）　『提案リスト2019』令和元年12月27日　津軽海峡交流圏ラムダ作戦会議

まで、かたちを変えながら継承され続けている。

　両地域の中心都市である青森・函館２都市間の所要時間は、青函連絡船就航時には約４時間を要していたが、青函トンネル開通により在来線特急列車では約２時間となり、2016年３月26日の北海道新幹線開業によって新青森駅・新函館北斗駅（北斗市）間が約１時間で結ばれ、30年間で４分の１にまで短縮されている。

　交流圏（58市町村：青森県40、道南地域18）人口約175万人を擁する「津軽海峡交流圏（図表１）」は、北海道新幹線によって将来的に結ばれる札幌圏と東北地方の中心である仙台圏の中間に位置している。交流圏では、人口減少時代において圏域内の市町村間で限られたパイの奪い合いをするのではなく、交流圏住民や企業の間での交流活発化や地域資源の組合せによる相乗効果を発揮することで、首都圏を中心に域外からの交流人口誘致に向けた機運が高まっている。

 ## ケースの内容

１　背　景

　北海道新幹線の開業により、青森県では八戸駅（2002年）、新青森駅（2011年）に続き、津軽半島先端に位置する今別町に設置された本州最北端の新幹線駅「奥津軽いまべつ駅」で県内３度目の新幹線駅開業を経験することと

なった。前2回の開業がいずれも県内が終着駅であったのに対して、今回は
魅力ある観光地として国内外で知名度の高い北海道道南地域まで新幹線が延
伸されることで、マスコミ報道をはじめ全国的な関心も北海道へと向けられ
ることになった。そのため、青森県内では開業時期が近づくにつれて、観光
関係者を中心に「北海道新幹線開業後に青森は通過点として素通りされてし
まうのではないか」といった不安の声があがるようになっていた。

　このような状況を受けて、自らも青森県の存在感の低下に強い危機感を抱
いていた三村申吾青森県知事の発案により、新幹線開業3年前の2013年3月
にスタートしたのが、「ラムダ（λ）プロジェクト」（図表2）である。プロ
ジェクトの名称にある「ラムダ（λ）」とは、今回開業した北海道新幹線ルー

図表2　青森県と道南地域をつなぐラムダプロジェクト

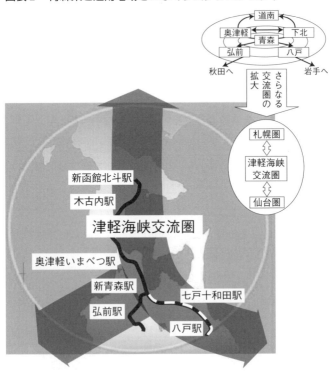

（出所）　『提案リスト2019』令和元年12月27日　津軽海峡交流圏ラムダ
　　　　作戦会議

トである八戸駅から新青森駅を経由して新函館北斗駅までのルートに、新青森駅から弘前駅までの在来線ルートを加えたかたちを、ギリシャ文字のラムダ（λ）に見立てて命名された。同プロジェクトでは、青森県内だけでなく北海道道南地域を含めた圏域内の交流活発化を図るとともに、域外からの交流人口拡大と訪問者の滞留時間の質的・量的拡大を目指している。

　プロジェクトを推進する“頭脳＆エンジン”の機能を担う存在が、青森県内外から選出された委員とアドバイザーから構成された「青森県津軽海峡交流圏ラムダ作戦会議（以下、ラムダ作戦会議）」である（注：2017年6月からは北海道道南地域の委員も加わり「津軽海峡交流圏ラムダ作戦会議」として再スタートしている）。ラムダ作戦会議では、議長である地元弘前大学の森樹男教授と県内の集客交流分野で活躍中の2人のチームリーダー（NPO法人ACTYの町田直子理事長、ぷらっと下北の島康子代表）を中心に、交流圏形成に向けてさまざまな活動に取り組んできている。

2　展　　開

　ラムダ作戦会議では、北海道新幹線開業の約1年前、折しも北陸新幹線開業当日の2015年3月14日に、青森県と北海道道南地域の魅力自慢対決イベントの「津軽海峡交流圏公開生バトルIN函館」を開催。また、開業直後には委員有志が出演する「青森県・函館ディスティネーションキャンペーン（以下、青函DC）」プロモーション動画「新幹線に乗っちゃって！」を制作する

津軽海峡交流圏公開生バトルIN函館の様子

津軽海峡交流圏ラムダ作戦会議メンバー

（提供）　青森県

など、委員同士が連携・協働しながら、イベントの企画から運営まで文字通り実際に汗をかきながら交流圏形成を担ってきている。

　このほかにも、ラムダ作戦会議の発足以来、交流圏内の学生同士の交流や着地型体験ツアーの実施、シンボルキャラクター「マギュロウ」のデザイン、学術誌特集号の企画など、委員自身が毎年さまざまなプロジェクトを企画・実行してきており、各年度の取組み状況は、青森県より「λ（ラムダ）プロジェクト提案集（以下、提案集）」として公表されている（過年度の提案プロジェクトとその取組み状況については、青森県交通政策課「ラムダ作戦会議」ホームページを参照）。

▶ 成功の要因

1　自由な発想と行動を誘引する地域人材育成の場「ラムダ作戦会議」

　ラムダ作戦会議では、行政主催の会議にありがちな事務局の提案に形式的に意見を述べるスタイルではなく、ユニークな「メンバーの掟（図表3）」に従いつつ、個々の会議メンバーが自由な発想に基づいて自らのフィールドでの活動を通じて交流圏形成に貢献してきている。また、会議自体も県庁内会議室で開催するのではなく、圏域内自治体に出向き、地元で活動するキーパーソンとの意見交換や地域資源の実査なども行ってきている。さらには、ラムダ作戦会議が志向する広域連携に関して先進的な取組みを行っている他

図表3　ラムダ作戦会議「メンバーの掟」

①	津軽海峡交流圏を元気にしたいという熱い想いがある
②	前向きである
③	面白いことが好きである
④	自ら汗をかく
⑤	交流圏形成の頭脳である

（出所）『提案リスト2019』令和元年12月27日　津軽海峡交流圏ラムダ作戦会議

地域にも、会議メンバーと県庁職員が一緒に出向いてヒアリングや実査を行うことにより、地方創生の担い手となりうる地域人材の育成にも寄与している点が特徴である。

2　「民主官（公）従」のパートナーシップ構築

ラムダ作戦会議（後述の「津軽海峡マグロ女子会」についても同様）では、会議メンバー個人やNPO、企業などが自発的に起こした活動を、地方自治体など公共セクターが必要に応じて後方からサポートする「民主官（公）従」の仕組みが構築されている。具体的には、前述のイベント「津軽海峡交流圏公開生バトルIN函館」開催にあたって、企画自体を会議メンバーが発案し運営もメンバー有志が担う一方で、地元自治体等関係機関との各種調整や事前のマスコミ等への告知、ならびにこれらに要する費用負担などは青森県が行ってきている。

▶　地域への波及効果

1　「ラムダ」から「マグ女」に継承される交流圏連携の志

ラムダ作戦会議の女性メンバーが中心となり、いまやプロジェクトの牽引役として重要な役割を担っているのが、「津軽海峡マグロ女子会（通称、マグ女）」である。マグ女はフェリーで函館とつながる下北半島大間町出身の島康子氏と、北海道松前町の温泉旅館若女将の杉本夏子氏の2人が中心となり、2014年3月に北海道新幹線開業に向けて結成された「津軽海峡を取り囲むエリアの女たちのアライアンス（島氏）」である。

津軽海峡マグロ女子会のメンバー
（提供）　津軽海峡マグロ女子会

　マグ女の名称は、「交流圏（大間町・松前町）に共通の地域資源であるマグ
ロが死ぬまで泳ぎ続けるように、交流圏を盛り上げるべくチャレンジし続け
よう」といった意味を込めて命名された。カフェ経営者や旅行プランナーか
ら公務員、銀行員、さらには大学生まで、さまざまな立場・職業の多彩な女
性たち約80名が活動に参加しており、その数は現在も増加を続けている。

　マグ女の結成3年目の2016年10月1日、前日には新幹線開業前から官民地
域ぐるみで準備してきた全国のJRグループをあげた交流圏最大の誘客イベ
ント「青函DC」が終了し、観光関係者のだれもが「観光客誘致はこれで一
段落」と一息ついていた。そのタイミングで、マグ女が満を持して打ち出し
た企画が「マグ女のセイカン♡博覧会（以下、セイカン博）」である。郷土愛
に溢れるマグ女一人ひとりがパビリオンとなり、自らおもてなしする「マグ
女と歩く夕暮れどきの○○駅前ほろ酔い散歩」、地元グルメや手づくり体験
など、圏域で暮らす「人」を主役に「暮らしぶりを訪れる旅」をプロデュー
スした「まち自慢プログラム」を、交流圏内で同時多発的に展開する集客交
流イベントである。3年目を迎えた2018年度には、津軽海峡を挟んだ11市町
村で、マグ女たちの手づくりによる「27の体感プログラム」が用意されてい

「海をつなぐ寄り道旅　マグ女のセイカ
ン♡博覧会」
（提供）　津軽海峡マグロ女子会

る（写真：プログラムの詳細は「マグ女のセイカン♡博覧会」事務局ホームペー
ジを参照）。

　このほかにも、マグ女は交流圏の食材に着目したオリジナルの駅弁「懐か
しの津軽海峡にぐ・さがな弁当」を監修するなど、さまざまな手段で交流圏
のPRに貢献してきている。マグ女のこのような取組みは、域内外からも評
価されており、2016年9月には地元金融機関である青森銀行の「第24回あお
ぎん賞」受賞を契機に、2017年9月には地域の観光振興と発展への貢献が評
価され「第9回観光庁長官表彰」を、さらに、2018年6月には内閣府より
「女性のチャレンジ賞」を受賞している。

　2　新幹線沿線以外にも広がる交流の輪─津軽海峡交流圏郷土芸能祭─

　交流圏では、マグ女の活動のほかにも新幹線沿線から離れた地域間で新た
な交流プロジェクトが生まれている。青森県下北半島の佐井村と津軽半島の

五所川原市に北海道江差町を加えた3地域では、新幹線開業を契機に地域資源として価値が再認識された郷土芸能や伝統的な祭りを通じて、交流圏民同士の交流・連携を深めている。

2017年10月14日には、地元自治体に加えてラムダ作戦会議メンバーが代表を務める市民団体などが協働することで「津軽海峡交流圏郷土芸能祭」が開催されている。具体的には、毎年全国各地から選ばれた江差追分の唄い手が集まる江差町の江差追分会館において、佐井村福浦地区で地元の漁師によって百年以上継承されてきている漁村歌舞伎、津軽三味線の発祥地である五所川原市金木町の津軽民謡・津軽三味線の上演が実現している（第2回は、2018年10月6日に五所川原市金木町「津軽三味線会館」にて開催）。

▶ 今後の課題

新幹線開業年度に実施された「青函DC（7月1日～9月30日）」では、3カ月間にわたり全国のJRグループ6社とともに地元自治体、観光関係者が総力を結集した大型観光プロモーションが実施された。その結果、利用者数は開業前年、在来線時代の140万人（JR北海道発表）に対して、開業年には229万人（同上）と大幅に増加するなど明らかな"開業効果"がみられた。しかしながら、その翌年には182万人（同上）と再び200万人を割り込んでいる。また、最も効果が見込まれた函館市の観光入込客数も527万人（函館市発表）と前年比6.4％減にとどまるなど、新幹線開業効果は一時的なものであったとみられている。

青森県と同様に人口減少と高齢化が進行している地域では、地方創生の担い手となる人材不足が指摘されている。そのため、就農体験からIoT等を活用した起業など、さまざまな目的をもって地方に移住してくる若者たちや、住民と協働して地域活性化に取り組む「地域おこし協力隊」など域外からの人材に注目が集まる傾向がみられる。これに対して、本稿で紹介したラムダ作戦会議やマグ女に象徴される取組みは、いずれも地域人材の重要性に着目しており、地域の将来を「他人任せ」ではなく「じぶんゴト」ととらえて、地域課題に正面から向き合っている姿が特徴的である。マグ女たちは交流圏

で地域資源を活かしたプログラムを仕立てながら、同時におもてなしの現場で活躍する地元人材にも光をあてており、交流圏民がつながることによって「海（津軽海峡）を越えた"鉄道"ならぬ、熱い思いをもった"人"の道」が築かれつつある。

　現在、他地域での地域づくりの現場においても、交流圏でマグ女が起こした活動が起爆剤となり、これに刺激を受けた志民のアライアンスが次々と誕生するなど、さまざまな"化学反応"が起きている。北海道後志地方のまちおこしグループ「しりべし女子会（通称：しり女）」や青森県八戸市の「八戸（はちのへ）サバ嬢」から、交流圏からは遠く離れた山口・福岡両県の関門エリアでの「関門海峡フク女子会」に至るまで、交流圏民の地域への想いは全国に広がりをみせている。

【参考文献】
津軽海峡交流圏ラムダ作戦会議『提案リスト2019』青森県（2019.2）
一般財団法人青森地域社会研究所「新時代の津軽海峡交流圏の構築に向けて〜交流圏民が進める新たな広域連携・協働〜」『月刊れじおん青森2016年11月号』（2016.11）
株式会社いよぎん地域経済研究センター「先行事例に学ぶ地域連携〜四国新幹線の実現に向けて〜」『調査月報IRC Monthly 2017年10月号』（2017.10）
連載「地域活性化エッセー　津軽海峡マグ女激情」東奥日報

6−2

インターローカルの時代の
「役人の殻をやぶる」ための人材育成

—せんだい大志塾（仙台市）—

ケースのポイント

　せんだい大志塾は、仙台市主催の職員研修でありながら、「役人の殻をやぶる」ことに重点を置いたユニークな人材育成の取組みである。2010年度の開塾からすでに10年が経過し、卒塾生も200人を超える。人材育成はすぐに成果が出にくいだけに、中長期的な視点に立った戦略的な取組みとして注目される。また同時に、せんだい大志塾は仙台市職員にとどまらず、東北地方の各都市職員にも門戸が開放されている点も特徴的である。東北地方においても経済圏・行動圏の広域化が進んでおり、ブロック全体を視野に入れた広域的な発想をもった公務員が求められている。そう遠くない将来、卒塾生の人的ネットワークを活かした「オール東北」での画期的な政策立案が期待される。

仙台市

▶ 地域の概要

　東北6県唯一の政令指定都市である仙台市（人口108万2,159人、2015年国勢調査）は、宮城県の県都であると同時に、東北地方の中枢都市である。政令指定都市となった1989年の仙台市の人口は89.6万人であり、この約30年間で

約20万人近く増加している。

　伊達政宗公の時代から東北地方の中心であった仙台市は、1970年代以降の東北新幹線や東北自動車道などの高速交通体系の整備により、首都圏からのアクセスに加え、東北各地からのアクセスも向上したことで、さらなる発展を遂げている。域内総生産でみても、宮城県の約56％、東北の約15％を占めるに至っている（2015年県民計算年報）。

▶ ケースの内容

1 背景

　2010年8月20日、「せんだい大志塾」は開塾した。せんだい大志塾とは、当時の仙台市副市長であった伊藤敬幹氏が、前例や従来の枠組みにとらわれない柔軟な発想ができる職員の育成を目的とした塾である。塾とはいうものの、あくまで市職員を対象とした研修であり、開塾当初は市役所全部局から30〜40代の職員21名が推薦され塾生として入塾した。

　開塾早々の第1講の冒頭で、塾長に就いた伊藤副市長（当時）は、塾生に対して「市役所には優秀な職員が多いが、リスクを背負ってでも積極的に挑戦する姿勢が足りない。将来的に仙台市をリードする自覚をもち、大きな視野から自治体として画期的なアイデアを出してほしい」と述べた。そして、塾生たちに「役人の殻をやぶる」ことを求めたのである。まさに、21世紀の自治体職員が求められていながら、なかなか実現できていないことへの挑戦であった。

　せんだい大志塾は、2010年度の第1期が終了した2011年3月8日の直後の3月11日に発生した東日本大震災を乗り越え、そして2017年7月の市長の交代、2018年3月の伊藤副市長の退任後も継続されてきている。2019年度には第10期を迎え、仙台市に加えて東北10都市の職員計29人が参加した。

　年度によって若干異なるが、せんだい大志塾では約半年をかけて6〜8回程度の講義を行っている。毎回の所要時間も1日ないしは半日をかけた濃厚なものである。そこでは"師範"と呼ばれる講師陣が一方的に講義を行うのではなく、師範の与えるテーマや問題提起に沿って、塾生が主体的に考え、

自らの意見を発表することが求められる。そして、塾生の考えが狭い視野にとどまっていたり、筋が通っていなかったりする場合には、師範から詰問にあう厳しい内容となっている。

そもそも伊藤塾長がせんだい大志塾の開塾を思いついたきっかけは、青森県が2007年に開設した「あおもり井蛙塾」にさかのぼる。あおもり井蛙塾は、三村申吾青森県知事が「県庁職員はとても優秀なのに、外の世界を知らない人が多い。国内外の動きを知る人と議論することで職員の企画力を高めてほしい」という要請で設置されたユニークな人材育成の取組みで、塾名の「井蛙」というのは「井の中の蛙、大海を知らず」にちなんだものであった。

あおもり井蛙塾の講師には、全国各地で地域づくりに携わっており、当時全国紙で「町おこし政投銀3人衆」として紹介されていた日本政策投資銀行（DBJ）地域企画部の傍士銑太氏（現：学校法人土佐高等学校理事長）、藻谷浩介氏（現：株式会社日本総合研究所調査部主席研究員）、大西達也氏（現：一般財団法人日本経済研究所常務理事）に依頼されていた。自身もDBJ出身であった当時の伊藤塾長は、この「町おこし政投銀3人衆」に着目し、3人を師範に、せんだい大志塾を開塾したのである。

2 展 開

せんだい大志塾は、2期目の2011年度に東日本大震災が発生したことで、大きな苦境に立たされる。まだ生々しく震災被害の爪あとが残る仙台市において、人材育成は大切だとはいうものの、現場の仕事を優先すべきではないかなど、少なからず否定的な意見があったことは容易に想像できる。しかしながら、2011年9月14日、せんだい大志塾2期生の入塾式が行われた。入塾式には、震災がなければ3月末に市長・副市長の前で自らの志を披露するはずであった1期生代表の2名も参加した。そして、2期生の前で震災以前に抱いたそれぞれの「未来の仙台」についての発表を行い、その志を後輩たちに継承したのである。

その後、2期生19名は「世界のSENDAI」をテーマに仙台の魅力を世界に発信するための "オリジナル絵葉書" の作成に取り組んだ。震災1年後に、仙台の魅力を伝えることは現実的ではなかったかもしれない。しかし、将来

のビジョンとして仙台の魅力を伝えることは十分可能であり、仙台の復興を願う世界中の人々にも伝わるものであろう。「すぐに実現できなくても、ビジョンのないところには結果は生まれない」。地域にとってのビジョンの大切さをうかがわせるエピソードである。

　せんだい大志塾は、2015年度にも大きな決断を行った。仙台市の枠を超えて、東北地方の主要都市にも門戸を開き、塾生を募集したのである。仙台市は東北の中枢都市であることから、東北全体で発想して政策立案していくことが求められている。とりわけ、2004年には仙台市に拠点を置くプロ野球チームの東北楽天イーグルスが誕生、そして、2011年の東日本大震災発生からの復興は、その必要性を高めた。

　一方、震災からの復興に取り組む東北地方の各都市も、当然にして東北全体での発想が求められており、その中心である仙台市を意識した政策の必要性も認識されつつあったため、双方の利害が一致したのである。もっとも、各都市にとって自県や国ではなく、仙台市が主催する職員研修に自らの職員を派遣することは前例もなく、首長の政治的スタンスなどもあって容易ではなかったと思われる。しかしながら、図表1にあるように、2013年度に仙台市以外の6都市が参加したのを皮切りに、2014年度6都市、2015年度6都市、2016年度5都市、2017年度14都市、2018年度12都市、2019年度10都市が参加するに至っている。

　高速交通体系の整備やネット社会の到来によって、企業の経済圏に加えて人々の行動圏も確実に拡大している。そのようななかで、自らの行政区域に執着した発想では地域の未来は描けなくなっている。だからこそ、都市の枠を超えて自治体職員が学び合うことには大きな意義がある。

　2018年度のせんだい大志塾の概要にある「ねらい」には、「東北全体を視野に入れ、従来の枠組みにとらわれない大胆かつ柔軟な発想力、政策企画力を備えた人材を育成する」「東北各市間も含めた人的ネットワークを形成する」と記されている。実際、東北各都市からの参加が始まった2013年度以降、最終回には卒塾発表として塾生たちが企画プレゼンテーションを行っている。そのテーマは「東北で冬季五輪誘致」「東北を巡る観光列車コース」

図表1　せんだい大志塾への参加都市

	2013年度	2014年度	2015年度	2016年度	2017年度	2018年度	2019年度
仙台市	○	○	○	○	○	○	○
青森市	○	○	○	○	○	○	○
弘前市					○	○	
八戸市	○	○	○	○	○		
盛岡市	○				○	○	○
一関市					○	○	○
奥州市					○	○	○
石巻市					○	○	○
大崎市					○	○	○
秋田市					○		
山形市	○	○	○	○	○	○	○
鶴岡市					○	○	
米沢市		○	○				
福島市	○	○	○	○	○	○	○
郡山市	○	○	○	○	○	○	○
いわき市					○	○	○
都市数合計	7	7	7	6	15	13	11

（出所）　仙台市総務局職員研修所

「東北で初の万博開催」など、東北全体を視野に入れた内容となっており、せんだい大志塾には否が応でも東北全体を視野に入れた発想が求められているのである。

 ## 学ぶべき事項

せんだい大志塾から学ぶべき事項は次の3点である。

第一は、図表2にある5つの目標を達成するために「役人の殻をやぶる」

図表2　せんだい大志塾の目標・手段・考え方

目　標
①　自分でまちづくりのプランニングができること
②　国際化を含め視野を広げた発想ができること
③　画期的な政策アイデアを出せること
④　将来的に自分の街をリードする自覚をもつこと
⑤　東北各都市同士でネットワークを形成すること

（目標を実現させるための）手段
役人の殻をやぶる
やぶってもらいたい殻
①　必要以上に縦割りを意識した仕事ぶり
②　低すぎる競争意識
③　「できない」を前提にした仕事の進め方
④　狭すぎる発想

運営の考え方（塾生に求めること）
①　自ら進んで参加する（やらされ感はダメ）
②　自ら頭を使って考える（習得ではない）
③　自らの考えを表現する（沈黙は金ではない）
④　自ら成果を創出する（与えられない）

（出所）　仙台市総務局職員研修所提供資料より作成

ことを強く意識して、十分な期間と時間をかけて外部有識者（師範）による
インタラクティブな人材育成事業としている点である。「役人の殻をやぶ
る」という言葉はやや挑発的な感もあるが、市役所の現場でも案外日常的に
は問題意識として浮上しており、少なからずの市職員、いわゆる役人も必要
性を感じていることである。ただし、それを実行するために具体的に何をす
ればよいのか、何を学べばよいのか、どんなことを経験すればよいのかがわ
からないのである。

そのようななかで、せんだい大志塾では、具体的に破ってもらいたい殻として、①必要以上に縦割りを意識した仕事ぶり、②低すぎる競争意識、③「できない」を前提にした仕事の進め方、④狭すぎる発想、の４つを掲げている。そして、塾生には次の４つのことを求めている。すなわち、①自ら進んで参加する（やらされ感ではダメ）、②自ら頭を使って考える（習得ではない）、③自らの考えを表現する（沈黙は金ではない）、④自ら成果を創出する（与えられない）、である。このように、具体的な行動指針にまで落とし込み、意識づけしている点は特筆すべきである。

　第二は、先にも触れたように、仙台市の職員研修でありながら、東北各都市職員も参加している点である。仙台市のリーダーシップはもちろんのこと、参加した各都市の決断は注目に値する。ある意味、このこと自体が「役人の殻をやぶっている」といえる事象である。また、仙台市職員と東北各都市職員が一緒に学びながら人的ネットワークを形成していくことは、東北地方の将来にとってきわめて意義が大きい。

　米国の社会学者であるマーク・グラノベッターは「弱い紐帯の強さ」という概念を提唱し、新規性の高い価値ある情報は、自分の家族や親友、職場の仲間といった社会的つながりの強い人々（強い紐帯）よりも、知り合いの知り合い、ちょっとした知り合いなど社会的つながりの弱い人々（弱い紐帯）

大志塾でのグループワークの様子

からもたらされる場合が多いとしている。せんだい大志塾に引き寄せて考えるならば、仙台市の職員同士の人的ネットワークよりも、仙台市と仙台市以外の都市の職員との人的ネットワークのほうが、新規性の高い価値ある情報をもたらす可能性が高いのである。さらにいえば、新しいアイデア、すなわち画期的な政策的アイデアのヒントをもたらす可能性が高いといえる。いずれにせよ、「弱い紐帯」としての人的ネットワークの形成を促すことの意義は大きい。

第三は、紆余曲折がありながら、せんだい大志塾が10年間継続されている点である。地域おこしの時代から地方では人材育成のためにさまざまな塾をはじめとした研修事業が行われているが、なかなか長続きしないのが実態である。そのようななか、せんだい大志塾が東日本大震災を乗り越えて10年間継続されたことは特筆に値する。すでに、塾生OB・OGも200人を超えており、そのうち59人が東北各都市の職員である。長く続けることですでにOB・OG同士のタテのつながりも形成されている。このような人材育成こそが「継続は力なり」の典型といえる。

▶ 成功の要因

率直なところ、せんだい大志塾を成功事例として評価するのは時期尚早であろう。たしかに、画期的な発想・仕組みのもとでユニークな塾の運営を長

せんだい大志塾第10期卒塾式の様子

年にわたり継続してきたことや、先に述べたように卒塾生が200人を超えていることは、アウトプットとして評価に値する。また、卒塾生は自らの都市の各々の現場で、せんだい大志塾の経験を活かしながら活躍しており、同期や身近なOB・OGたちで個別の勉強会を実施している例も少なくないという。しかし、卒塾生が次々に画期的な政策アイデアを出し、実行し、評価されたことが「見える化」されるに至っているかといえば、まだそこまでは達していないのも事実である。つまり、アウトカムは今後明らかになっていく段階といえよう。

▶ 今後の課題

　地方自治体にとって職員の資質向上はきわめて大きな課題である。わが国の経済社会が大きく変化しつつあるなかで、ニューパブリックマネジメントのもと、地方自治体の置かれた立場が変容する状況ではなおさらである。もっとも、だからこそ「役人の殻をやぶる」ことが求められるのである。ゆえに、せんだい大志塾はその仕組みをどこまで継続していけるのかが最大の課題といえる。もちろん、市政の体制変化や環境変化によって、せんだい大志塾の運営体制が変化したり、カリキュラムが変更されたりすることは起こってしかるべきである。実際、師範の交代などもすでに起こっている。しかし、「役人らしからぬ役人」を育てていく営みは継続していくべきである。

　一方、わが国の地方自治制度の今後を考えた際に、せんだい大志塾のように地方中枢都市の仙台市を中心としながら、東北各都市から参加者を募る仕組みは、いずれ大きな果実を生む可能性も感じられる。平成の大合併が一段落した現在、地方分権や道州制などの議論は終息した感がある。しかし、地方の活性化や自立を考えるとき、これらの潜在的なニーズは確実に存在している。また、地方自治制度そのものが変化しなくとも、地方における地域連携や都市連携、いわゆるインターローカルのもとでの企画・政策の必要性はますます高まっていくと推察される。そのような意味でも、今後もせんだい大志塾が構築し続ける人的ネットワークに期待したい。

【参考文献】
大西達也「地域（SENDAI）を世界に発信するための人材育成―「せんだい大志塾」の試み」『地域開発』2012年3月（2012）

6 − 3 ‖‖

将来の地域の担い手を育てる
―「人材サイクル」＆「地域人教育」（長野県飯田市）―

‖‖

ケースのポイント

　独自の発想と地域関係者との協働により、「環境モデル都市」「体験教育旅行」など数多くの地域づくりの成功事例を生み出し、「地域づくりのモデル都市」とも称される長野県飯田市。同市では、自らの地域の価値と独自性に自信と誇りをもった人材を育成するために、小中連携・一貫教育の導入や高校教育カリキュラムに「地域人教育」を組み込むなど独自の人材育成を実践している。その背景にあるのが、半世紀近い歴史を有し、住民の精神的支柱として住民参加・協働のDNAを継承する「公民館制度」である。さらには、さまざまな場面において、当事者意識をもった人々がアイデアを出し合い、互いに評価・議論・意識の共有化を図って事業計画に結びつける「共創の場」づくり、ならびに進学・就職等でいったん故郷を離れた若者が地元に戻り安心して子育てができる「人材サイクル」構築など、持続可能な地域づくりを支える独自の複層的な仕組みが存在している。

長野県飯田市

地域の概要

　長野県飯田市（人口10万1,581人、2015年国勢調査）は、長野県南部に位置しており、東に南アルプス、西に中央アルプスがそびえ、天竜川両岸に扇状地と段丘が広がる豊かな自然景観を有する伊那谷の中心都市である。かつて、三河と信州を結ぶ三州街道の中心として東西の文化や物資がもたらされたことで、江戸後期から明治時代には、多様な地場産業（生糸、和紙、傘、漆器等）が発達してきた。戦後は、精密電子工業の集積によって農工商のバランスのとれた「田園工業都市」として発展してきた。

　1980年代後半のバブル経済の最中に始まった平成の時代には、バブル崩壊以降の経済の長期停滞、いわゆる「失われた時代」を経て、全国各地の地方都市と同様に人口減少、少子化、高齢化の「三重苦」による右肩下がりの厳しい時代のなか、東京一極集中への対応を余儀なくされている。実際に、飯田市では高校卒業のタイミングで約7割が地域を離れており、その後のUターンを含めても、高校卒業生の地元定着率は4割程度にとどまっている。

　一方で、2027年度開通予定のリニア中央新幹線や三遠南信自動車道の全線開通といった高速交通時代を見据えた地域づくりを進めていくために、多様な主体がそれぞれの立場で「飯田の未来づくり」にチャレンジする際の指針としての総合計画「いいだ未来デザイン2028」を策定している。また、地域経済波及分析を用いた「地域経済活性化プログラム」による「経済自立度70％」を目標に掲げ、地域全体で進学や就職で一度は地域を離れた若者たちが帰ってこられる産業づくりにも取り組んできている。なかでも特に注力されているのが、航空機産業で活躍できる高度人材の育成であり、2017年4月には信州大学航空機システム共同研究講座が開講している。

ケースの内容

1　背　景

　国の地方創生政策が目指している「東京一極集中」是正のためには、東京23区内での大学の定数抑制などの「東京側での対症療法」だけでは不十分で

ある。地方側での根本的治療法として、地域を学び、地域に愛着をもった若者が一度は地域を離れても子育て世代になる頃に帰ってくる「人材サイクル」の構築が不可欠である。

　しかしながら、飯田市に限らずどの地域においても、若者たちと地域社会とのかかわりは、部活動や進学準備等で小学校、中学校、高校と年齢を重ねるにつれて希薄になっているのが現実である。加えて、若者たちが地域を離れる割合が最も高い時期が高校卒業時であり、ふるさと意識や愛着を抱く前に地域社会との縁が失われている。そのため、高校時代の3年間こそが自らが生まれ育った地域の実情を学び、地域との関係性を再認識するための最後のチャンスとなる。

　2018年6月15日に閣議決定された最新の「まち・ひと・しごと創生基本方針2018」では、「地方への新しいひとの流れをつくる」施策のなかで、大学や高等専門学校と並んで高校に関しても「地方創生に資する高等学校改革の推進」が新たな項目として設けられている。そこでの記載内容は、「高等学校は、地域人材の育成において極めて重要な役割を担うとともに、高等学校段階で地域の産業や文化等への理解を深めることは、その後の地元定着やUターン等にも資する」とされており、その実現のために「地元市町村・企業等と連携しながら、高校生に地域課題の解決等を通じた探求的な学びを提供するカリキュラムの構築」や「インターンシップの充実等を通じて地元の魅力に触れられる取組」を推進することで、地元に根ざした人材の育成を強化することが明記されている。

2　展　　開

　飯田市において、地域と高校生との関係に変化が生まれるきっかけとなったのが、2012年4月に長野県立飯田長姫高等学校（現在の飯田ＯＩＤＥ長姫高等学校）、松本大学、飯田市の三者がパートナーシップ協定を締結しスタートした「地域人教育」の取組みである。「地域人」とは、「地域を愛し、理解して、地域に貢献する人材」であり、地域人教育とは、地域の課題を商業的に解決するコミュニティビジネスを志向するアントレプレナーシップをもった生徒を育成することをねらった教育活動である。

地域と高校との連携に関しては、「島留学」を掲げて域外からの留学生を受け入れている隠岐島前高校（島根県海士町）や白馬高等学校（長野県白馬村）のように、「地域唯一の高校」の生き残り策として取り組んでいる事例はあるものの、飯田市のように「地域の学校」である公民館の社会教育との融合はほとんど例をみない。

　上記の三者間協定を受けて、地域人教育の現場では「生徒×高校教員×公民館主事」の連携により、3つの学び（①探究＝地域の実態・課題・解決策を探る、②体験＝地域の人とかかわる、③実践＝地域づくりの当事者として行動する）を実践してきている。また、高校生の「意欲」「価値観」「学力」を育むために、高校3年間で105時間（1年生「ビジネス基礎」週3時間、2年生「広報と販売促進」週2時間、3年生「課題研究」週3時間）のカリキュラムを再構築し、これにのっとって独自の地域人材を育成している。特に、3年生の段

図表1　地域人教育のイメージ

長野県 飯田OIDE長姫高等学校 商業科　**地域人教育**

〈地域人〉　地域を「愛」し、「理解」して、地域に「貢献」する人材

平成24年度に飯田OIDE長姫高校・松本大学・飯田市の3者による
パートナーシップ協定を締結

地域人教育の目的（飯田OIDE長姫高等学校地域人教育推進に関するパートナーシップ協定より）
①地域人教育を通して、結ぶ力を学び、地域理解を深め、地域での生き方を考え、地域愛を育み、
　地域において活動できる地域を担う人材を育成する。
②10年後を見据え、住みたい、暮らしやすい地域のあり方を創造する人材を育成する。

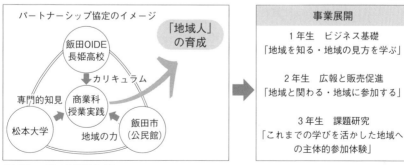

（出所）　飯田市提供資料

階では約80名の生徒が11グループに分かれて実際に地域に入り、さまざまな活動に参加しながら自らの課題について考え、具体的な活動を実践している

図表2　平成30年度　地域人教育　成果発表会

	地域	タイトル	協力団体
1	橋北	高校生スーパー橋北店〜買う人から売る人になりませんか？〜	橋北まちづくり委員会、春草公園を愛する会、生活菜園、ゆめのや、お豆や、飯田商工会議所他
2	東野	CONNECT〜東野地区の仲介人になろう〜	JAさくらの会
3	—	人形劇でつながる世界	いいだ人形劇センター、いいだ人形劇フェスタ実行委員会、飯田フランス協会、飯田観光協会他
4	橋南	空き家問題を高校生なりに考える	まちづくりカンパニー
5	鼎	子どもたちの居場所づくり	関島水引店、鼎小・中学校、鼎郵便局、JR鼎駅他
6	—	OIDEカフェ〜郷土食材のおいしさを子どもたちに伝える〜	飯田観光協会、かたつむりの会、ひらのや、生活菜園、みなみ信州農業協同組合
7	—	蒼向き広報部	やまいろゲストハウス、シルクプラザ他
8	松尾	商店街に灯りを！　元気を!!	マルブン、小林薬局、感環自然村、松尾小学校他
9	—	南信州の文化と魅力を広める	キッチンかのん、PAL'Sバーガー、岡本養豚、旭松食品、井上百貨店、飯田東中学校、しながわ観光協会、東京農工大学、京都外国語大学他
10	竜丘	交流の場を考える	天竜峡飛鷺流峡復活プロジェクト、ぬくぬくの会
11	座光寺	リニア開通に伴う座光寺の魅力の再発見と発信	元善光寺、吉丸屋、麻績の里

（注）　発表順
（出所）　飯田市提供資料

地域人教育の理念のひとつ「まちじゅうが教室」のイメージ
（提供）　長野県飯田OIDE長姫高等学校

（図表1、2）。

　地域人教育のスタートから4年目の2015年には、正規の授業カリキュラム
だけでは満足できない生徒たちが、授業の枠を超えた課外活動を行うべく
「sturdy egg（勇敢な卵）」というサークルを結成した。このサークルでは、
地域の課題を解決するために、自分たちで考え行動する実践集団として、こ
れまでに空き家を活用したシェアスペースの開設、公園・公共施設のトイレ
のリニューアル、ならびに地域の伝統工芸品である水引産業の振興などに取
り組んでおり、2017年に実施した飯田水引の需要拡大と認知度を高めるため
の研究「水引でつなぐ結のまち飯田」は「第25回全国高等学校生徒商業研究
発表大会　優秀賞」を受賞している。

▶　成功の要因

1　住民参加・協働のDNAを継承する「公民館制度」

　飯田市における協働の精神的支柱となっているのが、大正時代の自由教育
に端を発する独自の「公民館制度」である。その特徴は、住民のなかから選
出された公民館長と専門委員が中心となり、市の教育委員会から派遣された
主事との協働で運営される「公立民営」形態である。現在、全国各地におけ
る地域づくりの現場で実践されている「住民が学びを通じて地域の課題を発

見し自ら解決する」といった住民主導の考えが、飯田市においては半世紀近い公民館活動を通じて住民の間で根づいており、住民参加・協働のDNAとして継承されている。2019年6月現在、飯田市内には20の地区公民館と連絡調整を行う飯田市公民館が設置されており、「4つの運営原則（①地域中心、②並立配置、③住民参画、④機関自立）」に基づいて、地域住民の学習、交流の場として、住民自らが自由闊達な学習活動やグループ活動を展開している。

2 「人材サイクル」構築と「地育力」による人づくり

　4年制の大学がない飯田市において持続可能な地域づくりを支えているのが、進学・就職等でいったん故郷を離れた若者が地元に戻り安心して子育てができる「人材サイクル」の構築である。飯田市では、人材サイクル構築の柱として、①帰ってきて働くことのできる「産業」づくり、②帰ってきたい

図表3　人材サイクルの構築による効果

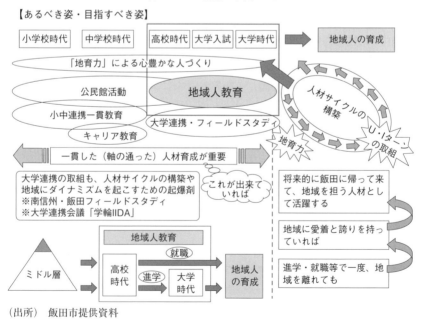

（出所）　飯田市提供資料

と考えるような「人」づくり、③帰ってくることのできる環境「まち」づくりの「3つくり」を実践するために、「地育力」による人づくりを実践している。地育力とは、自然、文化から歴史、産業まで豊かな資源を活かしつつ、自らの地域の価値と独自性に気づき、自信と誇りをもった人材を育成する力であり、このような力を学校任せにせず、地域一丸となって育んでいる。具体的には、前述の公民館活動に加えて、全国各地から飯田に地域づくりを学びに訪れる大学との連携による「フィールドスタディ」や、農家民泊やアウトドアアクティビティ等の「体験教育旅行」への参加を通じて、域外の人材に対しても地育力による学びの場が開放されている。一方で、住民側もこれらの活動に携わることで、来訪者の目線・評価を通じて飯田の価値に気づき自信と誇りが生まれるなど、双方向の効果が期待できる（図表3）。

▶ 地域への波及効果
―イノベーション・ダイナミズムを創発する「共創の場」づくり―

　地域人教育の実施による成果は、高校生の気づきや変化にとどまらず、この取組みにかかわった大人世代にも変化が生まれている。当初は、高校生に対して地域の実情を教える立場にあった住民が地域のことを学び、地域の課題を解決しようと努力している高校生の姿から「新たな気づき」をもらい、ともに地域の将来について考え、一緒に学ぶパートナーととらえる新たな関係性が生まれている。

　「新しい価値創造のためには、むしろ異質人材の集団を意識的に形成することが望ましい」（清成忠男『事業構想力の研究』）と指摘されるように、多様な人材がアイデアを出し合い、互いに評価・議論・意識の共有化を図って事業計画に結びつけるためには「共創の場」が不可欠となる。飯田市においては、住民生活に密着した公民館制度や、学術研究分野における「学輪IIDA（複数大学による専門人材ネットワーク）」など、すでにさまざまな「場」が構築されている。地域人教育を通して、さらにタテのつながり、ヨコの広がりが生まれ、そのことが新たな共創の場を築くことで地域力が引き上げられる循環が生まれている。

▶ 今後の課題

　飯田市が挑戦する教育（人材育成）は息の長い取組みであり、その成果が出るまでには相当の長期間を要することが予想される。しかしながら、地域が一丸となった地育力による人づくりは、まちづくりや産業振興の場面でも着実に浸透してきている。その代表例が、2017年10月に発足した「まち・ひと・しごと創生総合戦略のKPI検証チーム１」会議の場でも検討された地域の産学官金の共創・協働の場として、地域の産業構造の転換を促す「産業センター」機能である。飯田市における地方創生のモデル事業でもある航空機産業を牽引役とした次世代産業創出分野においては、行政と産業界が常時コミュニケーション可能な「地域の産官学金をつなぐ共創の場（プラットフォーム）」として「公益財団法人南信州・飯田産業センター」が機能している。リニア時代を迎えるにあたり、地域人教育を経験した人材が還流することで、飯田市および南信州地域にもたらされるであろうダイナミズムに期待したい。

【参考文献】

大西達也「地方創生の実現に求められる地域人材"志民"の育成」『日経研月報』2018年8月号（2018）

まち・ひと・しごと創生本部ホームページ「まち・ひと・しごと創生総合戦略のKPI検証チーム第3回議事次第」資料4　牧野委員提出資料（2017.11.24）

牧野光朗『円卓の地域主義　共創の場づくりから生まれる善い地域とは』事業構想大学院大学出版部（2016）

牧野光朗「『ニッポンの日本』をデザインする南信州・飯田の戦略的地域づくり」『地域開発』2013年5月号（2013）

木下巨一「市民参加のDNAを継承する学びの場―飯田型公民館制度」『地域開発』2013年5月号（2013）

北原重敏「大学機能のクラウド化を目指す知のネットワーク「学輪IIDA」」『地域開発』2013年5月号（2013）

1　樋口美雄（慶應義塾大学教授）を座長に高橋重郷（国立社会保障・人口問題研究所前副所長）、増田寛也（東京大学客員教授）、松原宏（東京大学教授）、牧野光朗（飯田市長）の5名が構成員。

株式会社日本政策投資銀行地域企画チーム編著『実践！　地域再生の経営戦略〔改訂版〕──全国36のケースに学ぶ地域経営』金融財政事情研究会（2010）

6 - 4 |||||||||||||||||||||||||||||||||||||||||||||||||||||||||||||||||||

「ひと&まちの結節点」が生み出す
「まちなか」の新たな文化の創造
―ゆりの木通り商店街&万年橋パークビル（浜松市）―

|||||||||||||||||||||||||||||||||||||||||||||||||||||||||||||||||||||||||||||

ケースのポイント

　浜松市の旧街道沿いに発展してきた「ゆりの木通り商店街」では、「おもしろい人が集まり、楽しい企画が生まれる街」「古い建物から斬新な空間が生まれる街」「こだわりをもつ物販店が集まる街」といったイメージに引きつけられて、域内外から集まってくるクリエイティブな人材が、アートイベントなどさまざまな創作活動を行っている。多様な機能を備えてリノベーションされた旧市営立体駐車場ビルを拠点に若者たちにチャレンジの機会を与えつつ、彼らの成長するエネルギーを取り込む「ひと&まちの結節点」が「まちなか」に新たな文化を生み出しつつある。

浜松市

▶ 地域の概要

　浜松市（人口79万7,980人、2015年国勢調査）は、県下最大の人口を擁する政令指定都市である。県西部の遠州地域はもとより、愛知県の東三河地域、長野県の南信州地域で構成される「三遠南信広域都市圏」における拠点都市にもなっている。産業面では、江戸時代より綿織物の生産地として栄えた歴史を有しており、スズキやヤマハ等の世界的企業発祥の地である。高度成長

期には繊維、楽器、オートバイの三大産業が隆盛期を迎えるなど、わが国の発展を支え続けてきた国内有数の産業都市である。

　浜松市の中心市街地は、その最盛期には数多くの大型店舗（百貨店・大型スーパー）が立地する巨大な商業集積（松菱、西武百貨店、丸井、遠鉄百貨店、長崎屋、ニチイ、イトーヨーカドー、JR浜松駅メイワン等）が形成されていた。しかしながら、市郊外平野部に居住人口が拡散し、大型SC（ショッピングセンター）の立地が進んだことで、「まちなか」の大型店舗は相次いで閉鎖・撤退した。そのため、大型店舗を取り巻くように集積していた商店街の空洞化が急速に進行しており、現在は空き店舗と全国チェーンの飲食店が目立つ状況となっている。

▶ ケースの内容

1 背　景

　ゆりの木通り商店街は、JR浜松駅から北に徒歩約10分の東海道の旧街道沿いに位置しており、東西約600メートルの範囲に立地する３商店街（協同組合浜松ショッピングセンター、田町東部繁栄会、神明町繁栄会）から構成されている。同商店街の店舗構成は、全国チェーンや生鮮食品を扱う店舗がほとんどなく、メンズのセレクトショップが多く立地するといった特徴を有している。近年では、商店街周辺に大手予備校や複数の専門学校が開校したことで、学生世代の通行量が増加傾向にある。

　ゆりの木通り商店街の中心的な存在となっているのが、田町東部繁栄会会長で立体駐車場ビルの「万年橋パークビル」を運営・管理する鈴木基生氏である。鈴木氏が商店街活動にかかわり始めた2006年当時には、同商店街を構成する67店舗のうち創業以来100年以上続く特徴ある老舗店舗が15軒立地するなど、大型店では取扱いのないこだわりの商品が入手できる場として独自の賑わいをみせていた。しかしながら、2005年に同商店街に立地していた映画館が閉鎖されたことで来街者は減少、「まちなか」の賑わいが「面から線、線から点」へと次第に縮小し空洞化が進行したことで、空き店舗数も最大17カ所にまで増加していた。

このような状況に対して、ゆりの木通り商店街では地元金融機関系のシンクタンクである特定非営利活動法人静岡県西部地域しんきん経済研究所（現：しんきん経済研究所）との協働により、地域課題の検証とその解消のためにさまざまな実証事業を行ってきている。具体的には、2013年には将来の商店街のあるべき姿を「こだわりのある物販店の街」と明確に定めたうえで、2014年〜2015年の2年間で「こだわりの店を増やして商店街の魅力をアップ！」と称してさまざまな事業を実施している。

　その代表例が、業種の垣根を超えた参加者が朝食の時間を利用して集まる「ネイバーズデイ」である。この試みは、複数の商店会に分かれていることに加えて、老舗店と新規出店者が入り混じっていたため、お互いを知る機会が少なかったゆりの木通り商店街において、店主の間での貴重な交流・情報交換の場となっており、新たな取組みを行っていくうえでの人的な基盤づくりの場として位置づけられている。

　また、創業100年を超える老舗専門店を多く抱える同商店街の情報発信ツールとして企画されたのが、「街中ガイドツアー」である。このツアーでは、商店街で扱われているこだわりの商品やその商品に関して深い知識や思い入れを有する商店主の存在を紹介するものであり、具体的には、商店街に店舗を構えている帽子店、眼鏡店、時計店やセレクトショップ等を回り各店

「ネイバーズデイ」の様子
（提供）　ゆりの木通り商店街

主から商品の知識や選び方を学ぶ「男のダンディズムツアー」等がある。

　さらに、商品のつくり手である職人たちと連携することで、こだわりの商品を扱う店舗を増やし商店街としての魅力を高める目的で企画されたのが、「滞在型ワークショップ」である。浜松市内や近郊で活躍している地場産業や伝統工芸品の職人たちを招いて、ゆりの木通り商店街に滞在してもらい、三味線から打刃物、江戸指物など実際の体験を通じて、商店主や一般消費者に"ほんもの"の良さを伝えてきている。

　このほかにも、商店街の専門店の特徴を紹介するショップカード「ゆりの木のヒミツ」を作成するなど新たなプロジェクトを実施している。

2　展　　開

　ゆりの木通り商店街に外部から集まってきたクリエイティブな人材の活動拠点となっているのが「万年橋パークビル」である。もともとは1987年に浜松市が建設した店舗や住居等のテナントスペースを備えた10階建ての自走式立体駐車場である。2011年4月に民営化され、鈴木氏が経営する田町パークビル株式会社の直営となり、2014年には鈴木氏が建物を買い取っている。フロア構成は、1階テナント部分にだれもが自由に利用できるコミュニティスペースの「黒板とキッチン」、2〜8階が駐車場、9、10階の住居部分は男

「万年橋パークビル」の外観

コミュニティスペース「黒板とキッチン」の様子

女別のシェアハウスとなっている。

　鈴木氏は自らのアイデアで4階のテナントスペースに本格的な能舞台を設置するとともに、駐車場としての稼働率の低かった上層階8階フロアは、地元の静岡芸術文化大学空間造形学科の学生の意見を取り入れて多目的スペース「hachikai」としている。また、同フロア中央部には、浜松市山間部（天竜区水窪地区）から囲炉裏のある古民家を移設するなど順次リノベーションを実施している。現在では、演劇・音楽の公演やその稽古場としての利用から、マーケットイベントや自転車レースの一種であるパーククライム、バーベキューパーティーまでさまざまなイベントが開催されている。このように、万年橋パークビルはその外観からは想像もつかないような機能を備えた「まちなか」のインフラ、“屋根のある広場”として、このビルの存在を“おもしろい”と感じる若者たちから支持されている。

　このほかにも、鈴木氏はゆりの木通り商店街に関心を抱いて集まってきたアーティストや建築家、イラストレーター、デザイナーなどのクリエイティブな感性をもった若者たちに、彼らの創作活動の場として積極的に商店街周

「KAGIYAビル」の外観

辺の空き店舗や空きスペースを紹介・提供してきている。その代表例が、万年橋パークビルからも徒歩数分のゆりの木通り商店街の中心ともいえる交差点に立地する、築50年以上の共同建築「KAGIYAビル」である。同商店街には、戦後復興期に不燃化建築のモデルとして建てられた「共同建築（隣接する住戸が壁を共有する建物群）」が数多く残されており、建設当初は１階部分を店舗、２階以上を居住空間として活用していたが、老朽化に伴い多くの空室を抱えるようになっていた。

　2012年10月に地元浜松の不動産会社がクリエーターのための「ショップ＆ワーキングスペース」としてリノベーションしたKAGIYAビルでは、複数の作家の作品を展示・販売する「ショップ・イン・ショップ」や、写真集専門の書店、輸入雑貨店から、レトロな喫茶店やギャラリースペース併設のカジュアルバーまで、地下１階から４階まで小規模ながらも個性的な店舗が入居するなど独自の魅力を発信してきている。

▶ 成功の要因

1　コミュニケーションを重視するキーパーソン：鈴木基生氏の存在

　ゆりの木通り商店街、万年橋パークビルの存在は、アーティスト、大学関係者、NPOなど域内外の多種多様な人々の間で口コミにより広がっている。鈴木氏のもとには、同商店街を舞台としたアートイベントなどさまざまな企

画が持ち込まれており、「黒板とキッチン」などに集まる人々が実際に顔を合わせて会話することを通じて、常に新しいアイデアが生み出されている。

　また、活動の拠点となる万年橋パークビルの「hachikai」については、施設利用料は原則無料であり、明確な使用条件や基準は設けられていない。外部からの利用希望や問合せに対しては、「実際に会って顔を突き合わせてコミュニケーションしていくなかで、僕と気が合った人かどうか」というオーナーの鈴木氏の"柔軟な姿勢"によって利用の可否が決められている。

2　新旧（新規参入×既存店舗）、世代間（若者×ベテラン商店主）の複層的な結節の仕組みの存在

　ゆりの木通り商店街では、商店街の本来の強み・特徴でもある「こだわりの品物を扱う店舗の多さ」を継承していくために、既存店舗の商店主だけでなく不動産業者や金融機関等も巻き込んだ"ゆりの木通りらしい物販店"の誘致にも取り組んできている。2016年より毎年2回、春と秋の土・日曜日の2日間に、商店街の女性たちが中心となって開催される「手作り品バザール」では、ゆりの木通り商店街の歩道部分に約200軒の店舗が出店し、料理

「手作り品バザール」の様子
（提供）　ゆりの木通り手作り品バザール実行委員会

やスイーツから手工芸品までオリジナルの手づくり品を販売している。同イベントでは、商店街の既存店舗のベテラン店主と、手づくり品を持ち込み販売する出店者との間の交流も促している点が特徴となっている。

 ## 地域への波及効果

　ゆりの木通り商店街では、外部から集まってきた人々が持ち込んだ多様なアイデアを、鈴木氏が地元の商店主たちに“橋渡し”したことがきっかけとなり、現在では大小あわせて年間100回程度の集客イベントが実施されている。また、鈴木氏が商店街活動に参加して新たな外部人材を受け入れてきたことで、商店街の店舗数も2013年の67店舗から2015年には90軒を超えるなど、数多くの新規参入店も生まれている。店舗構成も米国で買いつけてきた古着や欧州の輸入雑貨を扱う店、自らがお気に入りの陶芸家の作品を扱うギャラリー、1960年代のビンテージ物のサーフボードのリペア・販売店、多くの出品者同士を結びつけるシェアショップなど多様であり、出店形態も週末のみの営業店舗から駐車場の一角での制作作業場兼ショップまで、若者中心の出店者の生活様式にあわせた多様性が特徴となっている。

　前述の「ネイバーズデイ」や「手作り品バザール」などを通じて、新規に参入した若者たちと既存店舗のベテラン商店主たちがコミュニケーションすることでお互いの人柄を知り合い、志（アイデア）をもった若者たちが地域（商店街）で新たなチャレンジの機会を得るなど、彼らの成長していくエネルギーを商店街が取り込む仕組みが築かれている。つまり、「ひと＆ひと」「ひと＆まち」の結節の仕組みの存在こそが、地域に新たな価値を生み出す好循環となっている。

 ## 今後の課題―「ひと＆まちの結節点」の存続・継承を目指して―

　「新しいことを生み出すことに挑戦したいクリエイティブ気質の若者たちと、商店街の専門店ならではのコミュニケーション能力を有する飾らない人柄の商店主たちが意気投合することで、さまざまな企画が自然発生的に生み出されてきている」といった鈴木氏の言葉に象徴されるように、ゆりの木

通り商店街ではマニュアルや運営組織を設けることなく、"顔を突き合わせてのコミュニケーション"と"緩やかな巻き込み力"のもとで、若者たちに自由に自らを表現したり、チャレンジできる場を提供することで「ひと」が育ち「まち」に活力が生まれている。鈴木氏の「集客イベントはまちの日常とつながっていないと意味がない。集客とは人と人との関係を築くことであって一過性の人数ではない」といった信念に賛同した担い手たちによって開催されるさまざまなイベントへの参加を通じて、商店街が新たなアイデアや文化を受け入れてくれる「居心地のよい場所」として認知されつつある。

【参考文献】

日本地域開発センター『地域開発Vol.593 まちなかの集客プロジェクト』2014年2月号

静岡文化芸術大学、NPO法人クリエイティブサポートレッツ『Projectability〜この街で起きていることはどうしておもしろいのか？〜』(2014. 3 .31)

一般財団法人日本経済研究所『日経研月報』2015年1月号

田町パークビル㈱、静岡文化芸術大学『万年橋パークビルデータブック』(2015. 3 .30)

静岡文化芸術大学 磯村・谷川研究室『Projectability Ⅱ』(2015. 3 .31)

日本地域開発センター『地域開発Vol.616 志民と志金で進める地方創生』2016年10・11月号

静岡県浜松市『浜松市中心市街地活性化基本計画（第2回変更）』(20016. 3 .15)

6－5 ||||||||||||||||||||||||||||||||||||||||||||||||||||||||||||||||||||

ネットワークと学習を通じた新たな地域産業の創出
─21世紀の真庭塾＆木質バイオマス利活用（岡山県真庭市）─

||||||||||||||||||||||||||||||||||||||||||||||||||||||||||||||||||||

ケースのポイント

　岡山県真庭市は、中国地方の山間部に位置する小規模都市でありながら、地域資源である林産資源や木材産業の集積を活かした経済活性化や、城下町の町並みなどを活かしたまちづくりを20年以上にわたって継続してきている。企業経営者や行政、林業・木材産業関係者などのネットワークのなかで内発的に創出、展開された「木質バイオマス（製材所から発生する樹皮・端材・おがくず、樹木の伐採で発生する林地残材など、木材に由来する再生可能な資源）」をエネルギーや素材として利活用する地域システムが全国的にも注目を集めている。

岡山県真庭市

▶ 地域の概要

　岡山県真庭市（人口4万6,124人、2015年国勢調査）は、旧真庭郡から新庄村を除いた8町村（勝山町、落合町、湯原町、久世町、美甘村、川上村、八束村、中和村）と旧上房郡北房町が2005年3月に合併して誕生した地方都市である。岡山県北部、中国山地のほぼ中央に立地し、北端は鳥取県に接する。面積は県下最大の828平方キロメートルで、市域の約8割を林野が占めてい

る。かつては、高瀬舟を利用した水運が発達していたが、現在は市内に 3 本の高速道路と 5 つのインターチェンジが整備された中国地方の交通の要衝でもある。

同市の総人口は、1960年には約 7 万6,000人を抱えていたが、1960年代の高度経済成長期に人口が流出し、その後は1970年代から1980年代後半までおおむね 6 万人の水準で比較的安定していた。しかし、1990年に 6 万人を割り込んで以降、現在まで減少が続いている。

同市の現在の産業構造は、第 1 次産業、第 2 次産業に比較的集積の厚みがある点が特徴となっている。第 2 次産業のなかでは、特に木材・木製品製造業が事業所数・従業者数ともに最大であり、第 1 次産業でも林業が従業者数で農業を上回っている。「真庭地域（本稿では、現在の真庭市域を指す）」では、19世紀末に本格的に植林が開始され、高度成長期の木材需要の高まりを背景に、1960年代には西日本有数の林業・木材産業の集積地となり、現在に至っている。特に、真庭地域中部、南部を中心に、「山林→原木市場→製材工場→製品市場」といった林業・木材産業の川上から川下までのサプライチェーンが同一地域内に存在している点が強みであった。

▶ ケースの内容

1 背　景

1997年に真庭地域に 3 本目の高速道路（岡山自動車道）が開通し、同地域が米子自動車道、中国自動車道とのクロスポイントとなり、交通の要衝としての地位を高めることとなった。しかしながら、当時すでに過疎化が進行していた真庭地域では、人や産業の大都市圏（関西圏）への流出という、新たなストロー現象への危惧を抱く人も多かった。加えて、基幹産業である林業・木材産業も、1970年代以降続いた国産材の需要低下による価格低迷で業況が悪化、事業所や従業者数が減少するなど厳しい環境が続いていた。

1993年 4 月、ストロー現象等に危機感を抱いていた地元の若手企業家が中心となった研究組織「21世紀の真庭塾（以下、「真庭塾」）」が発足した。キーパーソンは、中島浩一郎氏（銘建工業株式会社専務取締役）や辻均一郎氏（株

式会社御前酒蔵元辻本店代表取締役）、大月隆行氏（ランデス株式会社代表取締役）、仁枝章氏（久世町課長）たちのグループ（肩書は塾発足当時）であり、発足当初のメンバー24人のうち23人が民間人であった。

　真庭塾では、中央省庁や政府系金融機関の職員、シンクタンクの研究者などを講師に、4年間で通算80回、延べ300時間に及ぶ勉強会を開催、ひたすら学習を積み重ねた。その成果として、1997年に今後の真庭地域のあり方についてのビジョンである「2010年の真庭人の1日」という物語を公表した（図表1）。この物語には、真庭塾のキーパーソンが実名で登場するばかりでなく、廃棄木材を燃料にした発電や環境に配慮したセメント、環境関連の研究機関誘致など、その後次々と現実化されていくプロジェクトが書き込まれていた。この成果をふまえ、同年に真庭塾は、地域産業に根差した「ゼロエ

図表1　「2010年の真庭人の1日」（抜粋）

（出所）　特定非営利活動法人21世紀の真庭
　　　　　塾監修（2017）『「2010年の真庭人の
　　　　　1日」への軌跡：「21世紀の真庭塾」
　　　　　記録集』

ミッション」と「町並みの再生」を真庭地域が目指す大きな目標として定めた。

2 展 開

〈事業化に向けた胎動（1998年〜2004年）〉

　真庭塾の「ゼロエミッション部会」では、木を活かしたバイオマス産業創出を目指して、国や岡山県等からの補助金を活用しながら研究会を立ち上げて検討を重ね、2001年には「木質資源活用産業クラスター構想」を取りまとめた。同構想は、未利用の木質バイオマス資源をエネルギー等に変換して生産や生活の場に供給する循環システムを構築することに加えて、木質バイオマス資源から製造したマテリアルを用いた新製品開発を通じて、真庭地域に新産業を創出し、県内臨海部工業地帯と広域的なリサイクルネットワークを構築しようという、現在の取組みの基本となる内容であった。同構想に基づき、真庭塾メンバーが中心となり設立した異業種交流組織や事業推進組織で、事業化に向けた仕組みづくりが継承された。真庭塾メンバーが主導しつつも、新たな組織には合併前の旧町や県、真庭森林組合、真庭木材事業協同組合等が加わり、木質バイオマス関連ネットワークが拡大していった。

　また、一部のメンバーは自らの事業として独自にペレット製造、バイオマス発電、木片コンクリート等の事業化も推進していった。

〈「真庭市バイオマスタウン構想」と事業の多面的展開（2005年〜2013年）〉

　2005年の9町村の合併以前より、旧町の一部ではすでに木質バイオマス利活用のプロジェクトが始まっていたが、合併後の真庭市（初代市長：井手紘一郎氏）では、2006年に「真庭市バイオマスタウン構想」を策定、木質バイオマス利活用の取組みを積極的に主導するようになった。

　また、真庭森林組合や真庭木材事業協同組合も木質バイオマス資源を供給するための集積基地を設置（2009年）、あわせて出力1万kWの大規模バイオマス発電所建設プロジェクト「真庭バイオマス発電所（2015年完成）」にも、銘建工業株式会社や真庭市とともに参画、木質バイオマス資源を燃料等の有償商品に変えることで生み出した収益を林業や木材産業の活性化に還元する仕組みを創出した。

この他にも、真庭市では2010年に岡山県と共同で産学連携研究拠点「真庭バイオマスラボ（現在の真庭市地域産業振興センター）」を開設、同施設を中心にセルロース・ナノファイバー製造技術の開発等に着手した。さらに、同市では2006年から木質バイオマス関連施設を中心とした産業観光プログラム「バイオマスツアー真庭」を実施（その後は、真庭観光連盟、2018年4月からは一般社団法人真庭観光局が運営）、国内外から年平均約1,600人（2006年度〜2013年度単純平均）の参加者を集めている。

〈「バイオマス産業杜市」構想（2014年〜）〉

2013年には第2代真庭市長に太田昇氏が就任、翌2014年には「真庭バイオマス産業杜市構想」を公表して、広くバイオマス利活用を推進している。さらに、同市では「CLT（直交集成板）」の活用による木材需要拡大など、これまで以上に幅広い林業・木材産業の振興にも取り組んでいる。また、2015年に操業開始した「真庭バイオマス発電所」も、当初不足が懸念されていたバイオマス燃料が量的にも質的にも十分供給されたことで、初年度からきわめて高い稼働率を維持している。

3 バイオマス利活用の全体像

真庭市でつくりあげられてきた木質バイオマス利活用の取組みは、以下の4分野に整理できる（図表2）。

① **エネルギー利用**：木質バイオマスを燃料（チップやペレット）とした発電事業や、公共施設・工場・ハウス園芸・住宅におけるバイオマスボイラー、ペレットストーブ等の利用促進

② **マテリアル利用**：木質バイオマス資源等の地域資源を活用した製品開発

③ **貯蓄・加工・安定供給**：上記の①②に向けて、木質バイオマス資源を安定的に収集、提供するためのバイオマス集積基地を整備

④ **派生事業**：木質バイオマス利活用から派生した産業観光プログラム等

これらの4分野は、林業・木材産業が「本流」として存在していることで成り立っており、あくまでもそれらを補完する産業、いわば静脈産業に位置づけられている。

木質バイオマス利活用の詳細について、「真庭バイオマス発電所」と真庭

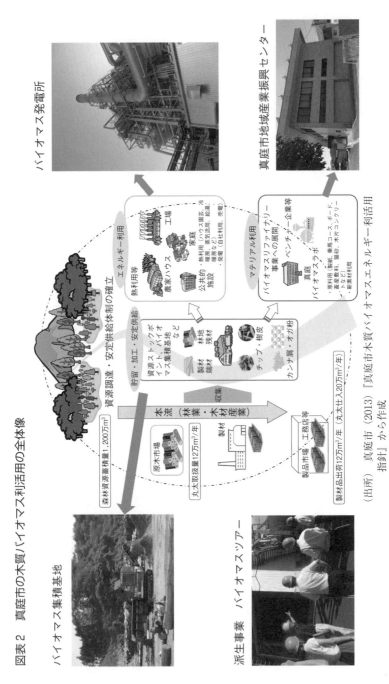

図表 2　真庭市の木質バイオマス利活用の全体像

バイオマス発電所

真庭市地域産業振興センター

エネルギー利用

家庭
熱利用（ハウス園芸・
暖房、蒸気活用、給湯・
暖房など）、発電（自社利用、売電）

工場

熱利用等

農家ハウス

公共的
施設

バイオマスリファイナリー
事業への展開、
ベンチャー企業等

真庭

マテリアル利用

バイオマスラボ

・原料用（製紙、乗馬コース、畜舎、木片コンポスト）、
・畜産敷料、新素材利用

バイオマスエネルギー利用

貯留・加工・安定供給

資源ストック
インドバイオ
マス集積基地
など

製材
端材

林地
残材

チップ屑・樹皮

カンナ屑・オガ粉

資源調達・安定供給体制の確立

森林資源蓄積量1,200万m³

本流（林業・木材産業）

収集

原木市場

丸太取扱量12万m³/年

製材所

製品市場・工務店等

製材品出荷12万m³/年（丸太仕入20万m³/年）

バイオマス集積基地

派生事業　バイオマスツアー

（出所）真庭市（2013）『真庭市木質バイオマスエネルギー利活用
指針』から作成

図表3　木質安定供給事業（バイオマス集積基地）の概要

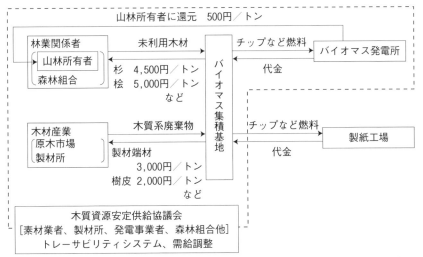

木材事業協同組合が運営する「バイオマス集積基地」の関係を中心にその仕
組みを紹介する（図表3）。

　林業関係者や木材産業は、林地残材等の未利用木材や製材所で発生する端
材、樹皮などの木質系廃材を「真庭バイオマス集積基地」に直接持ち込む。
その際に、未利用木材の場合には、杉4,500円／トン、桧5,000円／トン、広
葉樹5,000円／トン、木質系廃材であれば、製材端材3,000円／トン、樹皮
2,000円／トンと定められた価格で同基地が買い取る仕組みとなっている（買
取単価は2019年時点）。これらの取引は、「木質資源安定供給協議会」が管理
するトレーサビリティシステム上に事業者名、発生場所、入出荷量などを登
録し、その後の資源の物流は同システムにより管理され、持ち込み事業者へ
の代金決済も同システムを用いてなされている。持ち込まれた未利用木材や
木質系廃棄物は、基地内で含水率などを調整しながら、製紙用や発電用の
チップなどに加工され出荷される[1]。

　他方、「真庭バイオマス発電所」を建設、運営する真庭バイオマス発電株

式会社は、燃料購入は「木質資源安定供給協議会」との調整を経るものの、基本的には同社が購入先、購入単価を決定できる権限を有している。買取単価は、バイオマス燃料の質（含水率等）によって等級分けされ、含水率の低いバイオマス燃料ほど購入単価が高くなっている。また、山林から持ち込まれる未利用材については、山林所有者に対して同社から別途500円／トンの還元を行っている。

　この仕組みにより、それまでは別途コストをかけて処分していた林地残材や木質系廃材が価格をもった商品となり、林業・木材産業事業者の収入となる。その収入は雇用者の所得となるとともに、その一部は山林の整備や設備投資に再投資されている。他方、バイオマス発電所でつくられた電気は電力会社に売却されることで、域外資金の獲得につながっている。このように、真庭地域では静脈産業たる木質バイオマスの利活用が地域の経済循環を強固にしている。

 成功の要因

　真庭市における木質バイオマス利活用の一連の展開プロセスは、大変ユニークなものである。具体的には、以下のような特徴が認められる。

1　学習の繰り返しとビジョンの共有

　民間人主体の研究会である真庭塾が、自発的に長期間にわたる学習を通じて真庭地域の課題や今後の成長分野を総合的かつ明確に設定、わかりやすいストーリーづくりを通じて地域でビジョンを共有し、また、フェーズごとにそのプロセスを繰り返してきていること。

2　キーパーソングループの存在とその拡張

　真庭塾発足時のキーパーソンを中核としつつ、真庭市、岡山県、森林組合、木材事業者等多くの主体を巻き込み続けており、また巻き込まれた主体も次のフェーズでは主体的に事業化に向けた取組みを実施したこと。

1　林業関係者、木材産業から「バイオマス集積基地」を通さず、チップなどの燃料を直接「真庭バイオマス発電所」に販売するケースもある。ただし、その際も「木質資源安定供給協議会」のトレーサビリティシステムを利用することが義務づけられている。

3　経営的発想に基づく地域資源の活用

経営的発想を有した真庭塾のメンバーが、事業化を前提に自ら積極的にリスクをとりながら、同時多発的に地域資源の活用を実践してきたこと。

4　外部資源や外部評価の活用

域外とのネットワークを積極的に構築・活用することで、域外資金を獲得するとともに、外部評価も巧みに取り入れたプロモーションを積極的に行ったこと。

この他にも、地域社会のなかに脈々と継承されてきた林業・木材事業者間のネットワークの存在や、これらの取組みが実施されてきた時期が、真庭地域の林業・木材産業の低迷や平成の市町村合併など、地域における大きな変革期と一致したという固有の事情が大きな影響を与えた点も見逃してはいけない。しかし、自律的な社会変革を繰り返す仕組みが地域に生まれ、広がり、根づいていった過程を学ぶことは、他地域にとっても意味があることといえよう。

地域への波及効果

真庭市における木質バイオマス利活用の取組みは、これまで廃棄されるだけであった未利用資源や廃棄物を有償の商品に変え、地域内に新たなモノと資金の流れを創出した点で、まさに新産業創出の好事例といえよう。この産業創出が、地域経済にもたらした効果を整理すると、以下のとおりとなる。

1　地域経済循環の強化

木質バイオマスや燃料（チップやペレット）の域内流通で新たな所得を生むとともに、その一部を地域外に販売・売電することで域外収入も確保している。その結果、木質燃料の利用促進により域外からの化石燃料購入に代替させることで資金の域外流出も抑制される。

2　産業連関を通じた波及効果

木質バイオマスの利活用を通じて得た収益を林業・木材産業に還流して再投資を促し、山林の環境保全、産業観光等の派生事業に波及させるなど、域内産業連関を通じた地域経済の充実が図られる。

3　雇用創出

バイオマス発電所や産業観光プログラムの創出が、地域における新たな雇用の創出につながっている。

4　地域ブランドの確立とシビックプライドの醸成

地域をあげての木質バイオマス利活用への取組みが、プロモーションや外部評価を通じて地域のブランド価値を生み出しており、それにより地域住民の誇り（シビックプライド）も醸成されている。

 ## 今後の課題

木質バイオマスの利活用を中心にした地域システムを構築してきた真庭市であるが、木質バイオマスはその利活用自体が目的ではなく、あくまで本流としての林業・木材産業の存在を前提としての補完的システムである。したがって、最近のCLT活用促進の取組みにみられるように、真庭市や林業・木材産業関係者だけでなく、国や他地域も巻き込んだより広範な木材の利用促進の取組みを進めることが必要となるであろう。

また、この仕組みを生み出した地域の知恵を次世代に引き継ぐことも重要である。この一連の取組みを通じて得られた知見を活用してさまざまな地域課題に対応していく文化が、地域の多様な主体の手によって地域の土壌に埋め込まれ、それらをふまえて地域の持続的な発展が実現されることに期待したい。

【参考文献】

特定非営利活動法人21世紀の真庭塾監修『「2010年の真庭人の1日」への軌跡：「21世紀の真庭塾」記録集』作陽印刷工業（2017.6）

中村聡志「持続可能な地域経済の実現：岡山県真庭市の木質バイオマス利活用」辻哲夫監修、田城孝雄・内田要編『まちづくりとしての地域包括ケアシステム：持続可能な共生社会をめざして』東京大学出版会（2017）

真庭市『真庭市バイオマスタウン構想書（H21改訂）』（2009.2）

真庭市『真庭バイオマス産業杜市構想』（2014.1）

実践！ 地方創生の地域経営
——全国32のケースに学ぶボトムアップ型地域づくり

2020年4月24日　第1刷発行

編著者　大　西　達　也
　　　　城　戸　宏　史
発行者　加　藤　一　浩

〒160-8520　東京都新宿区南元町19
発　行　所　一般社団法人 金融財政事情研究会
企画・制作・販売　株式会社きんざい
　　　出 版 部　TEL 03(3355)2251　FAX 03(3357)7416
　　　販売受付　TEL 03(3358)2891　FAX 03(3358)0037
　　　URL https://www.kinzai.jp/

校正：株式会社友人社／印刷：株式会社日本制作センター

ISBN978-4-322-13426-1